古代歷史文化 研究輯刊

十四編

王明蓀 主編

第21冊

蒙元高麗宗藩關係史述論

梁英華 著

國家圖書館出版品預行編目資料

蒙元高麗宗藩關係史述論／梁英華 著 -- 初版 -- 新北市：花木
蘭文化出版社，2015〔民 104〕
目 2+164 面；19×26 公分
（古代歷史文化研究輯刊 十四編；第 21 冊）
ISBN 978-986-404-329-3（精裝）
1. 中韓關係 2. 元代
618   104014383

古代歷史文化研究輯刊
十四編　第二一冊　　　　　　ISBN：978-986-404-329-3

蒙元高麗宗藩關係史述論

作　　者　梁英華
主　　編　王明蓀
總 編 輯　杜潔祥
副總編輯　楊嘉樂
編　　輯　許郁翎
出　　版　花木蘭文化出版社
社　　長　高小娟
聯絡地址　235 新北市中和區中安街七二號十三樓
　　　　　電話：02-2923-1455／傳眞：02-2923-1452
網　　址　http://www.huamulan.tw 信箱 hml810518@gmail.com
印　　刷　普羅文化出版廣告事業
初　　版　2015 年 9 月
全書字數　152511 字
定　　價　十四編 28 冊（精裝）台幣 52,000 元

蒙元高麗宗藩關係史述論

梁英華　著

作者簡介

梁英華，1979 年出生於山東海陽，北京大學歷史系博士。從 2002 年開始從事中韓關係史研究，期間發表《試論黃遵憲、曾紀澤、袁世凱在 19 世紀 80 年代對朝鮮外交的策略》、《蒙元時期高麗國王入朝述論》、《1356 年恭愍王改革前後元朝對高麗的政策變化述論》等論文。

提　　要

　　蒙元與高麗的國家關係，締結於 1218 年，結束於 1384 年。作為北方游牧民族入主中原的蒙元政權，憑藉強大武力改變了以往中韓宗藩關係中的傳統政策，積極干涉高麗內政和外交，與高麗建立起了另類宗藩關係。在這一宗藩關係中，蒙元在推行某些懷柔政策的同時，改變了重視禮儀和厚賜的基本外交原則，一味強調對高麗單方面的控制權。而且，由於自身二元政治文化特點，蒙元推行的懷柔政策也出現了不同程度的變質。本文在敍述兩國宗藩關係建立、發展、強化、消亡的過程中，通過對蒙元高麗特殊宗藩關係具體內容的梳理，試圖回答蒙元如何改變了古代傳統中韓宗藩關係的實質，這種宗藩關係與歷史上其他時代中韓宗藩關係是否存在共性，其個性與特殊性又體現在何處，出現這種現象的原因是什麼等問題。

目
次

序　論

　　中韓兩國古代宗藩關係，在蒙元時期最具有特殊性，值得深入研究。從蒙元勢力進入到退出朝鮮半島，兩國宗藩關係大體上可以分爲三個階段：宗藩關係形成期（1218～1274）、宗藩關係發展期（1274～1356）、宗藩關係衰亡期（1356～1385）。

　　1218 年 12 月〔註1〕，高麗與蒙古、東眞軍隊聯合追討進人高麗的契丹餘眾，翌年勝利後蒙麗締結「兄弟盟約」，自此雙方使節往來頻繁。1225 年 1 月，蒙古索貢使著古與在歸國途中被殺，雙方外交關係中斷。七年後，蒙古以此爲口實對高麗接連發動六次戰爭。1259 年，高麗世子王倎奉表入蒙，高麗正式投降，兩國實現和平。1260 年，忽必烈即大汗位，高麗元宗登基爲王。忽必烈改變歷代大汗對麗策略，在強調蒙元地位和利益的同時，注意採取懷柔政策，逐步將高麗納入宗藩關係體系。1274 年 7 月，元朝冊封忠烈王爲高麗國王，兩國宗藩關係正式建立。此後兩國關係一直在忽必烈確立的宗藩關係框架內發展，兩國政治、經濟、軍事、文化聯繫空前密切。忽必烈去世後，元朝諸帝大大強化了兩國宗藩關係，片面強調對高麗單方面的控制權，通過廢立高麗國王、強化征東行省、下嫁公主等手段，不斷深入干涉高麗內政，對高麗產生了深刻影響，也使兩國宗藩關係的不穩定性大大增強。1351 年紅巾軍起義爆發後，元朝統治動搖，對高麗控制力日趨下降。高麗恭愍王乘機掀起反元改革，積極脫離元朝控制，兩國宗藩關係日趨衰落。隨著明朝興起、元朝退回漠北，兩國宗藩關係結束。此後，爲拉攏高麗抵抗明朝，北元積極

〔註 1〕 本文正文中的年月均爲陰曆，爲書寫方便，全部採用阿拉伯數字形式。

恢復同高麗的宗藩關係，但最終以失敗而告終。隨著 1385 年 9 月明朝遣使冊
立辛禑爲高麗國王，明麗宗藩關係最終取代了元麗宗藩關係。

　　在一個半世紀多的時間裏，蒙元以強大武力威懾爲後盾，與高麗建立起
了另類宗藩關係。在這一宗藩關係中，蒙元在推行某些懷柔政策的同時，對
高麗干涉內政、掠奪財富和人口，極大地改變了以往中韓宗藩關係的傳統，
使兩國宗藩關係頗具特殊性。對此，中國學者黃枝連先生指出，蒙元在處理
與高麗關係時，堅持以強壓爲主要手段，致使隋唐以來建立起來的中國與朝
鮮半島政權之間的「天朝禮治體系」無法實現，改變了古代傳統中韓關係框
架中「禮」的實質。〔註 2〕韓國學者全海宗先生認爲，蒙元對高麗單方面的支
配權已經凌駕在傳統的講究禮儀的朝貢關係之上，二者之間存在著超過朝貢
關係的另一層關係。〔註 3〕如果把蒙元高麗之間這種改變了「天朝禮治體系」
實質的、超過了傳統朝貢關係的關係稱爲兩國之間特殊「宗藩關係」的話，
那麼這種宗藩關係的具體內容是什麼？它如何改變了古代傳統中韓宗藩關係
的實質？它與歷史上其他時代中韓宗藩關係是否存在共性？其個性與特殊性
體現在何處？出現這種現象的原因又是什麼？此乃中韓古代宗藩關係這一大
的理論框架中需要解決的問題。本文將在敘述兩國宗藩關係建立、發展、強
化、消亡的過程中，對上述問題試作解答。因學識所限，肯定存在諸多不當
之處，敬請方家指正。

〔註 2〕 黃枝連：《天朝禮治體系研究》，上、中、下，中國人民大學出版社，1992、
　　　　1994 年。
〔註 3〕 全海宗：《韓中關係史研究》，一潮閣，1977 年。全海宗：《韓中關係史導論之
　　　　二——中國與韓國》，《中韓關係史論集》，中國社會科學出版社，1997 年。

第一章　蒙麗關係的展開

第一節　大蒙古國的建立與遼東局勢

　　12 世紀，蒙古各部混戰不休，乞顏部鐵木眞勢力脫穎而出。1189 年，鐵木眞被推舉爲本部貴族聯盟首領，隨後東征西討，最終統一漠北。1206 年，蒙古貴族在斡難河召開忽里臺會議，尊奉鐵木眞爲成吉思汗，大蒙古國正式建立。與建國前一樣，黃金家族統治階層繼續把掠奪財富作爲第一要務，但鑒於對蒙古各部的財富基本分配完畢，遂開始進攻臨近政權，主要是南下和西征兩大方向。

　　蒙古南下的中心目標是日漸衰落的金朝。對蒙古來說，此時金朝仍非常強大，自身缺乏足夠力量對其發動有效進攻。爲完成攻擊金朝的總體戰略，成吉思汗於 1205、1207、1209 年三次用兵西夏，以解除夏金盟約和來自西面的掣肘，迫使西夏國王納女求和。1209 年，西北地區西遼屬國畏兀兒殺死西遼所置監督國事的少監，歸降蒙古；1211 年，西遼另一屬國哈剌魯也殺掉西遼少監，臣服蒙古。至此，蒙古基本上解除了南下軍事行動的後顧之憂，攻擊金朝條件成熟。1211 年 2 月，蒙古對金朝展開第一次大規模進攻。金朝統治腐敗，無法抵禦蒙古凌厲攻勢，開戰不久就遷都南京（今河南開封）以避鋒芒。1216 年，成吉思汗攻下中都（今北京），將經略金朝任務交給木華黎後率軍北撤，金朝苟延殘喘於河南、山東和陝西部分地區。

　　1217 年，實力更加雄厚的蒙古軍隊在成吉思汗親自率領下開始西征，先後滅掉西遼、花剌子模等國。1226 年，成吉思汗率軍東還，再次將進攻金朝

提上日程。此前 1223 年，西夏政權發生變動，獻宗李德旺襲位，一改降蒙政策，趁成吉思汗西征之機聯合金朝共同抗擊蒙古。所以蒙古此次攻擊金朝，仍從西夏著手，於 1226 年圍攻西夏首都中興府（今寧夏銀川）。1227 年，成吉思汗去世之後不久，西夏亡國，蒙古繼續進攻金朝的條件也變得更加成熟。窩闊台即位後，忠實執行成吉思汗製定的聯宋滅金戰略，兩國聯軍進展迅速。1234 年，蒙宋軍隊圍攻金朝最後據點蔡州（今河南汝陽），金朝滅亡。

就在 1211 年蒙古首次大舉攻金的同時，遼東地區局勢發生深刻變化。處於金朝統治下的契丹人耶律留哥，趁金朝衰落並受到蒙古攻擊之機在隆安（今吉林農安）、韓州（今吉林梨樹八面城）一帶發動起義。第二年，耶律留哥率部投降蒙古。金朝於 1213 年發兵六十萬進討耶律留哥，耶律留哥在蒙古軍隊協助下打敗金朝軍隊，自稱遼王，建年號元統。1214 年，金朝派遣遼東宣撫使蒲鮮萬奴率兵四十萬討伐耶律留哥，結果蒲鮮萬奴軍敗北，耶律留哥進兵咸平（今遼寧開原），將咸平設為都城，號中京。1215 年，耶律留哥成功驅逐戰敗後盤踞在東京（今遼寧遼陽）一帶的蒲鮮萬奴軍隊，勢力進一步坐大，管轄民戶達到六十多萬。

此時，耶律留哥軍隊內部因是否稱帝發生分裂，耶廝不等人主張稱帝，但耶律留哥鑒於「向者吾與按陳那衍盟，願附大蒙古國，削平疆宇。倘食其言而自為東帝，是逆天也，逆天者必有大咎」，[註1] 不同意稱帝並決定入朝蒙古。耶廝不等人叛意已決，遂擁兵自立，於 1216 年在澄州（今遼寧海城）稱帝，國號遼，改元天威。不久後，遼元帥青狗叛變降金，耶廝不被殺，丞相乞奴監國，金朝派蓋州（今遼寧蓋州）守將眾家奴來攻，耶律留哥也率數千蒙古兵來討，乞奴等兵敗。

1216 年 8 月，乞奴等「引兵數萬，渡鴨綠江」，東走高麗。軍事上的失利加劇了這支起義軍內部的爭鬥，到達高麗後，金山殺乞奴稱王，改元天德。統古與又殺金山而自立，後又為喊舍所殺，喊舍隨後也自立為王。在乞奴進入高麗之前，曾派人威嚇過高麗。《高麗史節要》載，「先是，丹兵來攻大夫營，遣人告北界兵馬使云：爾不送糧助我，我必侵奪汝疆，我於後日樹黃旗，汝來聽皇帝詔，若不來，將加兵於汝」。[註2] 對於契丹軍隊的助糧、聽詔等要求，高麗不予理睬。乞奴軍隊進入高麗後，「奪人之食而害人是快，雖老嫗

[註1] 《元史》，第 149 卷，《耶律留哥傳》。
[註2] 《高麗史節要》，第 14 卷，《高宗》，丙子三年八月。

弱兒也，殺之無赦。雖孕駒乳犢也，屠之無遺。或燒殘佛寺而皆委於爐灰，或破壞梵書而至投於溷廁」，〔註3〕危害甚深。高麗大規模調兵遣將，積極防禦。在1216年8月至1218年11月兩年多的時間裏，高麗獨自擔當著對契丹軍隊作戰的任務，幾乎每月都有戰事，雙方各有勝負。1218年9月，在高麗軍隊打擊下，契丹軍隊退入高麗江東城自保，戰局呈現膠著狀態。

　　1214年蒲鮮萬奴討伐留哥軍隊失敗後，遭到金宣宗嚴厲指責；1215年又丟失了東京城，更是難以向朝廷交代；加上此時金朝由中都遷都南京，對遼東控制力減弱，複雜的形勢爲蒲鮮萬奴割據提供了客觀條件。1215年冬，蒲鮮萬奴宣佈自立，國號大眞，改元天泰。1216年秋，蒙古進軍遼東，勢如破竹，斬殺了金朝蓋州守將眾家奴，蒲鮮萬奴歸降蒙古，其子帖哥入質。但投降只是蒲鮮萬奴的權宜之計，1217年初，蒲鮮萬奴「率眾十餘萬，遁入海島」。〔註4〕後來帖哥從蒙古返回，蒲鮮萬奴再無後顧之憂，遂殺死蒙古監督官，叛蒙自立，稱爲東夏（亦稱「東眞」），繼續使用天泰年號。蒙古此時正興兵西征和經略中原地區，無餘力對付蒲鮮萬奴的降而復叛，所以未對其採取軍事行動，雙方繼續保持和平關係，蒙古甚至承認了東夏的獨立地位。〔註5〕

第二節　「兄弟盟約」下的兩國關係

　　1218年冬，蒙古派遣哈眞和箚剌率兵一萬，蒲鮮萬奴派遣完顏子淵率兵兩萬，組成聯軍進入高麗討伐契丹軍隊。短時間內就攻下和、猛、順、德四城，兵峰直指江東城。12月，高麗大雪，聯軍給養成爲大問題，哈眞遣使高麗要求提供援助，「皇帝以契丹兵逃在爾國，於今三年，未能掃滅，故遣兵討之。爾國惟資糧是助，無致欠闕。仍請兵」。〔註6〕高麗雖然明白「蒙古、東眞雖以討賊救我爲名，然蒙古於夷狄最匈悍，且未嘗與我有舊好」，〔註7〕但

〔註3〕　李奎報：《東國李相國全集》，第41卷，《同前攘丹兵天帝釋齋疏》，見於韓國民族文化推進會編：《韓國文集叢刊》，第2編。
〔註4〕　《元史》，第119卷，《木華黎傳》。
〔註5〕　據《高麗史》記載，1218年蒙古派往高麗追討契丹軍隊的統帥哈眞使通事趙仲祥語就礪曰：果與我結好，當先遙禮蒙古皇帝，次則禮萬奴皇帝。（《高麗史》，第103卷，《金就礪傳》）韓儒林先生由此認爲當時蒙古承認萬奴自帝一方的地位。參見韓儒林主編：《元朝史》，上冊，人民出版社1986年版，第126頁。
〔註6〕　《高麗史》，第103卷，《趙沖傳》。
〔註7〕　《高麗史》，第103卷，《趙沖傳》。

迫於無奈，只得聲稱「大國興兵，救患弊封，凡所指揮，悉皆應副」，〔註8〕許諾向聯軍提供軍糧一千石，同時派中軍判官金良鏡率兵護送至蒙古軍營。宴席間，蒙古和東夏元帥提及締結兄弟盟約，「兩國結爲兄弟，當白國王受文牒來，則我且還奏皇帝」，〔註9〕但由於尙未攻下江東城，兄弟盟約並未馬上締結。1219 年 1 月，高麗協助蒙古東夏聯軍合力圍攻江東城，契丹軍隊出城投降。

　　江東城之戰後，1219 年 1 月，兄弟盟約締結。關於這個兄弟盟約，《高麗史節要》記載的是兩國盟約，即「兩國永爲兄弟，萬世子孫無忘今日」。〔註10〕但《蒙兀兒史記》記載，兄弟盟約是蒙古、東眞、高麗三方盟約，「高麗感二國代平寇亂，自請歲貢蒙兀，亦納幣於萬奴有差。三國同盟，約爲兄弟」。〔註11〕筆者認爲，當時三方軍事統帥在場一起簽訂三國兄弟盟約，《蒙兀兒史記》的這種記載符合情理。但是，在兄弟盟約中最主要的兩方則應當是蒙古和高麗。首先，蒙古有締結兄弟盟約的戰略需要：蒙古消滅契丹軍隊後，金朝作爲大蒙古國對外作戰和掠奪的重要目標，到此時還未被消滅，蒙古通過跟高麗結盟可以從側面壓制金朝，進而爲西征免除後顧之憂；此外，還可以從高麗歲貢中獲取大批戰略物資。因此在 1218 年 12 月哈眞派人到高麗要求其提供援助時，就急切地提出要建立兄弟盟約，「其詞甚嚴，且言帝命破賊之後約爲兄弟」。〔註12〕江東城之戰勝利的當日，這一盟約便馬上締結。實際上，蒙古不是爲了締約而締約，1219 年 2 月哈眞等人撤兵時，就「以東眞官人及傔從四十一人留義州，曰：爾等習高麗語，以待吾復來」，〔註13〕做好了長期經營高麗的準備。其次，高麗顯然十分清楚蒙古和東眞的兩國關係以及二者在此次軍事行動中的地位，因此對蒙古、東眞態度頗有差異。1219 年，蒙古元帥哈眞要求前來助戰的高麗將軍金就勵，「果與我結好，當先遙禮蒙古皇帝，次則禮萬奴皇帝」，但金就勵提出，「天無二日，民無二王，天下安有二帝耶」？〔註14〕最終只拜了蒙古皇帝。高麗完全不顧東眞感受，強調只認同蒙古地位，「不拜萬奴，明尊

〔註 8〕《高麗史節要》，第 15 卷，《高宗》，戊寅五年十二月。
〔註 9〕《高麗史》，第 103 卷，《趙沖傳》。
〔註 10〕《高麗史節要》，第 15 卷，《高宗》，己卯六年正月。
〔註 11〕《蒙兀兒史記》，第 31 卷，《蒲鮮萬奴傳》。
〔註 12〕《高麗史節要》，第 15 卷，《高宗》，戊寅五年十二月。
〔註 13〕《高麗史》，第 22 卷，《高宗世家》，己卯六年二月己未。
〔註 14〕《高麗史》，第 103 卷，《金就勵傳》。

王之義」，〔註15〕這實際上是高麗深入分析三國關係、認眞權衡利弊得失做出的選擇。第三，對於東眞而言，叛蒙自立後的頭等大事是妥善處理與蒙古關係、維護自身獨立，此次追擊契丹軍隊也是受蒙古之命，本身對高麗則沒有更多的戰略意圖。綜合上述三個方面，即使兄弟盟約的簽訂者是三方，也不影響其眞正起作用的主要是蒙古和高麗兩方這一事實。

　　對於高麗而言，在蒙古軍隊1218年「不請自到」時，已對這個新興的北方游牧民族政權充滿疑慮和恐懼。當時以爲消滅契丹軍隊後，蒙古軍隊自會退去，兩國重新相安無事。不曾料到，蒙古要建立兄弟盟約，甚至要長期經營高麗，斷絕了高麗委曲求全、苟安遼東的希望。萬般無奈下，高麗向斷絕通好關係已久的上國金朝求救。在蒙古軍隊到達高麗的1218年12月，高麗在遣使蒙古「奉表請爲東藩」〔註16〕的同時，也向金朝派出使行：「興定三年（1219）正月戊辰朔，遼東行省報，高麗有奉表朝貢之意。詔行省受其表章以聞，朝貢之禮俟他日徐議。」〔註17〕金宣宗在得到遼東行省奏報後遣使撫諭高麗，但「終以道路不通，未遑迎迓」，只能「詔行省且羈縻勿絕其好」，最終「不復通問矣」。〔註18〕高麗向金朝通好求援的意圖未能實現，失去外援，十幾天後江東城戰事結束，面對締結兄弟之盟的要求，高麗雖然認爲「所謂蒙古者，猜忍莫甚，雖和之不足以信之」，但「勢有不得已，因有和好之約」，〔註19〕雙方最終締結盟約。

　　1218年高麗奉表請求爲蒙古東藩時，蒙古「太祖遣使優詔答之，仍諭汝國人不能寒暑，來聘固難，其貢獻方物，朕當使人取之」，〔註20〕雙方初步確立了高麗藩屬蒙古、蒙古遣使索貢這一原則。1219年兄弟盟約締結後，高麗「因請歲進貢賦所便」，蒙古正式確定了這一原則，還規定了蒙古受貢使臣的具體人數和路線，「途路甚梗，你國必難於來往，每年我國遣使佐不過十人。其來也，可齎持以去。至則道必取萬奴之地境，你以此爲驗。其後佐使之來，

〔註15〕 李齊賢：《益齋亂藁》，第6卷，《門下侍郎平章事判吏部事贈諡威烈公金公行軍記》，見於韓國民族文化推進會編：《韓國文集叢刊》，第2編。

〔註16〕 《高麗史》，第105卷，《鄭可臣傳》。

〔註17〕 《金史》，第62卷，《交聘表》，下。

〔註18〕 《金史》，第135卷，《高麗傳》。

〔註19〕 李奎報：《東國李相國全集》，第28卷，《答東眞別紙》，見於韓國民族文化推進會編：《韓國文集叢刊》，第1編。

〔註20〕 《高麗史》，第105卷，《鄭可臣傳》。

一如所約」。〔註21〕應該指出，以兄弟關係規定國家關係，乃是中國古代游牧民族處理國家關係時的思維方式和一貫做法。〔註22〕兄弟盟約規定的蒙麗兄弟關係，本質上是一種不平等的國家關係：兩國名義上是兄弟，但實際上高麗爲蒙古東藩，且要定期向蒙古進奉方物，並由蒙古遣使索取。至於蒙古要求赴麗使臣須途經蒲鮮萬奴境內，主要原因是當時蒙古與金國互爲敵國，而與東眞國保持著和平關係，途經東眞，可以保證使臣安全。〔註23〕

1219 年 1 月，蒙古元帥哈眞派遣使臣蒲里帒完等抵達高麗，以「固和意」。〔註24〕自此一直到 1225 年初兩國斷交，蒙古與高麗基本上在兄弟盟約的基礎上展開國交。

這六年間，高麗一方確實遵守了兄弟盟約的規定，未向蒙古派出使臣，

〔註21〕 李奎報：《東國李相國全集》，第 28 卷，《陳情表》，見於韓國民族文化推進會編：《韓國文集叢刊》，第 1 編。

〔註22〕 高柄翊指出，古代中國漢族政權往往是以天子與諸侯、皇帝與國王、君與臣來界定自己與周邊國家之間的關係，而游牧民族則往往以家族關係中的父子、兄弟、叔侄來界定國家關係。參見高柄翊：《蒙古高麗兄弟盟約的性格》，《東亞交涉史的研究》，首爾大學出版社 1970 年版，第 170～178 頁。

〔註23〕 亦有學者指出，除了此原因之外，蒙古使臣途經蒲鮮萬奴境內時，還可以一起收取東眞的貢品。參見盧啓鉉：《高麗外交史》，甲寅出版社 1994 年版，第 249 頁。另見於高柄翊：《東亞交涉史的研究》，首爾大學出版社 1970 年版，第 167～168 頁。

〔註24〕 蒲里帒完使行目的，按照蒙古元帥哈眞的說法是「陳謝」：「我等來自萬里，與貴國合力破賊，千載之幸也，禮當往拜國王，吾軍顧眾，難於遠行，但遣使陳謝耳」。(《高麗史節要》，第 15 卷，《高宗》，己卯六年正月)《高麗史》則認爲其來「講和」。(《高麗史》，第 22 卷，《高宗世家》，己卯六年正月庚寅)《元高麗紀事》對此還有「箚剌遣人答謝，以固和意」的記載。(《元高麗紀事》，太祖十四年正月十四日) 蒲里帒完到達高麗後，曾把一封信交給高麗國王，但具體內容不得而知，因此無從考證此行目的究竟是陳謝還是講和。但從他的蠻橫態度與做法來看，似乎不是專門爲陳謝而來：「蒲里帒完等至館外，遲留不入。曰：國王須出迎。於是使譯者再三詰之，遂乘馬入館門。」辛卯，高宗在大觀殿召見蒲里帒完一行，蒙古使臣「皆毛衣冠佩弓矢，直上殿，出懷中書執王手授之」，致使高麗「王乃變色，左右遑遽莫敢近」，高麗大臣擔憂「豈可使醜虜近至尊耶？設有荊軻之變，必不及矣」，蒲里帒完等人被帶出宮殿，換上高麗衣冠重新入殿，最終卻「行私禮但揖而不拜」。(《高麗史》，第 22 卷，《高宗世家》，己卯六年正月辛卯) 另外，蒲里帒完到達高麗之前，兩國軍事統帥已經簽訂兄弟盟約，所以「講和」一說也不合理。筆者認爲，「陳謝」只不過是蒙古元帥的口實，而「講和」則是高麗一相情願的記載而已，蒲里帒完此行的眞正目的應是「固和意」，即很有可能是將兩國簽訂的兄弟盟約及相關文書帶到高麗做進一步確認。

並儘量籌辦蒙古索要的物品。蒙古則以平均每年超過兩次的頻率遣使高麗，僅 1221 年就遣使 4 次，使高麗應接不暇、疲於應付。「前來使尚未暇應接，況後來者乎？」〔註25〕蒙古還屢屢突破兄弟盟約規定的十人之限，在 1222 年 8 月一次就派出 31 人的龐大使團。蒙古使臣來到高麗，主要使命是索要貢物，這也是兄弟盟約的主要內容。至於蒙使途徑蒲鮮萬奴轄地這一規定，根據《高麗史》記載，在 1224 年底蒙使著古與抵麗之前，蒙古使臣都是途經萬奴轄境到高麗：「其後使佐之來，一如所約，每我國輒付以國贐禮物輸進關下，獨於甲申年，使臣著古與不以萬奴之境，而從婆速路來焉。」〔註26〕至於著古與何以改變既定路線來高麗，這應該與當時東眞同蒙古斷交有關。1224 年 1 月，東眞國遣使高麗聲稱，「蒙古成吉思師老絕域，不知所存，訛赤忻貪暴不仁，已絕舊好」，〔註27〕此時若再途經東眞境內，蒙使處境勢必非常危險，因此著古與選擇從婆速路來到高麗。蒙古通過遣使，向高麗索取了大批物資，達到了掠奪財富的目的。但對於高麗來說，「蒙人谿壑其欲，凡所求索，與則財竭，否則釁生」，〔註28〕之所以遵守兄弟盟約，迎接蒙古使臣、籌備上貢物品，都是迫不得已的無奈之舉。

　　1225 年 1 月，蒙使著古與攜高麗進貢物品離開西京，在歸國途中被殺，這成為兩國外交上的重大轉折點，從此近 7 年間兩國斷交，兄弟盟約無法繼續實現，宣告了兩國關係上兄弟盟約時代的結束。著古與被殺後，高麗知道此事非同小可，反覆向蒙古說明並非本國所為，並指出實為東眞國所為：「其著古與殺了底事，實鄰寇之攸作，想聖智之易明，彼所經由，亦堪證驗」。〔註29〕蒙古不為所動，堅持是高麗殺害了著古與，高麗則認定是東眞國於加下所為：「獨於甲申年，使臣著古與不以萬奴之境而從婆速路來焉，然依舊接遇甚謹，又付以國贐前去。其後使價之來者稍至閒闊，小國竊怪其故，久而聞之，則於加下遮出中路，殺了上件使臣所致也。」〔註30〕高麗還指出東眞殺死著

〔註25〕《高麗史節要》，第 15 卷，《高宗》，辛巳八年九月。

〔註26〕《答蒙古沙打官人書》，參見《高麗史》，第 23 卷，《高宗世家》，壬辰十九年十一月。

〔註27〕《高麗史節要》，第 15 卷，《高宗》，甲申十一年正月。另見於《蒙兀兒史記》，第 31 卷，《蒲鮮萬奴傳》。

〔註28〕《高麗史節要》，第 15 卷，《高宗》，辛巳八年九月。

〔註29〕《高麗史》，第 23 卷，《高宗世家》，辛卯十八年十二月庚辰。

〔註30〕《高麗史》，第 23 卷，《高宗世家》，壬辰十九年十一月。此處高麗所說的殺死著古與的「於加下」，乃是東眞國人。當時，在東眞國有一元帥名為「亐歌

古與後嫁禍高麗，使蒙古產生誤會：「萬奴與上國使佐之向我國者紿言：高麗背你國，慎勿前去。使佐不聽，且欲知眞僞，遂便行李。則先遣其麾下人僞爲我國服，著及弓箭，遂伏兵於兩國山谷之間，潛候行李，出射趁殺，因令伴行人報云高麗所作」。〔註 31〕高麗還列出了證據，「然適有自萬奴麾下逃來王好非者細說其事，故我國得知之」。〔註 32〕著古與究竟爲誰所殺，史料上缺乏詳細記載，學術界對此也是眾說紛紜，尚無定論。〔註 33〕蒙古最終沒有接受

下」，「亐」即「於」。此外，《蒙兀兒史記》中還記載萬奴以拘刷逃戶爲藉口，屢次侵入高麗，如 1226 年，蒲鮮萬奴命令「亐歌下」侵略高麗義、靜等州（《蒙兀兒史記》，第 31 卷，《蒲鮮萬奴傳》），與《高麗史》中「如此已後，於加下僞作上國服樣，入我北鄙，殘敗三城。萬奴亦攻破東鄙二城，其服色亦如之，自是踵來，侵我不絕」（《高宗世家》，壬辰十九年十一月）的記載相似，因此筆者認爲東眞的「亐歌下」應當就是「於加下」。

〔註 31〕 《高麗史》，第 23 卷，《高宗世家》，壬辰十九年十一月。
〔註 32〕 《高麗史》，第 23 卷，《高宗世家》，壬辰十九年十一月。
〔註 33〕 日本學者箭內亙認爲著古與確實爲高麗所殺，但中國學者宋曉念認爲箭內亙的結論是猜測性的分析，缺乏確切的史料根據，不足爲信。韓國學者尹龍爀亦不同意其觀點，認爲箭內亙主要依據中國一方的史料，並站在蒙古的立場上對這一事件進行分析，缺乏公允。（箭內亙：《蒙古的高麗經略》，東京帝國大學文科大學編《滿鮮地理歷史研究報告》4，1915 年，第 227～298 頁。宋曉念：《高宗朝麗蒙關係考述》，《韓國研究》第五輯，中國社會科學出版社 1998年版，第 454 頁。尹龍爀：《高麗對蒙抗爭史研究》，一志社 1991 年版，第 39頁）筆者認爲，從連年來蒙古遣使催貢於高麗，以及蒙使在高麗的飛揚跋扈來看，有可能引起了高麗的仇視，加上東眞使臣於 1224 年初向高麗轉達了「蒙古成吉思師老絕域，不知所存，訛赤忻貪暴不仁，已絕舊好」的消息，高麗是有可能產生殺使臣絕蒙古的想法的。但從史料記載上看，在著古與被殺之後高麗並沒有立即積極防禦蒙古因此而可能產生的軍事報復。根據《高麗史》的記載，六個月後高麗全面佈防，「以判司宰事李允誠爲西北面兵馬使、大護軍琴輝爲東北面兵馬使、郎將崔宗操爲慶尚道按察副使、侍郎金得循爲楊廣道按察使、郎將黃粹爲全羅道按察副使、侍御史柳薲爲西海道按察副使、起居舍人白敦賁爲交州道按察副使」。（《高麗史》，第 22 卷，《高宗世家》，乙酉十二年七月戊辰）在此之前，高麗也曾調兵遣將戍守邊關，但如此全面防禦還是首次。根據史料的記載，這一時期東眞時常犯邊，倭寇的侵擾也較前尤烈，所以筆者認爲，高麗此次大力布置邊防，當爲防禦東眞入寇和倭寇的侵擾，與防禦蒙古並沒有直接關係。因此，高麗所稱「其後使價之來者稍至閒闊，小國竊怪其故，久而聞之」是比較可信的，即高麗並未殺害著古與，且在其死後很久才得知相關消息。當時東眞國已與蒙古斷交呈敵對狀態，其軍隊亦活躍於高麗邊境地區，並「變蒙古服，入寇義靜州」，（《高麗史節要》，第 15 卷，《高宗》，丙戌十三年正月）因此他們殺死著古與的可能是存在的；東眞殺死著古與之後因怕蒙古報復而嫁禍於高麗，也是很有可能的。

高麗辯解，認定是高麗殺害蒙使。但當時蒙古正在進行第一次西征，無暇顧及東方，因此沒有馬上對高麗進行報復，只是同高麗斷絕了外交關係。直到1231年，窩闊台率蒙古軍隊分兵三道南下進攻金朝，同時「以高麗殺使者」〔註34〕爲由命撒禮塔率兵往討高麗，開始了兩國之間長達近30年的戰爭。

第三節　兩國戰爭時期的蒙麗關係

1、第一次蒙麗戰爭時期（1231年8月～1232年1月）

1231年8月，蒙古軍隊大舉進攻高麗，圍困著古與最後一次出使高麗時到達的咸新鎮，揭開了蒙麗戰爭的序幕。在攻城略地的同時，蒙古對高麗展開外交攻勢，遣使持牒招降，「我兵初至咸新鎮，迎降者皆不殺，汝國若不下，我終不返，降則當向東眞去矣」。〔註35〕高麗奉行「狄兵至則堅壁固守，退則遣使通好」〔註36〕的政策，一面堅決抵抗，一面派人犒勞蒙古軍隊，藉此窺探蒙古軍隊情況和消息。〔註37〕在蒙古軍事壓力和武力威脅下，高麗除了賄賂其統帥和使臣之外似乎別無良策。1231年12月，在接見蒙使的同時，高麗高宗「以金酒器、大小盞盤各一副，銀瓶、水獺皮衣、紬紵布等物，贈送於三元帥，又贈使者有差」，〔註38〕並派淮安公王侹以土物贈送撒禮塔。但這種以財物換和平的行動效果不佳，蒙古進攻還在繼續。1231年11月，蒙古軍隊前鋒攻至禮成江，京城告急，「焚燒廬舍，殺掠人民，不可勝計，京城洶洶」。〔註39〕12月，蒙軍分屯京城四門外，攻興王寺，局勢更加險惡。不久，蒙兵攻向廣、忠、清三州，所過無不殘滅。

〔註34〕《元史》，第2卷，《太宗本紀》，三年八月。

〔註35〕《高麗史》，第23卷，《高宗世家》，辛卯十八年十月癸丑。

〔註36〕鄭道傳：《三峰集》，第12卷，《經濟文鑑別集》下之「高王」，見於韓國民族文化推進會編：《韓國文集叢刊》，第5編。

〔註37〕1231年十一月，去蒙古軍營犒勞歸來的閔曦向朝廷報告，「有一元帥自稱權皇帝，名撒禮塔，坐氈廬，飾以錦繡，列婦人左右。乃曰，汝國能固守則固守，能投拜則投拜，能對戰則對戰，速決了也。汝職爲何？對曰，分臺官人。曰，汝是小官人，大官人速來降」。（《高麗史》，第23卷，《高宗世家》，辛卯十八年十一月癸巳）可見，高麗派人慰問蒙古軍隊的眞正目的是窺探蒙古軍隊情況和轉達消息，因此，在戰爭中才出現了高麗一邊抵抗、一邊犒勞蒙古軍隊的奇怪現象。

〔註38〕《高麗史》，第23卷，《高宗世家》，辛卯十八年十二月乙卯。

〔註39〕《高麗史節要》，第16卷，《高宗》，辛卯十八年十一月。

在遣使招降的同時，蒙古也向高麗索取財富和人口。自 1231 年 12 月撒禮塔遣使高麗始，蒙古除了追究高麗殺使臣的罪過和逼迫高麗投降之外，其重點開始轉向向高麗索要物品和人口：「欽奉聖旨，我使底稍馬去，使臣到投拜了，使臣令公將進底物件應生交送，這些個與物將來底物，去我窺沒一個中底物。布子與來子麼，我要底好金銀、好珠子、水獺皮、鵝嵐好衣服與來，你道足但言者不違。你與金銀衣服，多合二萬匹馬馱來者，小合一萬匹馬馱來者，我底大軍離家多日，穿將來底衣服都壞了也，一百萬軍人衣服，你斟酌與來者。除別進外，眞紫羅一萬匹你進呈將來底。你將來底水獺二百三十個，好麼與紫個來，如今交上好水獺皮二萬個與來者。你底官馬里選揀一萬個匹大馬，一萬匹小馬與來者。王孫男孩兒一千底，公主大王每等郡主進呈皇帝者外，大官人母女孩兒亦與來者。你底太子將領大王令子並大官人，男孩兒要一千個，女孩兒亦是一千個，進呈皇帝做箚也者。」〔註40〕

在巨大的軍事壓力下，對於蒙古的物品要求，高麗儘量滿足，幾天後蒙使便帶走大批物資，包括國贐黃金七十斤、白金一千三百斤、襦衣一千領和馬一百七十匹，同時高麗以「黃金十二斤八兩、多般金酒器重七斤、白銀二十九斤、多般銀酒食器重四百三十七斤、銀瓶一百十六口、紗羅錦繡衣十六、紫紗襖子二、銀鍍金腰帶二，及紬布襦衣二千、獺皮七十五領、金飾鞍子具馬一匹、散馬一百五十匹」贈送撒禮塔，又以「金四十九斤五兩、銀三百四十一斤、銀酒器重一千八十斤、銀瓶一百二十口、細紵布三百匹、獺皮一百六十四領、綾紗、襦衣、鞍馬等物」贈予其妻子及麾下將佐。〔註41〕對於蒙古的人口要求，高麗則強調國小人少，無法滿足要求，「我國之法，雖上之爲君者唯配得一個嫡室，更無媵妾，故王族之枝葉例未繁茂。又以國之褊小，故臣僚之在列者亦未之師師，而所娶不過一妻，則所產或無或有，有或不多人耳，若皆發遣上國，則誰其承襲王位及朝廷有司之職以奉事大國耶」？〔註42〕

蒙古對高麗政策之所以會出現上述變化，應與兩國戰爭時局有關。兩國戰爭開始後，蒙古軍隊半年內從邊境打到清州，兵鋒深入到高麗領土中部偏南地區，軍事上取得很大戰果。高麗則一邊抵抗一邊示好，在滿足蒙古要求、賄賂蒙軍統帥的同時，派人赴蒙辨殺著古與、請求講和，表現出即將投降的

〔註40〕《高麗史》，第 23 卷，《高宗世家》，辛卯十八年十二月甲戌。
〔註41〕《高麗史》，第 23 卷，《高宗世家》，辛卯十八年十二月庚辰。
〔註42〕《高麗史》，第 23 卷，《高宗世家》，壬辰十九年四月壬戌。

態勢。因此，蒙古以爲高麗投降在即，於 1232 年 1 月撤軍，對高麗的要求也從督促投降轉爲偏重於索要財富和人口，並開始著手在高麗進行長期統治，將探馬赤軍和高麗人洪福源麾下歸降軍隊配置在高麗各處，在高麗王京和北界設置達魯花赤 72 名以統治高麗。

2、第二次蒙麗戰爭時期（1232 年 8 月～1232 年 12 月）

高麗的投降只是權宜之策，蒙古軍隊撤走後，高麗君臣一面向蒙古貢獻國贐，一面積極討論禦蒙之策。1232 年 5 月，高麗召開宰樞會議，形成兩種意見：據城堅守和遷都避亂。6 月，高麗權臣崔瑀召集宰樞討論遷都問題，最終確定遷都江華島的決議，隨即在江華島建築宮闕，「創外闕以接蒙使，□中城以屏皇都」。〔註43〕7 月，高麗將首都從開京遷到江華島。在此期間，高麗對蒙古態度重新趨於強硬，積極加強王京軍事防禦，派人「往北界諸城奪達魯花赤弓矢」〔註44〕，甚至「謀殺蒙古達魯花赤」。〔註45〕而且，自開始討論禦蒙之策的 5 月到遷都的 7 月兩個月間，一次也沒有主動向蒙古示好。加上此時發生的高麗使臣被囚事件，〔註46〕更加堅定了高麗遷都禦蒙的決心，兩國再度交惡。1232 年 8 月，蒙古派遣撒禮塔率兵進攻高麗，第二次蒙麗戰爭開始。蒙古軍隊迅速攻至高麗王京以南的處仁城，12 月，撒禮塔中箭身亡，

〔註43〕金龍善：《高麗墓誌銘集成》之《崔沆墓誌銘》。
〔註44〕《高麗史節要》，第 16 卷，《高宗》，壬辰十九年七月。
〔註45〕《高麗史節要》，第 16 卷，《高宗》，壬辰十九年八月。對這一時期高麗的對蒙態度，《元高麗紀事》記載爲「六月，本國叛，殺各縣達魯花赤，率王京及諸州郡人民竄於海島據守」。（《元高麗紀事》，太宗四年六月。另見於《元史》，第 208 卷，《高麗傳》）與高麗側史料在高麗叛亂時間和殺達魯花赤的問題上稍有出入。前述高麗在七月份才派人奪取北界達魯花赤弓矢，但尹復昌並未成功，「到宣州，達魯花赤射殺之」。（《高麗史節要》，第 16 卷，《高宗》，壬辰十九年七月）閔曦等人密謀殺害達魯花赤則是在八月份，而西京民眾得知後怕遭到蒙古報復「遂叛」，並「執崔滋溫囚之，留守崔林壽及判官分臺御史六曹員等皆逃竄於楮島」。（《高麗史》，第 23 卷，《高宗世家》，壬辰十九年八月壬戌）可見，高麗遷都之前的兩次對付達魯花赤的行動都沒有成功，即《元高麗紀事》中高麗盡殺蒙古所置達魯花赤的記載是不準確的，但高麗從此對蒙古採取強硬態度則是事實。
〔註46〕1232 年 3 月，高麗高宗遣通事池義深、錄事洪巨源等人齎國贐攜國書赴撒禮塔屯所。撒禮塔因高麗未滿足蒙古索要人口等要求大怒，將池義深押送蒙古，其餘高麗使臣也都被拘囚。同年 6 月，高麗校尉宋得昌自蒙古逃歸，向高宗報告了這一消息。參見《高麗史》，第 23 卷，《高宗世家》，壬辰十九年六月甲子。

由別將鐵哥帶領軍隊撤回，已歸降的地區交洪福源統領，第二次蒙麗戰爭結束。

　　戰爭間歇期間，高麗仍未放棄向金朝靠攏的努力。1233 年 3 月，高麗遣使奉表入金。高麗在表文中先感歎「朝天路阻，戀闕情深，感念古今，嗚咽寤寐」，接著歌頌金朝順應天命、撫度四方，「恭惟皇帝陛下，乾坤覆燾，日月炤臨，應天順人，宅萬世無疆之地，柔遠能邇，得四方向內之心」，然後回顧了昔日在金朝懷柔政策下高麗安享太平的景象，「臣權襲世封，愧叨藩職，自小國之基構，憂在戒鄰。及上朝之撫綏，泰然無患，久荷太平之化，切輸樂率之誠」，最後說到正題，蒙古危害甚重，希望上達天聽、獲取支持，「豈圖獷俗之猖狂，反致神州之遷徙，始而懵若，未詳京邑之攸都，久迺聞焉。又昧道途之安自，加以寇兵之爲梗，曠修歲信而展儀。況所謂獷俗者，既已屠殘於庶邦，又將吞噬於弊邑，故豁拋其舊壤，遂入保於瘴鄉。奈緣今日之阨艱，益慕大邦之恩愛，每對賜書之堆積，不堪隕涕之滂沱。因念誠苟有加，事無不濟，行不避險，直淩江海以勉歸，往必有時，非若穹蒼之難到。肆馳賤介，聊達微情，仰賴天扶。倘得通於鳳陛，雖棲地僻，若已覯於龍顏」。〔註 47〕但最終因道路梗塞，使臣未達而還，高麗與金朝通好對抗蒙古的希望再次落空。

3、第三次蒙麗戰爭時期（1235 年 7 月～1239 年 5 月）

　　第二次蒙麗戰爭的結束具有很大的偶然性，蒙古征服高麗的戰略意圖尚未完成，因此對高麗的武力征討並未結束。1233 年 4 月，蒙古向高麗下達詔書一道，切責其五罪：「自平契丹賊、殺剳剌之後，未嘗遣一介赴闕，罪一也。命使齎訓言省諭，輒敢射回，罪二也。爾等謀害著古與，乃稱萬奴民戶殺之，罪三也。命汝進軍，仍令汝弼入朝，爾敢抗拒，竄諸海島，罪四也。汝等民戶，不拘執見數，輒敢妄奏，罪五也。」〔註 48〕這表明，以「五罪」爲由再次征討高麗乃是早晚之事。1234 年 2 月，蒙宋聯軍攻下蔡州，金朝滅亡。至此，蒙古基本上平定北部中國。1235 年，蒙古再次展開了空前規模的對外作戰，窩闊台派諸王拔都及皇子貴由、皇姪蒙哥征西域，開始了第二次西征，派皇子闊端征秦、鞏、皇子曲出及胡土虎伐宋，同時派唐古征討高麗，第三次蒙麗戰爭爆發。

〔註47〕 李奎報：《東國李相國全集》，第 28 卷，《上大金皇帝表》，見於韓國民族文化
　　　　推進會編：《韓國文集叢刊》，第 1 編。
〔註48〕 《高麗史》，第 23 卷，《高宗世家》，癸巳二十年四月。

　　1235 年 7 月，蒙古軍隊在唐古和高麗人洪福源帶領下大舉進攻高麗。到 1238 年閏 4 月，蒙古軍隊攻至東京。高麗專心抵抗以保衛國土，並於 1237 年 10 月修築江華島外城，期間未向蒙古派遣一介使臣表示和好之意，蒙古也不再遣使招降高麗。1238 年 12 月，高麗終於抵不住軍事壓力而懇求蒙古停止軍事攻擊，上表請求撤兵。〔註 49〕1239 年 4 月，蒙古派出此次開戰以來第一批使臣到達高麗，告訴高麗只有國王親朝，蒙古才會撤軍，「若能欽依元降詔旨，躬親赴闕，所有一切法制，宣諭了畢，即當班師」。〔註 50〕高宗迎詔後，蒙古軍隊於 5 月份撤回，第三次蒙麗戰爭結束。

　　此後兩國關係緩和，使臣絡繹不絕。蒙古方面，從 1239 年 4 月至 1247 年第四次蒙麗戰爭爆發前，先後 9 次遣使入麗，要求國王親朝、出水就陸、點數民戶、入質禿魯花、捉拿殺掠民戶兇手。高麗方面，除了於 1241 年 4 月派遣永寧公王綧率領衣冠子弟十人充禿魯花入質蒙古，完成了蒙古所要求的「六事」〔註 51〕中的「子弟入質」一條之外，還頻繁遣使奉表、貢物，而對蒙古其他要求則沒有積極響應。同時著手加強防禦，遣使慶尙州道、全羅州道、忠清州道，又遣各道山城兼勸農別監，「名爲勸農，實乃備禦」。〔註 52〕

4、第四次蒙麗戰爭時期（1247 年～1248 年）

　　1241 年，窩闊台病死，長達六年的第一次蒙宋戰爭以蒙古軍隊失敗而告終，對南宋戰爭暫告一段落。第二年，威震歐洲的第二次西征也宣告結束。在大蒙古國上層，圍繞窩闊台死後汗位繼承問題展開激烈爭鬥，乃馬眞皇后在隨後五年間攝政。1246 年，貴由即大汗位，是爲定宗。同年，蒙古招徠吐

〔註 49〕「屢降軍師而懲詰，民無地著，農不時收，顧茲茂草之場有何所出，惟是包茅之貢，無奈未供，進退俱難，憧憧罔極。因念與其因循一時而姑息，孰若冒昧萬死而哀號，茲殫瘠土之宜，粗達微臣之懇。伏望但勿加兵革之威，俾全遺俗，雖不腆海山之賦，安有曠年，非止於今，期以爲永。」參見《高麗史節要》，第 16 卷，《高宗》，戊戌二十五年十二月。

〔註 50〕《元高麗紀事》，太宗十一年五月一日。

〔註 51〕即按照「成吉思汗制度」，要求高麗納質、助軍、輸糧、設驛、供數戶籍、置達魯花赤。（1262 年十月，元世祖下詔給高麗元宗時提到了這一定規，「凡遠邇諸親附之國，我祖宗有一定之規則，必納質而籍編民，置郵而出師旅，轉輸糧餉，補助軍儲」。1268 年正月，元世祖告誡高麗元宗，「惟我太祖成吉思皇帝制度，凡內屬之國，納質、助軍、輸糧、設驛、供數戶籍、置達魯花赤，已嘗明諭之矣」。參見《元高麗紀事》，世祖中統三年十月二十九日、至元五年正月二十八日。）

〔註 52〕《高麗史節要》，第 16 卷，《高宗》，癸卯三十年二月。

蕃的計劃得以成功，與吐蕃在政治上初步確立了宗藩關係。〔註53〕在這種情況下，蒙古以高麗「當定宗、憲宗之世，歲貢不入」〔註54〕爲由，於1247年重啓戰端，命阿母侃與洪福源一起征討高麗，是爲第四次蒙麗戰爭。

蒙古軍隊進攻迅速，1247年攻下威州平虜城。7月，阿母侃屯兵位於開京和江華島之間的鹽州，直接威脅到高麗江都政府的安全。面臨此種形勢，高麗於1248年2月遣使蒙古，請求撤兵。〔註55〕3月，蒙古定宗卒，皇室內部再次陷入汗位爭鬥中。海迷失皇后攝政後，蒙古忙於處理內部矛盾，根本無暇顧及高麗。加上此前高麗已遣使示好，蒙古撤軍，第四次蒙麗戰爭大致在1248年結束。

第四次蒙麗戰爭結束後，兩國使臣再次絡繹於道，雙方仍就出水就陸、還都舊京、國王親朝等事宜展開頻繁的外交活動。對於蒙古的要求，高麗的態度仍不積極。關於出水就陸和還都舊京，高麗於1252年1月派遣樞密院副使李峴、侍郎李之葳，秉承權臣崔沆之意欺瞞蒙古，說將於同年6月出陸。〔註56〕關於國王親朝，高麗多次召集文武大臣商議，但大臣們態度非常消極，「或言太子親朝，或言王老病未得親朝爲辭，待更詰，遣太子親朝未晚」。〔註57〕與此同時，高麗加緊軍事防禦，開始修築江都中城。

5、第五次蒙麗戰爭時期（1253年7月～1254年1月）

1251年，蒙古蒙哥即大汗位，是爲憲宗。蒙哥決意完成成吉思汗遺願，繼續向外擴張。對於高麗，蒙哥因「阿母侃、洪福源詣帝所，言高麗築重城，無出陸歸欵意」，於是「命皇弟松柱帥兵一萬，道東眞國入東界，阿母侃、洪福源領麾下兵趣北界，皆屯大伊州」，〔註58〕著手準備再次進攻。1253年，蒙哥命宗王耶虎與洪福源同征高麗。「朕欲自白日所出至於所沒，凡有黎庶，咸

〔註53〕 羅賢祐：《元代民族史》，四川民族出版社1996年版，第315～317頁。

〔註54〕 《元史》，第208卷，《高麗傳》。

〔註55〕 高麗於1248年2月派遣樞密院使孫抃和秘書監桓公叔到蒙古，雖然史料中未記載其赴蒙目的，但從戰爭形勢以及高麗政府以前的做法來看，當是爲請求蒙古撤兵而去。參見尹龍爀：《高麗對蒙抗爭史研究》，一志社1991年版，第92頁。

〔註56〕 「初李峴之如蒙古也，崔沆謂曰：若詰問出陸，宜答以今年六月乃出。……及峴至，帝問：爾國出陸否？對如沆言。」參見《高麗史節要》，第17卷，《高宗》，壬子三十九年七月。

〔註57〕 《高麗史》，第24卷，《高宗世家》，辛亥三十八年十月。

〔註58〕 《高麗史》，第24卷，《高宗世家》，癸丑四十年四月甲寅。

令逸樂，緣汝輩逆命，命皇叔也窟統師往伐，若迎命納欵，罷兵以還，若有拒命，朕必無赦」。〔註59〕7 月，蒙古軍隊渡過鴨綠江，迅速到達大同江下馬灘，兵峰直指古和州，第五次蒙麗戰爭正式開始。

連年戰爭致使高麗國力衰微，難以為繼。高麗君臣就是否應該出水就陸、國王親迎分成兩派。永寧公王綧、樞密院副使李峴一派主張應該答應蒙古要求，〔註60〕但權臣崔沆一派對此持否定態度：「春秋貢奉不絕，前遣三次使价三百人未還，而猶若是。今雖出迎，恐為無益，萬一執東宮若安慶公至城下邀降，何以處之？」〔註61〕兩派分歧嚴重，出水就陸和國王親迎的動議擱置。不過，高麗雖然拒絕蒙古要求，但並未放棄外交努力，一面請求蒙古撤軍，一面做出即將出水就陸、出迎帝命的姿態，「已於昇天府白馬山下築城郭，營宮室」，並約定明年君臣出迎帝命；但同時提出「大軍若還，則君臣出陸，州縣安往」，〔註62〕即蒙古撤軍後高麗軍民才能出陸的條件。蒙古識破了高麗計謀，態度十分強硬，「國王如詔出降，便當回軍，不然可一戰也」，〔註63〕隨後加緊軍事進攻，不久攻至襄州。10 月，高麗再次召集大臣議卻兵之策，大臣們提出世子出降，但高宗擔心「遣太子則可保無後患耶」，〔註64〕否決了這一建議。

1253 年 11 月，也窟病重，率精兵一千北還，命阿母侃、洪福源繼續留守。高麗趁機再次上書請求退兵，但蒙古仍堅持撤兵條件，「國王出江外迎吾使价，則兵可退也」，〔註65〕繼續督促高麗國王出迎、設立達魯花赤、拆毀江都所建城池等。對於出迎蒙使，高麗上書稱高宗已經「祗率臣僚，出迎使者」，但蒙古卻違背「國王出江外迎吾使价，則兵可退」的許諾，「留兵一萬，置達魯花赤」，如此以來，高麗無法「保其無患，復都舊京」，請求蒙古「寢其事以惠東民」。至於拆毀城池，高麗則解釋為「小邦元來俗不露居，又海賊無時

〔註59〕《高麗史》，第 24 卷，《高宗世家》，癸丑四十年八月戊午。
〔註60〕如王綧在給崔沆的信中指出，「帝勒臣曰，汝與本國宰臣歸到爾國，諭以朕命，使之出陸，國王若出迎即當退兵。今國之安危，在此一舉，若上不出迎，須令太子若安慶公出迎，必退兵，社稷延基，萬民按堵，公亦長享富貴，此上策也」。參見《高麗史節要》，第 17 卷，《高宗》，癸丑四十年七月。
〔註61〕《高麗史節要》，第 17 卷，《高宗》，癸丑四十年七月。
〔註62〕《高麗史》，第 24 卷，《高宗世家》，癸丑四十年九月戊寅。
〔註63〕《高麗史》，第 24 卷，《高宗世家》，癸丑四十年九月甲辰。
〔註64〕《高麗史》，第 24 卷，《高宗世家》，癸丑四十年十月辛未。
〔註65〕《高麗史》，第 24 卷，《高宗世家》，癸丑四十年十一月庚寅。

虜掠，是用未即壞去」，並許諾「後當依命」。〔註66〕隨著戰爭的進行，高麗內部王子入朝呼聲日益強烈：「愛子之情，無貴賤一也，然不幸有死別者矣，殿下何惜一子乎？今民之存者十二三，蒙兵不還，則民失三農，皆投於彼，雖守一江華，何以為國？」〔註67〕高宗迫於形勢，最終同意，於 1253 年 12 月派安慶公王淐前往乞求罷兵。1254 年 1 月，王淐到達蒙古屯所，阿母侃軍隊北撤，不久後高麗京城解嚴，第五次蒙麗戰爭結束。

6、第六次蒙麗戰爭時期（1254 年 7 月～1259 年 4 月）

第五次戰爭結束後，高麗一面安撫百姓、重建家園，一面處理在抗蒙戰爭中投降的官員，將天龍城別監趙邦彥、黃驪縣令鄭臣旦流放海島，並斬殺協助也窟軍隊進攻高麗的李峴等人。對於高麗不執行出水就陸反而大肆處理親蒙官員，蒙古非常不滿，1254 年 7 月，蒙古遣使質問高麗，「國王雖已出陸，侍中崔沆、尚書李應烈、周永珪、柳璥等不出，是為真降耶？仍責誅降城官吏」。〔註68〕高麗雖然立即召趙邦彥、鄭臣旦等人入京以示不殺，卻未阻止蒙古發兵討伐。當月，蒙古車羅大率兵五千渡過鴨綠江，第六次蒙麗戰爭爆發。8 月，高麗遣使蒙兵屯所贈車羅大等元帥金銀酒器、皮幣等，但車羅大並未因此放鬆對高麗的要求，「君臣百姓出陸，則盡剃其髮，否則以國王還，如一不從，兵無回期」。〔註69〕長年戰爭已使高麗精疲力盡，此時高麗君臣幾乎不再主動組織力量抗擊蒙古，而將希望寄託於禱告，希望得到祖宗保祐，「哀即今之形勢，請命於上帝，宣威若當年，叛謀沮摧，列域繕保，胡兵自潰，未臘而班還，民力有餘，及春而耘稼，按堵如故，鼓腹咸熙，紀綱脈絡之復振，宗廟血祀之永延」。〔註70〕高麗這些努力當然不能奏效，蒙古方面要求依舊，「崔沆奉王出陸，則兵可罷」。〔註71〕1255 年 1 月，蒙古憲宗令車羅大撤軍，車羅大屯兵於高麗舊京，戰爭暫告段落。

1255 年 4 月，蒙古屯兵義州、靜州，準備新一輪進攻。8 月，蒙古進攻清川江，戰端再啓。蒙古依舊強調「若國王出迎使者，王太子親朝帝所，兵

〔註66〕《高麗史》，第 24 卷，《高宗世家》，癸丑四十年十一月戊戌。
〔註67〕高麗參知政事崔璘語，參見《高麗史節要》，第 17 卷，《高宗》，癸丑四十年十二月。
〔註68〕《高麗史節要》，第 17 卷，《高宗》，甲寅四十一年七月。
〔註69〕《高麗史》，第 24 卷，《高宗世家》，甲寅四十一年八月。
〔註70〕《高麗史》，第 24 卷，《高宗世家》，甲寅四十一年十月。
〔註71〕《高麗史》，第 24 卷，《高宗世家》，甲寅四十一年十二月甲午。

可罷還」。〔註72〕對此，高麗仍堅持蒙古退兵方可答應其他條件，「大兵回來，惟命是從」，〔註73〕雙方僵持不下。高麗遣使蒙古請求撤兵，憲宗以高麗不出陸為辭，高麗聲稱，「譬如獵人逐獸入於窟穴，持弓矢當其前，困獸何從而出？又冰雪慘冽，土脈閉塞，則草木豈能生哉」？〔註74〕憲宗最終答應撤兵，於1256年9月遣使班師。10月，高麗京城解嚴，戰爭第二階段結束。

連年遣使討好蒙古請求罷兵，但換來的卻是不斷的進攻，高麗君臣對此頗為不滿。1257年1月，高麗「以蒙國連歲加兵，竭力事之無益」，〔註75〕決定停止春例進奉。1257年5月，蒙古軍隊渡過清川江，第三階段戰爭開始。6月，高麗遣人犒勞蒙古軍隊並請求退兵，蒙古則堅持「王若親來，我即回兵」，並「令王子入朝，永無後患」，〔註76〕高麗宰樞因而請求高宗派遣王子赴蒙古講和。為安全起見，先派永安公王僖赴車羅大屯所觀察情況，結果車羅大對王僖身份〔註77〕並不滿意，要求必須世子親朝。高麗宰樞又請求國王派遣世子，高宗猶豫不決，遂遣人與車羅大議定，「待大軍回歸，太子親朝帝所」。〔註78〕9月，車羅大收兵屯於鹽州，同時令南下軍馬北撤。高麗再次遣使赴蒙古請求撤軍，得到蒙古憲宗同意，第三階段的戰爭結束。

此時蒙古最關心的仍是高麗國王高宗的出水就陸問題。1258年6月，車羅大再次要求國王世子出降，「皇帝敕云，高麗國如實出降，雖雞犬一無所殺，否則攻破水內。今國王及太子出降西京，則便可回兵」。〔註79〕但高宗以「予既老病，不能遠行」〔註80〕告知蒙古，蒙古於是把條件稍微放寬，「國王雖不出迎，若遣太子迎降軍前，即日回軍」，〔註81〕高麗於是答應世子入見。但後來又怕世子迎降會有不測，再次遣人告訴蒙古，「太子有疾，待疾愈往見」。〔註82〕對於高麗的一再拖延，蒙古終於忍無可忍，「國王縱不出迎，太子有來見之

〔註72〕《高麗史》，第24卷，《高宗世家》，丙辰四十三年四月壬申。
〔註73〕《高麗史》，第24卷，《高宗世家》，丙辰四十三年四月乙亥。
〔註74〕《高麗史節要》，第17卷，《高宗》，丙辰四十三年九月。
〔註75〕《高麗史》，第24卷，《高宗世家》，丁巳四十四年正月丙辰。
〔註76〕《高麗史》，第24卷，《高宗世家》，丁巳四十四年七月壬申。
〔註77〕王僖乃神宗子襄陽公王恕之子。參見《高麗史》，第90卷，《宗室傳》。
〔註78〕《高麗史》，第24卷，《高宗世家》，丁巳四十四年七月戊子。
〔註79〕《高麗史》，第24卷，《高宗世家》，戊午四十五年六月丙申。
〔註80〕《高麗史》，第24卷，《高宗世家》，戊午四十五年六月丙申。
〔註81〕《高麗史》，第24卷，《高宗世家》，戊午四十五年六月丁未。
〔註82〕《高麗史》，第24卷，《高宗世家》，戊午四十五年七月乙卯。

約，吾欲回兵，然使者往復數四而太子不至，是侮我也。今欲知一決，又遣使介，惟國王生死之」，〔註83〕並縱兵大掠高麗。1258 年 8 月，車羅大派兵進屯高麗舊京，戰爭重新開始。

戰爭期間，蒙古繼續派人招降，「太子出，則兵可退矣」，但高宗態度依舊強硬，「太子有病，豈能出哉」？〔註84〕1258 年底，高麗權臣崔竩被殺，高宗主政。12 月，高麗態度發生逆轉，請求蒙古在高麗設置達魯花赤，並稱「本國所以未盡事大之誠，徒以權臣擅政，不樂內屬故爾，今崔竩已死，即欲出水就陸，以聽上國之命，而天兵壓境，譬之穴鼠為貓所守，不敢出耳」，〔註85〕將抗蒙責任全部推給崔竩，並請求蒙古退兵。對高麗態度的轉變，車羅大大喜，雙方商定高麗世子於 1259 年 4 月入朝。〔註86〕

1259 年 4 月，高麗世子王倎奉表蒙古，「竊念小邦嘗有統兵之權臣，久專提兵於國事，落此指揮之內，不自制焉，故於應奉之間，頗多違者，蓋皇靈之幸賴，而凶豎之易除，將萬世以為期，罄一心而盡力，使比來入竄之遺俗，皆相率出居於舊墟。嗟，小臣老病既深，亦皇帝所及知也，肆令日不得親朝，令太子姑且往覲，伏冀陛下照諒此意，採納其言，更加字小之恩，俾效輸忠之職」。〔註87〕經過近三十年的抗戰，高麗至此正式向蒙古投降，蒙麗戰爭結束。〔註88〕

高麗降後，為防止高麗再生叛意，蒙古遣人到高麗督促拆除江都工事，審查高麗出陸還都，徹底摧毀高麗的抵禦屏障。為便於統治，1259 年 8 月，蒙古開始在高麗設置驛站。「帝所往來宣使及本處使佐沿路站赤闕少，西京以南，汝國列置站赤，人戶鋪馬一切所須諸物，照依已前設置，無得少闕，西京以北合用站驛，亦宜準備安置」。〔註89〕又應高麗之請，蒙古立束里大、康和尚等為達魯花赤，於 1260 年 2 月隨高麗元宗歸國。至此，按照成吉思皇帝制度，內屬之國「六事」義務中，高麗已履行過半，蒙古對高麗的戰略意圖基本實現。

〔註83〕 《高麗史》，第 24 卷，《高宗世家》，戊午四十五年七月戊午。
〔註84〕 《高麗史》，第 24 卷，《高宗世家》，戊午四十五年八月己亥。
〔註85〕 《高麗史》，第 24 卷，《高宗世家》，戊午四十五年十二月甲辰。
〔註86〕 《高麗史》，第 24 卷，《高宗世家》，己未四十六年三月壬子。
〔註87〕 《高麗史》，第 24 卷，《高宗世家》，己未四十六年四月甲午。
〔註88〕 在王倎入朝途中，蒙古已經派遣松吉等人再征高麗，王倎到達後蒙古得知高麗已降，松吉才駐兵不發，蒙麗戰爭至此完全結束。參見《高麗史》，第 24 卷，《高宗世家》，己未四十六年六月庚辰。
〔註89〕 《高麗史》，第 25 卷，《元宗世家》，己未即位年八月乙酉。

第四節 本時期兩國關係的特點

第一，掠奪與迫降是兩國關係的主要內容

　　大蒙古國自建立伊始就一直對外進行征服戰爭，作爲游牧民族建立的政權，受到其草原本位傳統的影響，對外戰爭的目的主要是軍事征服和獲取物資。在「兄弟盟約」時期，兩國和平相處，蒙古以掠奪財富爲首要目標。如1221 年 8 月，蒙使著古與替蒙古皇太弟索要「獺皮一萬領、細紬三千匹、細紵二千匹、綿子一萬觔、龍團墨一千丁、筆二百管、紙十萬張、紫草五觔、荭花、藍筍、朱紅各五十觔，雌黃光漆、桐油各十觔」，又替元帥棃刺及蒲黑帶徵求「獺皮、綿紬、綿子等物」。〔註90〕在蒙麗戰爭時期，蒙古對麗政策轉爲索取貢物與人口、督促完成「六事」，以強迫高麗投降，並成爲蒙古內屬國。高麗遷都江華島後，蒙古在前幾項要求基礎上，又相應增加了出水就陸、國王世子親朝等要求，同樣是爲這一戰略目的服務。其中，索要人口具有掠奪財富和督促投降的雙重性質。首先，大蒙古國在前四汗時期處於奴隸社會階段，需要大量奴隸以供驅使，所以除了通過軍隊大批掠奪高麗人口之外，也直接遣使向高麗索要人口。這些被掠奪的人口到達蒙古後，男爲奴，女爲婢，成爲蒙古貴族的財產。從這一點來看，索要人口當從屬於掠奪財富的目的。其次，大蒙古國作爲北方游牧民族建立的政權，其繼承了游牧民族的社會文化和政治傳統，把是否向最高統治者貢獻女子看作是否服從統治的衡量標準。〔註91〕因此，索要人口又同時從屬於督促高麗投降的目的。蒙古的肆意索取，無疑給高麗造成了巨大的經濟負擔，使高麗國運日益艱難，「上國遣將帥求索無已，使宵旰圖治之日也」〔註92〕。

第二，高麗向蒙古投降實屬無奈

　　早在 1218 年雙方初步接觸時，高麗君臣就認爲「蒙古於夷狄最匈悍，且未嘗與我有舊好」，對於這個新興的北方游牧民族政權充滿了陌生、疑慮和恐懼。高麗隨即向金朝遣使通好求救，無奈金朝自顧不暇，高麗只得獨自應付蒙古。此後蒙古每年向高麗遣使，派遣之頻繁、使團規模之龐大、索要物品

〔註90〕　《高麗史節要》，第 15 卷，《高宗》，辛巳八年八月。

〔註91〕　喜蕾、特木爾巴格那：《元代高麗貢女制度與其政治文化背景》，《內蒙古社會科學（漢文版）》2003 年第 5 期，第 8 頁。

〔註92〕　鄭道傳：《三峰集》，第 12 卷，《經濟文鑒別集》下之「元王」，見於韓國民族文化推進會編：《韓國文集叢刊》，第 5 編。

之豐富，令高麗應接不暇、疲於應付，但考慮到「蒙人谿壑其欲，凡所求索，與則財竭，否則釁生」，高麗採取息事寧人的態度，盡其所能籌辦，希望蒙古早日撤兵。不料局勢驟變，蒙麗戰爭開始，蒙古騎兵攻城略地，「橫行遠近外境，殘暴寇掠」，〔註93〕高麗生靈塗炭、滿目瘡痍。在這一過程中，蒙古軍隊的兇悍殘暴給高麗君臣留下了深刻印象，蒙古軍隊和蒙古使臣貪得無厭的掠奪使高麗財竭國枯，這些與蒙古使臣的粗魯野蠻、傲慢無禮和飛揚跋扈〔註94〕一起，加深了高麗對蒙古的恐懼與排斥，「所謂達旦者，頑如禽獸，奏之以鈞天廣樂而不足以開其胸，投之以隋珠和璧而不足以解其顏」，〔註95〕蒙古「人面獸心，人皆諱近」〔註96〕。在高麗君臣看來，蒙古就是尚未開化的異域番邦。〔註97〕因此，在長期的戰爭中，高麗雖然節節敗退，但一直沒有放棄抵

〔註93〕《高麗史》，第23卷，《高宗世家》，壬辰十九年十二月。
〔註94〕蒙古使臣到達高麗後，自恃爲上國使臣而態度專橫，對高麗的迎使禮儀和接待規格多次表示不滿：1219年1月，蒙使蒲里帒完面見高麗國王，「毛衣冠佩弓箭直上殿」，在遞交國書時，「出懷中書，執王手授之」。此舉令高麗君臣大驚失色，「豈可使醜虜近至尊耶」？經反覆交涉，蒙使方更換高麗服飾覲見，但「行私禮但揖而不拜」。（《高麗史》，第22卷，《高宗世家》，己卯六年正月辛卯）在進入高麗國都館舍前，蒲里帒完又「遲留不入」，（《高麗史》，第22卷，《高宗世家》，己卯六年正月庚寅）要求高麗國王親迎，在譯者再三解釋下才乘馬進入館舍。1221年8月，著古與一行到高麗頒詔時，二十多名使臣都要上殿傳命，「往復未決，日將昊」，（《高麗史》，第22卷，《高宗世家》，辛巳八年八月甲子）最終高麗讓步，允許8名使臣升殿宣命。迎詔後，著古與等又對高麗館舍待遇不滿，「張弓持杖，或射或擊」。（《高麗史節要》，第15卷，《高宗》，辛巳八年九月）1221年10月，喜速不花等人在高麗赴宴時「佩弓矢將上殿」，在高麗「自兩國交好以來，皆以禮服相見，況此武備其如宴饗何」（《高麗史節要》，第15卷，《高宗》，辛巳八年十月）的勸告下，才解而赴宴。1231年12月，高麗高宗迎詔儀式結束後宴請使臣，蒙使卻「毛衣冠，佩弓箭」。（《高麗史》，第23卷，《高宗世家》，辛卯十八年十二月壬子。另見於《高麗史節要》，第16卷，《高宗》，辛卯十八年十二月）1232年2月，蒙使都旦等人出使高麗，要求入處大內遭到拒絕，在赴宴時又「欲與王連坐，又欲仍處於內」，（《高麗史》，第23卷，《高宗世家》，壬辰十九年二月丁丑）高麗與其反覆商量，才赴宴還館。3月，都旦因瑣事杖殺高麗館迎送判官郎中閔懷迪，又因高麗提供的使臣館舍寂寥而欲移居。
〔註95〕金龍善：《高麗墓誌銘集成》之《李奎報墓誌銘》。
〔註96〕金龍善：《高麗墓誌銘集成》之《崔義墓誌銘》。
〔註97〕1254年，高麗安慶公王淐使蒙歸國覲見高宗時，「先遣人奏：臣久染腥膻之臭，請經宿進見。王曰：自爾去後，祈天禱佛，庶幾速見，今既無恙還，何用宿外，悉焚爾所著衣，更衣即來。淐夜入謁，王爲之流涕，左右皆泣下」。（參見《高麗史》，第91卷，《宗室傳》）王淐將蒙古看作是腥膻之地，歸國後悉焚所著衣物，生動體現了此時高麗君臣的蒙古觀。

抗，對蒙古出水就陸、國王親朝等要求是能拖則拖、一拖再拖，而且往往趁蒙古軍事壓力減輕時積極抗蒙。直到第六次蒙麗戰爭後期，蒙古拒不撤軍，高麗國內親朝換和平呼聲日熾，高麗終於無路可退，隨著 1258 年底權臣崔竩被殺、高宗主政，高麗才不得不投降蒙古。可以說，無奈，是這一時期高麗君臣心理的最真實寫照。

第三，兩國關係對高麗政局產生重大影響

　　蒙古持續軍事進攻、遣使督降的政策，與這一時期高麗國內局勢相互作用，促成了高麗統治陣營內部勢力的分化，成為高麗推翻崔氏武人政權、投降蒙古的原因之一。早在 1170 年 8 月，高麗發生鄭仲夫、李義方等人為首的武臣之亂，毅宗被廢，明宗被立，武臣掌握政權，開始了高麗歷史上延續百年的武臣政權時期。崔氏武人掌權後，於 1225 年設立政房掌握官吏銓注權以號令天下，「集文士有才望者，置之府中，號政房，百官升黜，皆令注擬，啓於國王，王不得已皆可之，即施行焉，宰相拱手奉行文書而已」，〔註98〕致使高麗王權進一步衰落。蒙麗戰爭開始後，崔氏武人政權為了維護既得利益，無視蒙古招降政策，一意孤行採取了堅決抵抗，「權臣專擅，恣行不義，畏上國討罪，不樂內附」，〔註99〕並主導了 1232 年的江華島遷都。在蒙古凌厲的軍事進攻和嚴厲的高壓政策下，高麗高宗和國內講和派希望與蒙古講和，但崔氏政權認識到如果講和成功，自身的存在就會受到威脅，因此一直堅持抗蒙政策。〔註100〕隨著此後蒙古軍事進攻加劇、講和條件放寬和高麗抗戰力量減弱、崔氏政權勢力弱化、講和派勢力增大等，高麗國內講和論再次擡頭，最終促成了堅持抗戰的崔氏政權的崩潰和對蒙講和的進行。〔註101〕1258 年 3 月，高麗柳璥、金（仁）俊等發動政變，誅殺崔氏權臣崔竩，復政高宗，標榜王權復古的大義名分論，高麗武人政權出現了相當的衰退。在這種情況下，高麗王朝的對蒙態度終於發生轉變，開始積極響應蒙古要求，並最終走向投降。

〔註98〕 李齊賢：《益齋亂藁》，第 9 卷，上，《有元贈敦信明義保節貞亮濟美翊順功臣太師開府儀同三司尚書右丞相上柱國忠憲王世家》，見於韓國民族文化推進會編：《韓國文集叢刊》，第 2 編。

〔註99〕 鄭道傳：《三峰集》，第 12 卷，《經濟文鑒別集》下之「元王」，見於韓國民族文化推進會編：《韓國文集叢刊》，第 5 編。

〔註100〕金塘澤：《高麗的武人政權》，國學研究院 1999 年版，第 372 頁。

〔註101〕李益柱：《高麗對蒙抗爭期講和論的研究》，《歷史學報》1996 年第 151 輯，第 17～18 頁。

　　總之，蒙古因追擊契丹餘眾踏上高麗領土後，出於攻打金朝的戰略考慮，積極經營高麗。受草原本位傳統影響，蒙古對高麗施行了附屬國的統治方式，〔註102〕要求高麗奉行「六事」，並隨著兩國關係變遷，還增加了出水就陸、國王親朝等要求。高麗對蒙古這個北方游牧民族並沒有好感，對蒙古的諸多要求採取了虛與委蛇的態度。在蒙古使臣著古與被殺後，和平局面為戰爭所取代，蒙古通過軍事進攻、派遣使臣等手段，對高麗實施高壓政策。高麗一面示好，一面抵抗，進行了不屈不撓的鬥爭。隨著形勢變化，迫於蒙古方面的壓力和國內講和論的擡頭，加上國內政局出現變動，武人政權衰退，高麗歸降蒙古。蒙古的掠奪、壓迫政策和高麗的無奈投降，使兩國關係自建立之初就具有很大的不穩定性，高麗政治軍事力量變強，或者蒙古控制力度減弱，或者出現第三方勢力，都可能給這種關係帶來巨大挑戰。1259 年後，兩國實現了真正和平，如果蒙古仍不改變統治方略，兩國關係會走向何方將充滿變數。

〔註102〕大蒙古國對廣大被征服的區域主要採取間接統治（委派蒙古皇族、通過維持和利用當時機構進行統治）、直接統治（納入蒙古帝國領土，接受蒙古的直接統治）、附屬國（維持其獨立國家的地位，利用其本來的支配體制，蒙古派遣達魯花赤進行統治）三種統治方式。高柄翊：《東亞細亞的傳統與近代史》，三知院 1984 年版，第 91～93 頁。

第二章　宗藩關係的建立與發展

第一節　兩國關係改善出現契機

　　1259 年 7 月，蒙古蒙哥汗去世。爲爭奪汗位，以監國身份總理朝政的阿里不哥和主管漠南漢地軍國事務的忽必烈分別召開忽里臺會議，自立爲汗。雙方勢如水火，隨即兵戎相見。1264 年 7 月，阿里不哥投降，忽必烈以蒙古大汗身份開始統治中國與蒙古本土地區。作爲蒙古帝國第五代大汗和元朝開國皇帝，忽必烈面臨的最重要課題是如何有效統治廣大中原地區、如何有效整合蒙古舊有統治模式與中原傳統統治方式。雖然受到蒙古傳統和蒙古守舊勢力長期影響，在政治制度創建和選擇上保留了許多蒙古式統治方式的特點，但忽必烈樂於接受漢地文化，身邊聚集的中原飽學之士向他介紹了大量中原文化和興亡治亂之道，加深了其對中原的瞭解，使其認識到以漢法治理漢地的必要性。〔註 1〕在蒙古傳統和漢儒文化的雙重影響下，忽必烈即位後，在維護蒙古舊制的同時，積極吸收漢地文化、採取

〔註 1〕「考之前代，北方奄有中夏，必行漢法，可以長久。故魏、遼、金能用漢法，歷年最多，其它不能實用漢法，皆亂亡相繼，史冊具載，昭昭可見也。國朝仍處遠漠，無事論此，必若今日形勢，非用漢法不可也。陸行資車，水行資舟，反之則必不能行。幽燕以北，服食宜涼，蜀漢以南，服食宜熱，反之則必有變異。以是論之，國家當行漢法無疑也。」參見許衡：《時務五事》，《全元文》，第 69 卷。

漢法，將二者結合作爲加強與穩定蒙古貴族統治的兩大工具，使蒙元政治制度呈現出「蒙漢雜糅」〔註 2〕、「內蒙外漢」〔註 3〕的特點。

1271 年，忽必烈君臣從《易經》「乾元之義」中選取「大元」作爲國號：「誕膺景命，奄四海以宅尊；必有美名，紹百王而紀統。肇從隆古，匪獨我家。且唐之爲言蕩也，堯以之而著稱；虞之爲言樂也，舜因之而作號。馴至禹興而湯造，互名夏大以殷中。世降以還，事殊非古。雖乘時而有國，不以義而制稱。爲秦爲漢者，著從初起之地名；曰隋曰唐者，因即所封之爵邑。是皆徇百姓見聞之狃習，要一時經制之權宜，概以至公，不無少貶。我太祖聖武皇帝，握乾符而起朔土，以神武而膺帝圖，四震天聲，大恢土宇，興圖之廣，歷古所無。頃者，耆宿詣庭，奏章申請，謂既成於大業，宜早定於鴻名。在古制以當然，於朕心乎何有。可建國號曰大元，蓋取易經乾元之義。」〔註 4〕忽必烈的這一做法，不僅表明了蒙古帝國建立了亙古空前的偉業，而且認爲自己可以與堯舜禹三代相媲美，名正言順地躋身於中原大一統王朝之列，〔註 5〕從統治心理上實現了「由夷變夏」的轉變。

鑒於以前歷代大汗長於武功而疏於文治，「祖宗肇造區宇，奄有四方，武功迭興，文治多闕，五十餘年於此矣」，忽必烈決心「宣新弘遠之規，祖述變通，正在今日，務施實德，不尙虛文」，〔註 6〕不僅在內政方面「鼎新革故，務一萬方」，〔註 7〕而且在對外關係上，特別是在對麗關係上逐漸摒棄完全依靠武力征討，轉而重視威脅壓迫與懷柔感化政策的並用，著手與高麗建立宗藩關係。

〔註 2〕 學術界普遍認爲，忽必烈實行漢法又保存蒙古舊俗，在政治文化中奉行二元政策，使元朝體現出「蒙漢雜糅」的特點。此觀點以周良霄等人爲代表，詳見周良霄、顧菊英：《元史》，上海人民出版社 2003 年版，第 272 頁。

〔註 3〕 忽必烈的政治文化二元政策，在多數情況下是以「內蒙外漢」的形式表現出來的，即草原舊俗代表的蒙古制度，相當多地佔據忽必烈政治文化政策的內核部分，漢法制度則往往居外圍或從屬位置。如政治上的官制、軍制、分封制、宮室制、戶籍制等，文化上的語言文字的使用、學校教育、儒學政策、祭祀禮儀、朝會燕饗、行獵搜狩等。李治安：《忽必烈傳》，人民出版社 2004 年版，第 759～761 頁。

〔註 4〕 《元史》，第 7 卷，《世祖本紀》，至元八年十一月。

〔註 5〕 李治安：《忽必烈傳》，人民出版社 2004 年版，第 111～112 頁。

〔註 6〕 《大元聖政國朝典章》，《詔令》，第 1 卷，《典章》，第 1 之「世祖聖德神功文武皇帝登寶位詔」。

〔註 7〕 《元史》，第 209 卷，《安南傳》。

　　在即位前，忽必烈專注於在漠南漢地實行漢法和討伐江南，對高麗還無暇顧及，也談不上持有何種高麗觀，但這種情況到 1259 年發生了改變。當時，赴蒙古朝覲的高麗世子王倎因阿里不哥阻兵朔野，「奉幣帛於道」，朝見了忽必烈。高麗的這一偶然舉動，使忽必烈非常高興，「高麗萬里之國，自唐太宗親征而不能服，今其世子自來歸我，此天意也」，〔註 8〕贏得了蒙元帝國未來統治者的充分肯定。不久，高宗病死，江淮宣撫使趙良弼進言，「今聞其父已死，誠能立倎爲王，遣送還國，世子必感恩戴德，願修臣職，是不勞一卒而得一國也」。〔註 9〕忽必烈表示同意，遣使護送其歸國繼位。1260 年 3 月，忽必烈繼承汗位。4 月，在蒙古使臣參與下王倎即位，是爲元宗。「王即位於康安殿，灌頂受菩薩戒於慶寧殿，御康安殿受百官朝賀，後著黃衣坐龍床南面，束里大、波透上殿據床東面，太孫、公、侯、伯、宰樞、文武兩班參上以次入殿庭，參外立殿門外，上表行禮，呼萬歲」。〔註 10〕

　　雙方人事變化給兩國關係的改善帶來了絕好契機。在蒙古看來，僅靠軍事討伐達不到完全征服高麗的目的，遂開始採取安撫政策，於元宗即位後第三天就遣使高麗，就高麗提出的出水就陸、撤回駐軍、刷還人口等事給予肯定答覆，並奉勸高麗不誤農時、重視農桑以施惠百姓。對於忽必烈採取懷柔政策，高麗喜出望外。在得知忽必烈繼承大統的消息後，馬上遣使朝賀，並由衷表達了感恩戴德的心情和以小事大的決心：「恩靈汪洋，寤寐感悅，雖慈母鍾憐於季子，過此何能？自小臣綿及於後孫，以死爲報，繄五段乾坤之施，是三韓金石之藏，爰曁黎蒸，但知蹈舞，臣謹當山海寧變，恒輸任土之虔，日月有臨，敢弛如岡之祝。」〔註 11〕高麗此次朝賀因最先到達，忽必烈龍心大悅，「朕即祚後，爾國最先來賀，朕甚喜焉。爾國事大國四十年矣，今茲會朝者八十餘國，汝等見其禮待之厚如爾國者乎？」〔註 12〕

　　作爲對高麗的報答，忽必烈於 1260 年 8 月賜予元宗虎符國印、綵緞、弓劍等物，以示寵信。對於兩國一直關心的「六事」，忽必烈也給予高麗滿意的答覆：「衣冠從本國之俗，皆不更易。行人惟朝廷所遣，餘悉禁絕。古京之遷，遲速量力。屯戍之撤，秋以爲期。元設達魯花赤孛魯合反兒、拔覩魯一行人

〔註 8〕 《高麗史》，第 25 卷，《元宗世家》，庚申元年三月丁亥。
〔註 9〕 《高麗史節要》，第 18 卷，《元宗》，庚申元年三月甲申。
〔註 10〕 《高麗史》，第 25 卷，《元宗世家》，庚申元年四月戊午。
〔註 11〕 《高麗史》，第 25 卷，《元宗世家》，庚申元年四月丙寅。
〔註 12〕 《高麗史節要》，第 18 卷，《元宗》，庚申元年八月。

等，俱敕西還。其自願託迹於此者十餘輩，來使亦不知定在何所，事須根究。今後復有似此告留者，斷不准從。朕以天下爲度，事在推誠，其體朕懷，毋自疑懼」。〔註13〕保留本國風俗，禁止私自入麗，遷都量力而行，撤回軍隊和達魯花赤，高麗爲這些條件付出近30年戰爭代價而不得，現在忽必烈誠心相待，一併應允。尤其是撤回達魯花赤一條，標誌著蒙元開始弱化對高麗的內屬化政策。對此，高麗感激涕零，「凡國家騷擾事，一切奏除，國人頌德感泣」。〔註14〕同時也看到只有「事大以禮」，蒙古才能「撫藩字小」，更加堅定了以小事大、永修臣職的決心。從此，兩國關係掀開了嶄新的一頁。

第二節　高麗被納入宗藩關係體系

從1260年忽必烈即位到1274年元朝齊國大長公主忽都魯揭里迷失下嫁高麗，忽必烈積極採取措施將高麗納入宗藩關係體系。

一是頒佈赦令、通報改元和賜予曆書

在中韓宗藩關係中，中國政權作爲宗主國經常對朝鮮半島政權進行頒赦、賜曆和告知改元，使其奉中國正朔、服從中國統治，此爲宗藩關係的基本內容之一。這一時期，蒙古向高麗頒佈赦令只有1260年一次，理由是平定阿里不哥。通報改元有三次，分別是1260年宣告改元中統、1264年宣佈改元至元和1271年宣告建立「大元」。賜予曆書有三次，分別是1262年頒賜曆法、1264年賜給中統五年曆法和1270年下詔賜予曆日。高麗建國後，在處理與歷代中國政權關係時，一直有尊奉上國正朔的傳統，因此對於蒙元上述措施的目的了然於胸，從1260年8月始奉蒙古正朔。此後，只要蒙古改年號，高麗都及時上表表達誠事上國之心。如1264年得知改元至元後，上表「念居東隅，嘗事上國，顧漢皇提劍，禮文之作未遑，雖舜帝在衡，正朔之頒蓋闕。今者皇帝陛下中天下而立，統皇極以臨，義取此而改元，名以之而覃遠，四海一家之從令，咸與惟新，三韓億載之效誠，自今更始」。〔註15〕

〔註13〕《高麗史》，第25卷，《元宗世家》，庚申元年八月壬子。
〔註14〕《高麗史》，第28卷，《忠烈王世家》，戊寅四年九月乙巳。
〔註15〕金坵：《止浦集》，第2卷，《賀立元表》，見於韓國民族文化推進會編：《韓國文集叢刊》，第2編。

二是冊封高麗國王和世子

冊封是古代中韓宗藩關係建立的重要標誌。忽必烈在 1259 年高麗世子王倎朝見後，爲「不勞一卒而得一國」，在得知其父高宗去世後，即令歸國繼位，「朕祗若天命，獲承祖宗休烈，仰惟覆燾，一視同仁，無邇邇大小之間也。以爾歸歟，既冊爲王還國」〔註16〕。1269 年 9 月，又冊封高麗世子王諶爲特進上柱國。應當指出，在此期間忽必烈對高麗國王、世子的冊封還具有很大的偶然性，尚未正式建立冊封高麗國王、世子的制度，這也恰恰反映出兩國宗藩關係正處在創建過程之中。

三是命高麗國王親朝

在接受漢儒文化影響過程中，忽必烈不僅接受了中原禮樂制度，而且也接受了儒家所提倡的天下觀和對待「屬國列侯」的原則，〔註17〕認爲元朝乃「受天明命，奄有區夏」，大國「懷遠」，小國則應修睦於鄰，「畏威懷德」。〔註18〕1264 年 5 月，忽必烈提出，「朝覲，諸侯之大典」，要求元宗入朝行藩屬國覲見之禮，「朕纘承丕緒於今五年，第以兵興，有所不暇，近西北諸王率眾欸附，擬今歲朝王公群牧於上都，卿宜乘馹而來，庸修世見之禮，尚無濡滯」。〔註19〕8 月，元宗親朝蒙古，兩國宗藩關係在形式上具備了中韓傳統宗藩關係的典型特徵。

四是維護高麗朝局穩定

1269 年 6 月，高麗權臣林衍逼迫元宗遜位，立安慶公王淐爲王。忽必烈得知後，明確提出應由蒙古評判高麗國王是非功過，擅廢國王有悖古理，「國

〔註16〕《元高麗紀事》，世祖中統元年四月二日。

〔註17〕黃枝連：《東亞的禮儀世界——中國封建王朝與朝鮮半島關係形態論》，中國人民大學出版社 1994 年版，第 126 頁。

〔註18〕忽必烈的天下觀，比較集中地體現在 1266 年蒙古給日本的國書中。史載：「朕惟自古小國之君，境土相接，尚務講信修睦。況我祖宗受天明命，奄有區夏，遐方遠域，畏威懷德者不可悉數。……高麗，朕之東藩也，日本密邇，開國以來，亦時通中國，至於朕躬而無一乘之使，以通和好，尚恐王國知之未審，故遣使持書布告朕志。冀自今以往，通問結好，以相親睦，且聖人以四海爲家，不相通好，豈一家之理哉？」（《高麗史》，第 26 卷，《元宗世家》，丁卯八年八月。另見於《元史》，第 6 卷，《世祖本紀》，至元三年八月丁卯）此外，忽必烈對高麗也屢次強調小國「畏天之戒」、大國「懷遠之心」的思想，如在1262 年十二月詔告高麗，「大小分殊，當謹畏天之戒，往來禮在，要知懷遠之心」。參見《高麗史》，第 25 卷，《元宗世家》，壬戌三年十二月乙卯。

〔註19〕《高麗史》，第 26 卷，《元宗世家》，甲子五年五月辛巳。

王禃嗣位以來，未聞有過失，苟有過失，諫而不悛，當控告朝廷，以聽我區處。不告朝廷，臣下擅自廢置，恒古以來，寧有是理？」〔註20〕即遣使前往高麗保護元宗、探究實情，並要求元宗和林衍入朝對質。在蒙古直接干涉下元宗復位，林衍病死，高麗延續百年的武臣政權宣告結束。不久，林衍之子林惟茂掌控的三別抄反叛，〔註21〕高麗政府無力應對。蒙古一面遣使招諭，一面派遣軍隊協助高麗圍剿。1273 年 4 月，三別抄殘部被掃滅。可見，在林衍擅廢元宗和三別抄叛亂使蒙元與高麗宗藩關係受阻後，忽必烈及時干預，維護元宗王位合法性，確保高麗朝局穩定，使兩國宗藩關係平穩向著最終確立的方向發展。

五是索要人口

索要人口始於蒙麗戰爭時期，當時蒙古將人口當作財富加以掠奪，同時也作為督促高麗投降的手段。這一時期蒙元索要人口，主要是作為分化和安撫國內異族的政治手段，即通過為投降的南宋軍隊聘娶妻室，達到分化和削弱漢族反抗力量的目的。同時，用高麗女子而不是本土女子婚配南宋軍人，既可以防止本土滋生反抗情緒，又可以加強對高麗控制。〔註22〕兩國實現和平後，蒙元繼續施行這一掠奪政策，實質上是蒙古式統治特點的延續，也是蒙元統治高麗的重要手段。迫於蒙元的高壓政策，對這些需求高麗都是委曲求全、儘量滿足。但不可否認的是，這種政策對於兩國宗藩關係的建立和鞏固具有很大的危害性，當日後蒙元在高麗的影響力下降時，這種政策的消極性將會更加明顯。

〔註20〕 《高麗史》，第 26 卷，《元宗世家》，己巳十年八月戊戌。

〔註21〕 三別抄，「初崔瑀以國中多盜，聚勇士每夜巡行禁暴，因名夜別抄。及盜起諸道，分遣別抄以捕之。其軍甚眾，遂分為左右。又以國人自蒙古逃還者為一部，號神義軍，是為三別抄」。後來，三別抄逐漸依附高麗權臣，成為政變工具，「厚其俸祿，或施私惠，又籍罪人之財而給之，故權臣頤指氣使，爭先效力。金俊之誅崔竩，林衍之誅金俊，松禮之誅惟茂，皆藉其力」。(《高麗史節要》，第 18 卷，《元宗》，庚午十一年五月) 林衍死後，順安侯以林衍之子林惟茂為教定都監，繼續掌握三別抄部隊。1270 年 5 月，高麗御史中丞洪文系、直門下省事宋松禮誅殺林惟茂，並流放其黨羽，高麗延續百年的武臣政權結束。高麗派遣將軍金之氐入江華島解散三別抄，三別抄則以承化侯王溫為王，部署官府，終於反叛。

〔註22〕 喜蕾：《論元代高麗貢女制度的實質》，《內蒙古社會科學 (漢文版)》2000 年第 6 期，第 51～52 頁。

六是物品往來

　　這一時期，雙方實現和平，蒙元索要物品的要求卻再次增加，僅 1268 年 11 月，蒙古使臣就索要「大嶺山香栢子、榧子、松膏餅、智靈洞全蜜、有體人參、永洞郡香曲子、南海島失母松、金剛山石茸、觀音松上水、風眠松葉」等，〔註 23〕皆高麗特產。與此同時，忽必烈也改變了前四汗時期一味掠奪高麗的政策，開始賜予高麗物品，除了派遣使臣賜予之外，大部分物品由高麗使臣帶回，內容主要包括錦、衣帛、絲、絹、駱駝、馬、羊、弓矢、鞍、金、銀等等。特別是在 1263 年 8 月，蒙古一次就賜給高麗羊五百隻，數量空前。從忽必烈賜予高麗物品這一點來看，雖然次數和數量遠遠少於高麗進貢物品，但畢竟是有來有往，體現出雙方尤其是蒙元在建立宗藩關係方面作出的努力。

七是要求高麗助攻南宋和配合通交日本

　　早在 1234 年夏，在東征高麗同時，蒙古開始進攻南宋。經窩闊台、蒙哥汗兩朝連續進攻，至 1259 年，蒙宋劃江為界，南宋歲奉銀絹各 20 萬兩匹，兩國講和。忽必烈繼承汗位、平定內亂後，即著手整頓軍隊，督造戰船，組訓水軍，制定牽制兩翼、中間突破、浮漢入江、直搗臨安的方略，進行滅宋準備，同時要求高麗助軍、輸糧，「今我朝方問罪於宋，其助士卒舟艦，自量能辦多少？所輸糧餉，則就為儲積」。〔註 24〕高麗對此沒有異議，表示會盡力而為：「助師之命，則雖是殘民，隨所有而檢備。其辦舟艦輸糧餉之事，則惟力是任亦期將供。」〔註 25〕為實現萬國來朝、「垂名於後」〔註 26〕的帝王心態，更重要的是在對南宋作戰中取得戰略優勢，避免南宋與日本聯合對抗蒙古，〔註 27〕忽必烈即位後開始經略日本。在發現「日本與爾國（高麗）為近鄰，典章政治有足嘉者，漢唐而下亦或通使中國」〔註 28〕後，忽必烈決定以高麗為憑

〔註 23〕《高麗史節要》，第 18 卷，《元宗》，戊辰九年十一月。

〔註 24〕《高麗史》，第 26 卷，《元宗世家》，戊辰九年三月壬申。

〔註 25〕《高麗史》，第 26 卷，《元宗世家》，戊辰九年四月。

〔註 26〕《高麗史》，第 26 卷，《元宗世家》，己巳十年七月甲子。

〔註 27〕「蓋彼（蒙古）既以兵立國，其志在一統，南宋之未亡，使我（日本）與高麗，統合出銳師，佐宋以擊蒙古，則一統之事恐難成矣。世祖竊憂之，乃生事於我，使高麗承其供億導達，是其計欲使我與高麗，紛亂擾雜，無遑救宋耳。」參見長村鑒：《蒙古寇記》，下卷。轉引自王啟宗：《元世祖招諭日本始末》，《大陸雜誌》，第 22 卷，第 5 期，臺灣大陸雜誌社 1966 年，第 11 頁。

〔註 28〕《高麗史節要》，第 18 卷，《元宗》，丙寅七年十一月。

籍交通日本。1266 年 11 月，首批赴日使臣到達高麗，要求高麗引導前往。後來，蒙元又屢次遣使高麗視察道路、督造軍艦和屯田，圖謀武力征日。高麗考慮到維護相對獨立的地位和交惡日本的巨大代價，終元宗一代對此都不甚積極。〔註 29〕要求高麗助軍、輸糧和協助經略日本，實際上蒙元要求高麗履行藩屬國義務，本質上是對兩國宗藩關係穩固與否的一種試探。

隨著忽必烈對高麗政策的轉變，高麗也開始積極向著宗藩關係建立的方向邁進，元宗不僅應忽必烈要求親朝覲見，而且在元朝沒有徵召親朝的情況下，主動請求入朝，積極示好。兩國最高統治者爲建立宗藩關係的共同努力，確實產生了良好的效果：1268 年誅殺權臣金俊後，元宗考慮到高麗作爲蒙元的藩屬國，有義務將此事通告蒙古，「誠切終始於供職，將輸萬世之勤，事無大小以告王，蓋在諸侯之誼」，〔註 30〕體現出藩屬國的「事大」之禮。

一般來說，古代中國與朝鮮半島政權之間宗藩關係的建立，其標誌不外乎以下三條：第一，朝鮮半島政權尊中國爲上國，奉中國政權正朔，國王接受中國皇帝冊封，王位繼承的合法性由中國皇帝認定。第二，朝鮮半島政權應履行藩屬國義務，向中國皇帝稱臣納貢。第三，中國政權應履行宗主國責任，維護藩國的和平與穩定。而且，中韓傳統宗藩關係的建立並非一蹴而就，需要一個長期循序漸進的過程，蒙元高麗宗藩關係也是如此。經過長時間的接觸和交往，到 1274 年，兩國關係逐項符合了上述要求。

先看冊封國王。1274 年 6 月，高麗元宗去世，高麗百官遙尊時在元朝的世子王諶爲國王。7 月，元朝冊封王諶爲國王。8 月，王諶歸國，受元世祖賜位詔書於康安殿，「國王在日，屢言世子可以承替，今命世子承襲，凡在所屬，並聽節制」，〔註 31〕是爲忠烈王。忠烈王在元朝認證下順利繼承王位，從此以後，高麗王位繼承都要經過元朝正式冊封，以此獲得執政合法地位，冊封國

〔註 29〕關於這一時期高麗採取消極態度的原因，薛磊認爲主要有三條：一，高麗幫助元朝交通日本，必將成爲元朝對日關係的中介和橋梁，這樣不利於高麗保持政治上的相對獨立地位。二，一旦元日關係出現緊張局面，元朝軍隊將大量進入高麗，會加重高麗的負擔。三，幫助元朝交通或攻打日本，會引起倭患的和蔓延泛濫。參見薛磊：《論忽必烈時期元日關係中高麗王朝的態度》，《內蒙古大學學報（人文社會科學版）》2002 年第 2 期，第 18～19 頁。

〔註 30〕金坵：《止浦集》，第 2 卷，《誅金俊告奏表》，見於韓國民族文化推進會編：《韓國文集叢刊》，第 2 編。

〔註 31〕《高麗史節要》，第 19 卷，《元宗》，甲戌十五年八月己巳。

王實現了規範化、制度化。再看稱臣納貢。早在兩國戰爭之前的 1218 年，高麗就遣使「奉表請爲東藩」。〔註 32〕在蒙麗戰爭期間的 1231 年 12 月，高麗又上表蒙古稱臣，「伏念臣曾荷大邦之救危，完我社稷，切期永世以爲好，至於子孫」。〔註 33〕稱臣之後，高麗向蒙古納貢、朝賀的使行記錄在諸家史料中比比皆是，限於篇幅不再一一列舉。最後看履行宗主國責任。最典型的例子就是在高麗權臣林衍擅自廢除元宗事件發生後，忽必烈通過派遣使臣和軍隊，幫助元宗恢復王位合法性。可以說，到 1274 年忠烈王接受元朝冊封繼承王位爲止，元麗宗藩關係正式建立。

經歷林衍擅立這場變故，元宗深感蒙元在加強王權和確保政局穩定中的作用舉足輕重，下定決心事大以誠。爲獲得蒙元的長久保護和有力支持，於 1270 年 2 月提出了爲世子請婚的請求：「今者權臣林衍擅行廢立，失位憂懣，伏蒙聖慈，累遣王人，詔詰其由，召以親朝。以是復位而進，帝眷優深，倍加唁慰，其爲感泣，天地所知。夫小邦請婚大朝，是爲永好之緣，然恐僭越，久不陳請，今既悉從所欲，而世子適會來覲，伏望許降公主於世子，克成合巹之禮，則小邦萬世永倚，供職惟謹。」〔註 34〕

在蒙古，公主並非隨意下嫁，「非勳臣世族及封國之君，則莫得尚主」。〔註 35〕高麗世子並不符合條件，且汗國歷史上也無先例，因此忽必烈沒有批准。1271 年 1 月，高麗再次請婚：「臣頃當親覲之時，深沐至慈之眷，覬將嫡嗣升配皇支，尋蒙領許於結褵，誠滴我願，卻諭言還而就陸，更請斯來。自聞天語之丁寧，曷極臣心之慶抃，既還歸於本國，方徙處於古都，而令世子復詣於天庭，以告端由，時則新居，曾未遑於營緝，即於睿鑒，恐將謂之遽忙，以此稽留，未能敷奏，伏望俾諧親好於附疏，永固恩榮於庇本。」〔註 36〕

高麗連續兩次請婚，其誠可鑒。更重要的是，忽必烈考慮到兩國和親可以防止高麗與宋朝以及日本建立海上三角聯盟共同抗元，在征討宋朝和日本中高麗也可派上大用場，〔註 37〕因此在同年 10 月答應了高麗的要求。

〔註 32〕 《高麗史》，第 105 卷，《鄭可臣傳》。
〔註 33〕 《高麗史》，第 23 卷，《高宗世家》，辛卯十八年十二月庚辰。
〔註 34〕 《高麗史》，第 26 卷，《元宗世家》，庚午十一年二月甲戌。
〔註 35〕 《元史》，第 109，《公主表》。
〔註 36〕 《高麗史》，第 27 卷，《元宗世家》，辛未十二年正月丙子。
〔註 37〕 蕭啓慶：《元麗關係中的王室皇姻與強權政治》，臺灣韓國研究學會編《中韓關係國際研討會論文集》，易承打字印刷事業公司 1983 年版，第 103～125 頁。

1274 年 5 月，時爲世子的忠烈王在元朝與齊國大長公主忽都魯揭里迷失完婚。11 月，忠烈王與齊國大長公主到達高麗開京，城內父老奔走相告、彈冠相慶，「不圖百年鋒鏑之餘，復見太平之期」。〔註 38〕王室婚姻的締結，成爲兩國關係的重大事件，以此爲標誌，高麗開始成爲元朝的駙馬國。1281年忠烈王受賜「駙馬國王印」，實現了國王和駙馬兩個地位的「一體化」，〔註39〕兩國建立起了獨特的雙邊關係體制——駙馬國體制，〔註 40〕元麗宗藩關係進一步發展。

第三節　宗藩關係體系內的兩國關係

從兩國宗藩關係正式建立一直到 1294 年忽必烈去世，元朝在政治、經濟、軍事、文化諸方面加強了同高麗的聯繫，雙方宗藩關係大大地得到強化。

一、政治關係

1、禁止高麗「僭越」官制與用語

高麗前期，中央官制大體以唐制爲基礎，同時加入宋代官制和高麗本身要素，使中央各官府名稱和機能類似於唐宋之制。〔註 41〕忽必烈襲位後，積極採取漢法，中央官制也沿襲和繼承了唐宋制度。這樣一來，元麗在中央官制上就有著許多共同點，如都設有中書省、樞密院、御史臺等。不僅如此，高麗國王的一些專門用語也與元朝相近，如國王在繼位之前稱太子，國王旨意稱聖旨等。在元朝看來，這與兩國宗藩關係是相牴觸的，乃僭越行爲。1275年 10 月，元朝專門頒詔高麗，要求修改相關用語，「王之未爲王也，不稱太子而稱世子，國王之命舊稱聖旨，今稱宣旨」。1276 年 3 月，元朝要求高麗再次修改國王用語，「稱宣旨、稱朕、稱赦，何僭也」，高麗遂「改宣旨曰王旨，朕曰孤，赦曰宥，奏曰呈」。〔註 42〕元朝還要求高麗修改官號、官制，「官號

〔註38〕《高麗史》，第 28 卷，《忠烈王世家》，甲戌即位年十一月丁丑。

〔註39〕森平雅彥：《駙馬高麗國王的成立》，東洋協會學術調查部編《東洋學報》1998年，第 79 卷，第 4 號，第 18～24 頁。

〔註40〕閔賢九：《高麗政治史論》，高麗大學出版社 2004 年版，第 248 頁。

〔註41〕邊太燮：《高麗的政治體制和權力構造》，《韓國學報》1976 年第 4 期，第 22～39 頁。

〔註42〕《高麗史》，第 28 卷，《忠烈王世家》，丙子二年三月甲申。

之同於朝廷者，亦其比也」。〔註43〕「高麗國官制僭濫」，「凡省、院、臺、部官名爵號，與朝廷相類者改正之」。〔註44〕對此，忠烈王言聽計從，上自中書省下至六部都進行了改革：「中書省尙書省併爲僉議府，樞密院爲密直司，御史臺爲監察司，吏禮部並爲典理司，戶工部並版圖司，兵部爲軍簿司，刑部爲典法司，其餘三公大夫之階，或蠲或改，侍中平章之秩，至乃尙書侍郎郎中員外之名，亦悉改焉。」〔註45〕至此，在中央官制名稱和國王專門用語上，兩國宗藩秩序的表述判然。

2、冊封高麗國王

　　這一時期，元朝先後六次冊封高麗國王。1274 年 7 月，忽必烈冊封高麗世子王諶爲高麗國王，8 月，王諶登極，是爲忠烈王，這是第一次冊封。1280 年 11 月，忠烈王遣使奉表請封，「竊念諸侯入相，古之道也。遼金兩國冊我祖先爲開府儀同三司，予亦猥蒙聖眷，曾拜特進上柱國，以此忖得諸侯而帶上國宰輔之職，古今有例，伏望善奏」。〔註46〕元朝應允，冊封其爲開府儀同三司中書左丞相行中書省事，並賜予印信，此爲第二次冊封。1283 年 6 月，冊封忠烈王爲征東中書省左丞相，並依前封駙馬高麗國王，這是第三次冊封。1288 年 4 月，元朝下詔冊封忠烈王爲征東行尙書省左丞相，這是第四次冊封。1291 年 9 月，元朝授忠烈王爲征東行中書省左丞相，此爲第五次冊封。1293 年 3 月，冊封忠烈王爲推忠宣力定遠功臣，此爲第六次冊封。元朝如此頻繁冊封高麗國王，其原因有二。首先是出於建立和發展宗藩關係的考慮。如前所述，第一次冊封標誌著元朝正式確立了與高麗的宗藩關係。應高麗之請循遼金之例的第二次冊封，可以看做是對這種宗藩關係的鞏固。在第六次冊封中，元朝稱「卿世守王爵，選尙我家，載揚藩屏之功，宜示褒嘉之寵，可賜號推忠宣力定遠功臣，益茂厥功，對揚休命」，〔註47〕則是進一步強調了兩國宗藩關係。其次，爲征討日本服務。第三、四、五次冊封，忠烈王封號中都含有「征東行省」字樣，可以看出與元朝準備東征日本有關。〔註48〕而且，

〔註43〕《高麗史》，第 28 卷，《忠烈王世家》，乙亥元年十月庚戌。
〔註44〕《元史》，第 8 卷，《世祖本紀》，至元十二年十一月甲午。
〔註45〕金坵：《止浦集》，第 2 卷，《告奏表》，見於韓國民族文化推進會編：《韓國文集叢刊》，第 2 編。
〔註46〕《高麗史》，第 29 卷，《忠烈王世家》，庚辰六年十一月己酉。
〔註47〕《高麗史》，第 30 卷，《忠烈王世家》，癸巳十九年三月乙酉。
〔註48〕沈載錫：《高麗國王冊封研究》，혜안 2002 年版，第 197 頁。

在第三次冊封中，元朝還明確提出要求忠烈王與征東行中書省丞相阿塔海共事，共同處理東征事宜，〔註49〕印證了這一判斷。

3、賜予國王印信

早在 1260 年 8 月，忽必烈已賜予高麗元宗虎符國王之印。宗藩關係正式建立後，元朝繼續這一做法，先後四次賜予印信。第一次是在 1278 年 7 月，忽必烈賜給時來朝觀的忠烈王海東青一連、駙馬金印和鞍馬。第二次是在 1280 年 12 月，忽必烈在冊封忠烈王爲開府儀同三司中書左丞相行中書省事的同時，賜給印信。1281 年 2 月，忠烈王上奏元朝，因自己尙公主所以請求元朝「改宣命益駙馬二字」。〔註50〕3 月，元朝賜駙馬國王宣命征東行中書省印，這是第三次。1282 年 9 月，忽必烈再賜忠烈王駙馬國王金印，這是第四次。可以看出，與宗藩關係初建時期不同，這一時期元朝賜予高麗國王的印信主要是駙馬印章，體現出元朝對高麗駙馬國地位的重視。值得注意的是 1281 年忠烈王主動要求元朝賜予駙馬稱號和印信，筆者認爲，其大致出於兩個方面的考慮。首先，在中韓傳統宗藩關係中，藩屬國「事大」對象改變後，獲取新的「事大」對象賜予的誥命和印信乃是慣例。〔註 51〕元麗宗藩關係正式建立後，鑒於元朝取代宋、遼、金成爲自己新的「事大」對象，所以高麗主動請求元朝賜予相關印章。其次，在元朝，「宗室駙馬，通稱諸王，歲賜之頒，分地之入，所以盡夫展親之義者，亦優且渥」，〔註52〕且「其忽里勒塔之會，駙馬與諸王、將相列右，公主與后妃、諸王妃列左，並得參預立君等大議，其援擊之重，自非前代戚畹所可同日而語」，〔註53〕忠烈王正是認識到駙馬身份對維護高麗在元帝國內部的地位具有重要意義，才主動請求元朝賜給駙馬稱號和印信。

4、徵召國王親朝

這一時期，元朝繼續執行徵召高麗國王親朝的政策，忠烈王也認識到「朝觀，諸侯享上之儀」，〔註 54〕不僅積極響應號召，而且多次主動要求入朝。

〔註49〕「趙仁規還自元，帝冊王爲征東中書省左丞相，依前駙馬高麗國王，命與阿塔海共事。」《高麗史》，第 29 卷，《忠烈王世家》，癸未九年六月癸未。
〔註50〕《元史》，第 11 卷，《世祖本紀》，至元十八年二月。
〔註51〕沈載錫：《高麗國王冊封研究》，혜안 2002 年版，第 241 頁。
〔註52〕《元史》，第 108 卷，《諸王表》。
〔註53〕《蒙兀兒史記》，第 151 卷，《諸公主表》。
〔註54〕《高麗史》，第 28 卷，《忠烈王世家》，戊寅四年三月己亥。

從原因和目的來看，這一時期忠烈王親朝大致上有三種情況。一是行諸侯朝覲之禮。1287 年，元朝發生乃顏之亂，忠烈王決定履行助軍義務，打算率兵親征，遣使入元請戰。不久乃顏被擒，忽必烈命令「罷諸路兵，且命王乘傳入賀節日」，〔註 55〕同年 8 月，忠烈王應召入朝。二是稟告金方慶誣告事件。1277 年 12 月，高麗前大將軍韋得儒、中郎將盧進義誣告金方慶謀叛，「謀去王、公主、達魯花赤，入據江華以叛」。〔註 56〕高麗人洪茶丘立即報告元朝，「金方慶積穀造船，多藏兵甲，以圖不軌」。〔註 57〕元麗兩國宗藩關係已上正軌，忽必烈當然不能容忍高麗再次出現武臣專權、反抗元朝的事情，因此要求忠烈王會同洪茶丘審理此案。金方慶據理力爭，始終不服，「吾自少竭忠奉國，蒙恩極品，豈以誣服貽患於國乎」？〔註 58〕忠烈王遣使到元朝稟告審訊情況，忽必烈則要求忠烈王入朝親奏。1278 年 4 月，忠烈王帶公主和世子赴元。三是上奏東征日本事宜。如 1280 年 6 月，忠烈王派人到元朝獻鶻子，同時就東征之事請求入朝稟旨。7 月，元朝同意忠烈王入朝，一個月後忠烈王入元。

5、頒赦和賜曆

中國古代赦免制度發軔於上古或三代時期，到隋唐以後，赦免制度從君王的隨意行為逐漸轉變為一種體現國家刑事司法政策的定型化制度。赦免制度作為一種國家性質的寬恕行為，象徵著統治者的一種威權、恩賜與德化。在道德法律化的古代中國人治社會中，赦免制度被歷代王朝頻繁施用，並在穩定政權、減少酷刑、推行仁政等方面作出巨大貢獻。〔註 59〕受漢儒文化影響，忽必烈在潛邸時就贊成「天下之民未聞教化，見在囚人宜從赦免，明施教令，使之知畏，則犯者自少」〔註 60〕，在創建元朝後多次詔赦天下，並從維護兩國宗藩關係的角度，多次遣使高麗頒佈赦令。

關於賜曆，1276 年 1 月，元朝在高麗頒曆詔書中稱，「四時不忒，推鳳曆

〔註 55〕《高麗史》，第 30 卷，《忠烈王世家》，丁亥十三年八月丁卯。

〔註 56〕《高麗史節要》，第 19 卷，《忠烈王》，丁丑三年十二月。

〔註 57〕《高麗史節要》，第 20 卷，《忠烈王》，戊寅四年三月。

〔註 58〕權近：《陽村集》，第 35 卷，《東賢事略》之「金中贊諱方慶」，見於韓國民族文化推進會編：《韓國文集叢刊》，第 7 編。

〔註 59〕伍操：《中國古代赦免制度及其歷史沿革》，《重慶社會科學》，2008 年第 6 期，第 62～66 頁。

〔註 60〕《元史》，第 157 卷，《劉秉忠傳》。

以紀年，萬國攸同，矧雞林之受朔，若稽舊典，用布大和」，希望忠烈王能夠
謹遵天時、發展生產，「敬授農時，益遵田正，籍爾蕃宣之力，贊於平秩之功，
率勤南畝之民，罔知遊惰，爰俾東陲之俗，丕變雍熙，庶績其凝，朕言無替」。
〔註61〕出於同樣的目的，1281 年 1 月，忽必烈又將新成授時曆賜予高麗，充
分體現出宗主國對藩屬國的關心。對此高麗非常感動，立即上書表示將謹遵
聖意，「恭惟盛烈巍巍，丕謨顯顯。政審玉衡之正，敬授人時。令宣木鐸之和，
誕敷文德。惟小邦之誠陋，有何善之足觀。但自昔時，常稟大明之正朔，矧
伊比歲，屢經親覯於聖明，感深睿渥之過榮，樂在皇風之大振，適丁端履，
因倍慶悰，斗柄指東，徒自馳誠而薦算，辰居瞻北，恨難舉手而稱觴」，〔註
62〕兩國宗藩關係更加密切。

6、督促高麗實施仁政

　　兩國宗藩關係建立後，元朝多次督促高麗君臣善待百姓。1279 年 10 月，
元朝派亐丹赤塔納、必闍赤哈伯那到高麗督修戰艦，有人以邑民多屬鷹坊而
無法供給驛食告知塔納，塔納立即責問高麗宰相，「東民獨非天子之赤子乎？
困苦至此而不之恤，朝廷馳一使以問，何辭以對」？〔註63〕1280 年 9 月，元
朝派也速達赴麗處理東寧府事務，也速達見到高麗「南民糶米，皆有菜色」，
質問高麗宰相，「貴國多遣別監，專尚苛暴，枉刑重贖，民多死者，民即天子
之民，可令至此耶」？〔註 64〕兩位元使要求高麗善待百姓，並把高麗民眾看
作「天子之民」，生動體現出元朝「普天之下莫非王土，率土之濱莫非王臣」
的大一統觀念，其目的則與忽必烈要求高麗國王敬守農時、發展生產類似，
都是在維護兩國宗藩關係、保持高麗安定。

7、索要人口

　　這一時期，元朝向高麗索取和掠奪人口有兩種類型。一是寡婦處女。
1276 年閏 3 月，元朝遣使「齎幣帛來為歸附軍五百人聘妻」。〔註 65〕其目
的當與宗藩關係正式建立之前類似，即為了分化、安撫國內異族和加強對

〔註61〕《高麗史》，第 28 卷，《忠烈王世家》，丙子二年正月丁丑。
〔註62〕金坵：《止浦集》，第 2 卷，《賀表》，見於韓國民族文化推進會編：《韓國文集
　　　　叢刊》，第 2 編。
〔註63〕《高麗史》，第 29 卷，《忠烈王世家》，庚辰六年三月壬寅。
〔註64〕《高麗史》，第 123 卷，《權宜傳》。
〔註65〕《高麗史》，第 28 卷，《忠烈王世家》，丙子二年閏三月甲子。

高麗的控制。對此，高麗派遣寡婦處女推考別監金應文等人於諸道搜羅婦女，還專門將寡婦處女推考別監改爲歸附軍行聘別監。二是貢女。1275 年 10 月，元使赴麗頒詔：「爾國諸王氏娶同姓，此何理也？既與我爲一家，自宜與之通婚，不然豈爲一家之義哉？且我太祖皇帝征十三國，其王爭獻美女、良馬、珍寶，爾所聞也」。〔註 66〕雖然強調「凡此皆欲令爾知之，非苟使爾貢子女」，但實際上是以通婚爲名向高麗提出了索取貢女的要求。〔註 67〕忠烈王對此心領神會，馬上「以將獻處女於元，禁國中婚嫁」，〔註 68〕一個月後即向元朝貢獻處女十人，此爲兩國貢女制度之始。自此至忽必烈去世之前，高麗多次貢女於元。〔註 69〕爲完成貢女任務，高麗大肆搜索未婚女子，「選良家子女年十四五歲者，使巡軍忽赤等搜索人家，或夜突入寢室，或縛問奴婢，雖無子女者亦被驚擾，怨泣之聲遍於閭巷」。〔註 70〕還嚴格控制婚嫁，1287 年 12 月忠烈王下旨，「良家處女，先告官然後嫁之，違者罪之」。〔註 71〕

8、處理東寧府和雙城總管府問題

對於如何有效統治高麗，自蒙麗戰爭時期開始，蒙元一直採用「分而治之」策略。1269 年，蒙古前樞密院經歷馬希驥提出，「驗彼州城軍民多寡，離而爲二，分治其國，使權侔勢等，自相維制」，可以達到「不削而自弱」的目的，〔註 72〕正式提出了這一方略。元朝在處理東寧府和雙城總管府問題上，「分而治之」策略的使用非常具有代表性。先看東寧府問題。前述林衍擅廢元宗事件後，高麗西北面兵馬使營記官崔坦、韓愼等以誅林衍爲名發動叛亂。1269 年 10 月，崔坦等以高麗北部 60 餘城歸降蒙古。1270 年 1 月，蒙古「詔西京內屬，改東寧府，畫慈悲嶺爲界」，〔註 73〕將東寧府劃歸遼陽行省。1276 年，

〔註 66〕　《高麗史》，第 28 卷，《忠烈王世家》，乙亥元年十月庚戌。
〔註 67〕　柳洪烈：《高麗對元朝的貢女》，《震檀學報》1957 年第 18 期，第 33～37 頁。
〔註 68〕　《高麗史》，第 28 卷，《忠烈王世家》，乙亥元年十月壬子。
〔註 69〕　鄭求先根據《高麗史》的記載，統計出這一時期高麗向元朝進獻貢女一共十次。參見鄭求先：《中世時代的宦官與貢女》，國學資料院 2004 年版，第 130～135 頁。
〔註 70〕　《高麗史節要》，第 21 卷，《忠烈王》，丁亥十三年九月。
〔註 71〕　《高麗史》，第 30 卷，《忠烈王世家》，丁亥十三年十二月己巳。
〔註 72〕　《元史》，第 208 卷，《高麗傳》。
〔註 73〕　《元史》，第 208 卷，《高麗傳》。

元朝升東寧府爲東寧路總管府，任崔坦爲總管，同時派遣達魯花赤進行統治。但高麗認爲東寧府乃「祖宗所都」，希望元朝「還其尺土，俾修孝祀」。〔註74〕因此在東寧府歸屬問題上，兩國一直存在爭議。如 1285 年 11 月，東寧府與高麗就逐安、谷州歸屬問題發生爭執。同年 12 月，崔坦、韓愼又誣告千戶桂文庇與高麗宰相廉承益圖謀加害於己。東寧路和高麗的爭端，尤其是在領土和民戶方面的爭奪，屢屢申訴到元朝，元朝不得不多次派人處理。隨著元麗宗藩關係深入發展，有關東寧府歸屬問題的利益糾紛嚴重影響了兩國關係。鑒於高麗已經完全臣服，元朝不再熱衷於直接控制高麗內政，〔註75〕在東寧府問題上也不再堅持「分而治之」的立場，1290 年 3 月，忽必烈下詔罷東寧路，歸還高麗西北諸城。再看雙城總管府問題。1258 年 12 月，高麗龍津縣人趙暉、定州人卓青以和州以北之地投拜蒙古，蒙古因置雙城總管府於和州，此後大批高麗流民進入雙城地區，不僅使高麗失去大量賦役人戶，而且國土也被分割。高麗多次向忽必烈提出歸還領土、刷還人口的請求。但元朝認爲，雙城總管府設立於高麗正式臣服蒙古之前，高麗對此不應有歸還要求，儘管兩國關係日益緊密，但一直不肯將雙城總管府之地歸還高麗。〔註76〕對於刷還人口，元朝也只同意推刷 1259 年高麗正式臣服後逃入元朝境內的高麗民眾，「帝命己未年以來逃入中朝人口，悉令刷還本國」，〔註77〕在雙城總管府問題上繼續堅持「分而治之」策略。

9、縱容公主及其怯憐口〔註78〕

橫行高麗。1274 年，齊國大長公主忽都魯揭里迷失遠嫁高麗。由於娘家勢力強大和蒙古族女性地位較高的傳統，〔註79〕齊國大長公主在高麗地位顯

〔註74〕《高麗史節要》，第 20 卷，《忠烈王》，戊寅四年七月。

〔註75〕薛磊：《元世祖朝東寧路芻議》，《歷史教學》，2009 年第 18 期，第 5～8 頁。

〔註76〕薛磊：《元世祖朝東寧路芻議》，《歷史教學》，2009 年第 18 期，第 5～8 頁。

〔註77〕《高麗史》，第 30 卷，《忠烈王》，乙酉十一年五月。

〔註78〕怯憐口，蒙古語，意爲家中兒郎，指蒙古和元朝皇室、諸王、貴族的私屬人口。參見《中國大百科全書・歷史卷・元史卷》「怯憐口」條，中國大百科全書出版社，1985 年版，第 78 頁。

〔註79〕有學者指出，元朝公主在高麗地位崇高的原因與蒙古、高麗當時有母權制的傳統有關，（馬彥：《元麗王室聯姻關係考略》，《東北亞研究》1997 年第 3 期，第 76～81 頁）是游牧生產方式所決定的女性社會地位比較高在政治上的反映。參見孟古托力：《古代北方民族女性參政的若干問題：兼南北女性參政之對比》，《學習與探索》1996 年第 6 期，第 128～134 頁。

赫、行爲專橫，主要表現有六。一是積極參政。齊國大長公主經常與忠烈王共同接見元朝使臣。1291 年平定哈丹之亂後，高麗宴請元將，「公主坐當中，那蠻歹坐其右，王坐其左」。〔註 80〕此外，公主還不經忠烈王同意任意罷免高麗官員，儼然成爲高麗權力中心，甚至形成「公主與國王共治的政體」。〔註 81〕二是監督國王。1282 年，忠烈王請公主田獵，公主對其荒廢朝政、寄情狩獵表示不滿：「惟遊田是務，奈國事何？」見到忠烈王因火獵燒毀百姓莊稼，公主當即對臣下表示：「民之病，已不可言，扈從者亦勞矣，盍歸乎」，〔註 82〕遂返身回宮。三是積極貢女。據《高麗史》記載，齊國大長公主不僅赴元時攜帶貢女，而且對拒獻貢女行爲嚴懲不貸。高麗左副承宣洪奎之女被選爲貢女，洪奎爲不使女兒入元親剪其髮，公主怒囚洪奎及其女，「公主令捽地，以鐵鞭亂箠，身無完肌」。〔註 83〕四是維護地位。齊國大長公主對於危害自己地位的言行毫不客氣，這一點在涉及貞和宮主的兩件事上表現得淋漓盡致。貞和宮主原爲貞信府主，乃宗室始安公王絪之女，忠烈王即位後冊爲貞和宮主。貞和宮主嘗因生子設宴，在安排坐席時「置平床爲公主坐」，齊國大長公主認爲「平床之坐，欲使同於宮主」，大怒移席高榻。等到貞和宮主跪敬美酒時，齊國大長公主又生是非，說忠烈王因貞和宮主跪於自己面前而白眼相向，因而「命罷宴」，並「下殿大哭」。〔註 84〕第二件事發生在 1276 年，有人投匿名信曰「貞和宮主失寵，使女巫呪詛公主」，〔註 85〕齊國大長公主得知後勃然大怒，立即囚禁貞和宮主，並封其府庫，後經高麗大臣力諫才予釋放。五是粗魯無禮。公主往往因不合己意對忠烈王拳腳相向，「以杖迎擊之」，「且詬且擊」，這一點就連高麗大臣都看不過去，無奈發出「辱豈有大於此者乎」〔註 86〕的感歎。六是貪財好利。齊國大長公主一直垂涎順安公王琮家產，在 1277 年有人誣告王琮詛咒忠烈王時，公主怯憐口印侯等人將此事誇大上報元朝，王琮被流放後，公主將其家產據爲己有。公主還曾科斂人參、

〔註 80〕　《高麗史》，第 89 卷，《后妃傳》。
〔註 81〕　蕭啓慶：《元麗關係中的王室皇姻與強權政治》，《元代史新探》，新文豐出版公司 1984 年版，第 253 頁。
〔註 82〕　《高麗史》，第 89 卷，《后妃傳》。
〔註 83〕　《高麗史》，第 106 卷，《洪奎傳》。
〔註 84〕　《高麗史》，第 89 卷，《后妃傳》。
〔註 85〕　《高麗史》，第 89 卷，《后妃傳》。
〔註 86〕　《高麗史》，第 89 卷，《后妃傳》。

松子等送到江南買賣，獲利豐厚，因此在高麗諸道大肆徵取，搞得「民多怨咨」，〔註87〕引發經濟混亂。

齊國大長公主到高麗時帶去大批怯憐口，如印侯、張舜龍、車信等。他們依仗公主地位紛紛出任要職、陞遷迅速，如印侯 1273 入麗時拜爲中郎將，此後擔任將軍、昭勇大將軍、上將軍、鷹揚上將軍、副知密直、判密直司事等，到 1288 年官拜僉議贊成事，十五年間從正五品擢升至正二品。這些怯憐口在高麗擁有眾多特權，「廣占良田，標以山川，多受賜牌，不納租稅」，〔註88〕高麗君臣對此卻敢怒而不敢言。由於身份特殊，這些怯憐口多次充當高麗使元使臣，卻不斷向元朝通報高麗情實，不遺餘力地維護元朝在麗利益。他們還積極參與高麗國政，有的甚至直接介入高麗政治鬥爭，成爲高麗政壇中一支不可小覷的力量。〔註89〕當時元麗兩國來往密切，對於這些乖張行爲忽必烈不可能沒有耳聞，但縱觀諸家史料，不見一條規勸或禁止公主及怯憐口胡作非爲的記載，這恰恰反映出元朝通過公主及怯憐口加強對高麗控制的真正意圖。

二、經濟關係

1、頒行紙幣

元初，忽必烈君臣在討論貨幣政策時，劉秉忠建言，「錢用陽，楮用於陰。華夏陽明之區，沙漠幽陰之域。今陛下龍興朔漠，君臨中夏，宜用楮幣，俾子孫世守之。若用錢，四海且將不靖」，〔註90〕遂決定採用紙幣取代金屬貨幣職能。在總結宋金發行紙幣多年經驗教訓基礎上，元初以十足的金銀爲儲備，〔註91〕於 1260 年 7 月發行中統元寶交鈔，同年 10 月發行中統元寶鈔。1287 年 3

〔註87〕《高麗史節要》，第 21 卷，《忠烈王》，乙未二十一年七月。
〔註88〕《高麗史》，第 28 卷，《忠烈王世家》，丁丑三年二月己巳。
〔註89〕舒健：《怯憐口與高麗政局關係初探》，《元史及民族與邊疆研究集刊》，第 23 輯，第 36～45 頁。
〔註90〕「世皇嘗以錢幣問，太保劉文貞公秉忠曰：『錢用陽，楮用於陰。華夏陽明之區，沙漠幽陰之域。今陛下龍興朔漠，君臨中夏，宜用楮幣，俾子孫世守之。若用錢，四海且將不靖。』遂絕不用錢。」陶宗儀：《南村輟耕錄》，第 2 卷，《錢幣》。
〔註91〕元政府鑒於宋金兩朝濫發貨幣的惡果，對紙幣的發行，在開始時採取了比較審慎的態度，發行紙幣以十足的金銀作爲儲備，基本上做到有多少金銀儲備，才發行多少紙幣。參見李干：《元代發行的紙幣及其歷史意義》，《內蒙古社會科學》，1985 年第 4 期，第 49～52 頁。

月，頒行至元通行寶鈔，與中統鈔並行。爲有效統治所轄遼闊疆域，元朝下令停止使用蒙古舊鈔，用中統鈔兌換南宋紙幣，禁止金、銀、銅錢參與流通，規定一切賦稅徵收使用紙幣，確保元朝發行的紙幣爲唯一法幣，〔註92〕並在將其推向全國各地的同時頒行藩屬國高麗。1287年4月，元朝遣使高麗詔頒至元寶鈔和中統寶鈔，「通行以至元鈔一貫當中統鈔五貫，使爲子母用」，〔註93〕正式將本國貨幣之法頒行高麗。1291年7月，又將整理鈔法告知高麗。高麗接詔後，並未刻意改變國內「用碎銀爲貨」〔註94〕的現狀，但爲了方便對元外交，多次派人赴元以銀換鈔，兩國貨幣往來日漸頻繁，元朝寶鈔大量進入高麗，高麗白銀源源不斷流入元朝。此外，這一時期元朝還通過派人到高麗勸課農桑、徵收商稅，推行銅器納官〔註95〕等，將高麗納入了元帝國經濟體系。〔註96〕

2、掠奪物品

　　元麗宗藩關係建立後，元朝並不滿足於高麗的主動進貢，繼續對高麗實施徵求和掠奪物品政策。這一時期元朝索要的物品，以供元朝統治者使用的奢侈品爲主，如珍珠、香樟木、人參、鷹、雕、鶻、馬等，但不論是數量還是種類都有較大程度地下降。此外，元朝還多次派人到高麗開採和索取金銀，這可能與至元末年元朝財政狀況惡化、寶鈔貶值、政府急需金銀儲備等因素有關。對於元朝的掠奪要求，忠烈王態度積極，不僅迅速滿足元朝要求，而且很少乞求減少貢物數量。不僅如此，忠烈王爲了完成任務，還對元朝的某些要求提出更爲合理的建議。如1277年4月，元朝派遣曹允通到高麗採人參，曹允通「擅令各道州縣就產處採掘輸納」，忠烈王隨即上書元朝，認爲採摘人參應注意時節，「隨所產處趁時採納，乞令允通勿得擅便作耗」。〔註97〕

〔註92〕楊德華、楊永平：《元朝的貨幣政策和通貨膨脹》，《雲南民族學院學報（哲學社會科學版）》，2001年第5期，第117～121頁。
〔註93〕《高麗史節要》，第21卷，《忠烈王》，丁亥十三年四月。
〔註94〕《高麗史》，第79卷，《食貨志》。
〔註95〕1285年6月，元朝派遣李熙載到高麗實行銅器納官，「除法物、鍾磬、銅鏡、古銅瓶鼎、熟銅器物外，其餘應有銅錢、生銅器物，以聖旨到限百日，悉納所在官」，但「尋命停罷」。參見《高麗史》，第30卷，《忠烈王世家》，乙酉十一年六月己酉。
〔註96〕魏恩淑指出，元朝寶鈔流入高麗，與元朝在財政上對高麗的支出、元朝向高麗派遣勸農使勸農、元朝派人到高麗徵收商人稅錢、高麗向元朝進貢各種物品等，都是元朝將高麗納入財政圈的手段。參見魏恩淑：《元干涉期寶鈔的流通與意義》，《韓國中世社會的諸問題》，정림사2001年版，第583～598頁。
〔註97〕《高麗史》，第28卷，《忠烈王世家》，丁丑三年四月。

3、命令高麗接濟遼東

元朝在國內特別是東北地區有困難時，鑒於高麗的地理位置，自然會要求高麗給予接濟。1288 年 1 月，控制察合臺汗國、雄踞西北的海都進攻遼東，導致遼東地區「人民被擾，田禾未收，例皆闕食」。如依靠江南接濟則難度很大，「江南險遠，船運糧斛不敷給散」，而高麗與遼東毗鄰，1289 年 2 月，忽必烈要求高麗籌集糧草十萬石，「盡力辦集，差官報送，趁迭來春接濟用度」。〔註 98〕忠烈王立即籌辦，並要求群臣出米覆命。〔註 99〕3 月，高麗押糧起運，「以船四百八十三艘、運船人一千三百十四名，轉米六萬四千石於蓋州」。〔註 100〕對於輸送軍糧逾期的忠清、全羅兩道指揮使，忠烈王給予削職處理，並另選官員赴兩道督促軍糧，同時以國庫米四千石作為補充。經過緊張的準備，同年 5 月，高麗再次輸送軍糧到蓋州，基本完成了接濟遼東的任務。

4、賑濟高麗

這一時期，因高麗時常發生饑荒，元朝四次給予賑濟。第一次是在 1291 年 6 月。此前高麗世子王璋向元朝請求賑濟，「比年國人征戍轉餉，失其農業，以致饑謹」，元朝「以船四十七艘，載江南米十萬碩來賑」。〔註 101〕同年 10

〔註 98〕《高麗史》，第 30 卷，《忠烈王世家》，己丑十五年二月丙寅。

〔註 99〕「諸王承旨以上七石，致仕宰樞、三品以上五石，散官宰樞三石，散官三品二石，致仕三品、顯任四品四石，散官四品一石，五品三石，散官五品八斗，侍衛將軍、六品二石，七八品參上副使、僧錄職事一石，九品參外副使八斗，權務隊正、別賜散職七斗，軍官、百姓、公私奴婢以五斗三斗為差，富商大戶三石，中戶二石，小戶一石，各道輸米有差，唯除東界、平壤二道。三月，又令群臣加出米有差，諸王、宰樞、承旨、班主十三石，致仕宰樞、顯官三品十石，散官宰樞四石，致仕三品、東西四品七石，散官三品三石，東西五品六石，散官四品二石，東西六品、侍衛將軍五石，散官五六品一石，東西七八品、參上副使及僧職錄事二石，東西九品、參外副使一石，權務隊正八斗，有官守散職五斗，近侍左右番二十石，茶房左右番二十石，三都監、五軍二十石，阿闍赤三十石，禁內學館十五石，鷹坊四番一百石，大殿忽赤三番一百石，巡馬左右番一百石，漢語都監、宮闈都監各二百石，國贐色、元成殿僚屬、世子府僚屬各十石，世子府忽赤三番二十石，商賈人五石，僉議府、密直、重房、將軍房三十石，典理、監察、軍簿、版圖、典法、六衛、五部、觀候、司天、詹事府十石，通禮門十五石，雜類五斗，諸寺社二百石，四大業一百石。」參見《高麗史》，第 79 卷，《食貨志》。

〔註 100〕《高麗史》，第 30 卷，《忠烈王世家》，己丑十五年三月辛卯。

〔註 101〕《高麗史節要》，第 21 卷，《忠烈王》，辛卯十七年六月。另見於《高麗史》，第 80 卷，《食貨志》。

月，元朝因爲「高麗國饑」，〔註102〕再次向高麗提供米二十萬斛，是爲第二次。第三次是在 1292 年閏 6 月。因「高麗饑，其王遣使來請粟」，〔註103〕元朝賜米十萬石，遣使運往高麗，但因船「遭風漂溺」，到達高麗時只剩下了四千二百碩。〔註104〕第四次是在 1293 年 6 月，元朝派遣江南千戶陳勇等「載米二十艘」賑濟高麗。〔註105〕

5、賜予物品

忽必烈時期元朝賜給高麗物品呈現兩個特點。第一個是供高麗王室使用的奢侈品居多，如鶻、海東青、犬、馬等等，這些都是元朝皇室狩獵所用之物，贈予高麗體現出兩國統治階層關係更加密切。第二是元朝諸王和行省官員開始贈物高麗，如 1283 年 3 月也先大王遣使到高麗贈送海東青，1293 年 5 月遼陽行省遣人到高麗贈犬馬，其原因不外是隨著兩國宗藩關係的發展和高麗在元帝國內地位的上陞，元朝諸王和行省官員開始重視結交高麗。應該指出，雖然元朝賜予高麗物品數量與元朝索取物品數量相比微不足道，但這畢竟說明元朝已經部分地改變了單純掠奪高麗的政策。

三、軍事關係

1、要求高麗為通交和征服日本效力

從 1266 年到 1272 年，蒙元先後五次遣使招降日本。1266 年，蒙使黑的、殷弘途徑高麗出使日本，高麗導路使臣畏風濤之險未達而還。1268 年，黑的、殷弘再使日本，到達對馬島，但日本「拒而不納」，蒙使「執其塔二郎、彌二郎二人而還」。〔註106〕1269 年 7 月，蒙古將塔二郎二人送回高麗，高麗送其歸國，是爲第三次遣使日本。使臣一行到達對馬島，仍不見日本回音。〔註107〕1271 年 1 月，蒙古第四次遣使，派日本國信使、秘書監趙良

〔註102〕《元史》，第 16 卷，《世祖本紀》，至元二十八年十月。

〔註103〕《元史》，第 17 卷，《世祖本紀》，至元二十九年閏六月。

〔註104〕《高麗史節要》，第 21 卷，《忠烈王》，壬辰十八年閏六月。

〔註105〕《高麗史》，第 30 卷，《忠烈王世家》，癸巳十九年六月己丑。《高麗史節要》中記載，陳勇等運米的數量是十二艘。參見《高麗史節要》，第 21 卷，《忠烈王》，癸巳十九年六月。

〔註106〕《元史》，第 208 卷，《日本傳》。

〔註107〕對於蒙麗使臣的到來，鐮倉幕府做出了反應，令菅原長成做成《贈蒙古國中書省牒》。但因爲當時幕府認爲沒有必要向蒙古回書，所以此牒被擱置。（參

彌從高麗前往日本。趙良弼一行不辱使命，日本「遣使介十二人入覲，仍遣人送良弼至對馬島」。〔註108〕1272 年 1 月趙良弼回到高麗，隨即將「日本使臣」彌四郎等 12 人護送入元。〔註109〕但這些「日本使臣」乃是太宰府西守護所派遣人員，並非鎌倉幕府所遣。〔註110〕冒牌「使臣」雖然入朝，但無法也無權對稱臣納貢要求做出正式回應。〔註111〕忽必烈則懷疑他們來朝的真正目的是「伺吾強弱」，因此決定「示之寬仁，且不宜聽其入見」。〔註112〕1272 年 12 月，元朝再次派遣趙良弼到日本招諭，1273 年 3 月「至大宰府，不得入國都而還」。〔註113〕

連續五次招諭失敗，忽必烈決心武力攻取日本。此後一年多的時間裏，元朝多次要求高麗籌集軍糧、督造戰艦、籌備武器、派兵助征等，並告誡高麗重視農桑以儲備軍糧。1274 年 10 月，元麗聯軍以「蒙漢軍二萬五千、我軍

見陳小法：《日本「神國思想」與元明時期的中日關係》，《許昌學院學報》2005 年第 1 期，第 92～96 頁）日本在《贈蒙古國中書省牒》中稱，「……蒙古之號，於今未聞，尺素無脛初來，寸丹非面僅察。原漢唐以降之蹤，觀使介往還之道，緬依內外典籍之通義，雖成風俗融化之好禮，外交中絕，驪遷翰轉，粵傳鄉信，忽請鄰睦，當斯節次，不得根究。然而呈上之命，緣底不容，音問縱雲霧萬里之西巡，心龜忘胡越一體之前言，抑貴國曾無人物之通，本朝何有好惡之便，不顧由緒，欲用兇器，和風再報，疑冰猶厚，聖人之書，釋氏之教，以濟生為素懷，以奪命為黑業，何稱帝德仁義之境，還開民庶殺傷之源乎？凡自天照皇大神耀天統，至日本今皇帝受日嗣，聖明所畢，莫不屬左廟右稷之靈。得一無貳之盟，百王之鎮護孔昭，四夷之修靖無素。故以皇土永號神國，非可以智竟，非可以力爭。……」（《鎌倉遺文》，古文書編，第 14 卷，第 10571 號，東京堂出版社 1977 年版。轉引自채상식：《與麗蒙日本征伐有關的外交文書的推移》，《韓國民族文化》1997 年第 9 期，第 13～14 頁）實際上是拒絕了蒙古的入覲等要求。

〔註108〕《元史》，第 159 卷，《趙良弼傳》。

〔註109〕根據《高麗史》的記載，趙良弼遣送日本使臣 12 人如元。（參見《高麗史》，第 27 卷，《元宗世家》，壬申十三年正月丁丑）但據《元史》記載，趙良弼遣送的日本使臣有 26 人之多。參見《元史》，第 7 卷，《世祖本紀》，至元九年二月庚寅；另見於《元史》，第 208 卷，《日本傳》。

〔註110〕「奉使日本趙良弼遣書狀官張鐸來言，去歲九月，與日本國人彌四郎至太宰府西守護所。守者云，曩為高麗所紿，屢言上國來伐；豈期皇帝好生惡殺，先遣行人下示璽書，然王京去此尚遠，願先遣人從奉使回報。良弼乃遣鐸同其使二十六人至京師求見。」參見《元史》，第 208 卷，《日本傳》。

〔註111〕채상식：《與麗蒙日本征伐有關的外交文書的推移》，《韓國民族文化》1997 年第 9 期，第 17 頁。

〔註112〕《元史》，第 208 卷，《日本傳》。

〔註113〕《高麗史》，第 27 卷，《元宗世家》，癸酉十四年三月。

八千、梢工引海水手六千七百、戰艦九百餘艘」〔註114〕從合浦出發東征日本。雖取得一定戰果，但由於夜間天氣突變、颶風驟雨交加，戰船紛紛觸崖沉沒，第一次東征失敗。〔註115〕1275 年 2 月，忽必烈重新遣使途徑高麗前往日本。1279 年 8 月，再次遣使「齎詔往諭其國，期以來年四月還報」。〔註116〕但日本執權北條時宗繼續採取強硬態度，不僅對元朝招降置之不理，而且殺害了元使和隨行的高麗使臣。〔註117〕

　　1279 年，元朝滅亡南宋，統一中國，加快了再次征討日本的步伐，要求高麗繼續做好調度軍馬、籌集糧草等準備工作。1281 年 5 月，元軍統帥忻都、高麗人洪茶丘等率領大軍從合浦出發，第二次東征正式開始。由於江南船隊行動遲緩、元麗聯軍不能協同作戰、日本採取有效抵抗措施等原因，東征部隊進展緩慢。〔註118〕8 月，颶風突起，聯軍船毀人亡，損失慘重，「十萬之眾得還者三人耳」，〔註119〕第二次東征也以失敗而告終。

　　雖然兩次進討失利，但忽必烈並沒有打算停止用兵日本。1282 年，元朝遣使高麗勘核軍糧、督修戰艦，同時派兵防守合浦以備日本反攻。此時，忽必烈的窮兵黷武政策引發了元朝的內政危機，「江南盜賊，相挺而起，凡二百餘所，皆由拘刷水手與造海船，民不聊生，激而成變」〔註120〕，朝野上下要求停止征伐日本的呼聲很高。忽必烈不予理睬，於 1284 年 1 月派遣王積翁攜詔書出使日本，同時要求高麗調發軍糧、鑄造兵器、修造戰艦等，東征的繁重任務再次落到高麗頭上。

　　長年用兵日本，元朝國內「百姓愁戚，官府擾攘」，〔註121〕加上忽必烈正在征討越南，所以不得不停止東征計劃，「日本未嘗相侵，今交趾犯邊，宜

〔註114〕《高麗史》，第 28 卷，《忠烈王世家》，甲戌即位年十月乙巳。

〔註115〕有學者指出，此次元軍失敗的原因並不是颶風，因爲在此時日本九州及附近沒有遭受颶風襲擊的歷史記錄。之所以產生颶風之說，當是日本附會「神風」之故。參見林景淵：《迷蒙七世紀——幕府時代的中日關係》，臺灣南天書局 2007 年版，第 33 頁。

〔註116〕《元史》，第 10 卷，《世祖本紀》，至元十六年八月戊子。

〔註117〕1279 年八月，高麗梢工上左、引海、一沖等四人自日本逃還，稱「至元十二年帝遣使日本，我令舌人郎將徐贊及梢水三十人送至其國，使者及贊等皆見殺」。參見《高麗史》，第 29 卷，《忠烈王世家》，己卯五年八月。

〔註118〕徐黎麗：《元朝對日本的東征及其失敗》，《西北民族學院學報（哲學社會科學版）》1999 年第 1 期，第 37～38 頁。

〔註119〕《元史》，第 208 卷，《日本傳》。

〔註120〕《元史》，第 173 卷，《崔彧傳》。

〔註121〕《元史》，第 168 卷，《劉宣傳》。

置日本，專事交趾」。〔註122〕1286 年 1 月，忽必烈罷征日本，隨即遣使高麗宣佈大赦。此時忽必烈是不得已而臨時擱置征討日本計劃，實際上到其去世之前爲止，一直沒有放棄征服日本，在 1288 年第二次遠征越南失敗後，又將東征提上日程。1289 年 1 月，忽必烈遣使高麗督徵助徵日本軍糧。同年閏 10 月，元尚書省和樞密院又派人到高麗閱東征日本時合浦兵器。1294 年 1 月，忽必烈去世，元朝征日計劃隨之結束，但爲征服日本所設置的征東行省卻存續下來，其性質由軍前行省相應地轉化爲監督和干涉高麗內政的機構。〔註123〕

在蒙元看來，協助通交和東征日本是高麗作爲藩屬國應盡的義務，因此根據對日政策變化，先後對高麗提出了偵查敵情〔註124〕、導使前往〔註125〕、籌備軍需、發兵助征等要求。對此，忠烈王不僅積極配合、「勉盡心力」，甘當蒙元的馬前卒，甚至一度表示要親自征討日本，「當躬自致討，以傚微勞」〔註126〕，確實盡到了藩屬國的義務。

2、要求高麗配合鎮壓反叛

這一時期高麗向元朝履行「助軍」義務，還表現在三次幫助元朝鎮壓叛亂上。第一次是乃顏之亂。1287 年 4 月，蒙古東道諸王頭領乃顏因不滿元朝設置東京等處行中書省對其加強控制，與哈丹等人發動叛亂，忽必烈親征叛軍。忠烈王得知消息後，決定與元朝同仇敵愾，主動請求舉兵助討，得到允許即著手準備親自帶兵征討。結果，元軍迅速撲滅了乃顏之亂，此次助軍不了了之。第二次是哈丹之亂。乃顏之亂後，餘黨哈丹仍然活動在大興安嶺東西兩側，與元軍對峙。1290 年，哈丹趁遼西地區地震復出，元朝派兵進討，哈丹兵敗，東走高麗，高麗「人心洶洶，不知所就」，〔註127〕忠烈王立即遣人

〔註122〕《元史》，第 208 卷，《日本傳》。

〔註123〕張東翼：《高麗後期外交史研究》，一潮閣 1994 年版，第 13～34 頁。

〔註124〕如 1268 年 7 月，爲了將來「或南宋，或日本，逆命征討」，蒙古要求高麗派人「相視黑山、日本道路」。參見《高麗史》，第 26 卷，《元宗世家》，戊辰九年十月庚寅。

〔註125〕如 1266 年 11 月，蒙古詔曰：「今爾國人趙彝來告，日本與爾國爲近鄰，典章政治，有足嘉者，漢唐而下，亦或通使中國，故今遣黑的等往日本，欲與通和，卿其道達去使，以徹彼疆，開悟東方，向風慕義，茲事之責，卿宜任之，勿以風濤險阻爲辭，勿以未嘗通好爲解，恐彼不順命，有阻去使爲託，卿之忠誠，於斯可見，卿其勉之。」參見《高麗史》，第 26 卷，《元宗世家》，丙寅七年十一月癸丑。

〔註126〕《高麗史》，第 30 卷，《忠烈王世家》，壬辰十八年九月壬午。

〔註127〕金龍善：《高麗墓誌銘集成》之《許珙墓誌銘》。

向元朝告急，元朝派兵會同高麗征討哈丹。1291 年 5 月，元麗聯軍大敗哈丹軍隊，哈丹之亂最終平定。第三次是海都犯邊。1288 年 1 月，控制察合臺汗國、雄踞西北的海都進攻遼東，忽必烈發兵北征。4 月，元朝要求高麗發兵五千及軍糧赴建州助戰，高麗因建州離本國遙遠，路途險阻重重，而國庫又積蓄殫竭，請求「聲言發兵助戰以緩運糧」〔註128〕，同年 5 月發兵北上。忽必烈免除了對其運糧建州的要求，同時令高麗移軍鐵嶺。1289 年，海都大舉東犯，忽必烈再次親征，並要求高麗徵兵助討。高麗大徵境內諸道兵馬，令諸王、百官出棉布以供給北征軍，隨即大軍趕赴遼陽行省。後來海都軍隊主動西撤，1289 年 10 月，忽必烈命令高麗停止助徵。

3、設置驛站

在兩國宗藩關係正式建立之前，作為「六事」之一，蒙元多次就設置驛站問題遣使高麗。1279 年 1 月，元朝又責令高麗增置大灰艾州、東京、柳石、孛落四個驛站。同年 10 月，元朝遣使赴麗檢查驛站設置情況。高麗本來就有驛站，元朝驛站的大量設置大大加重了高麗負擔。1280 年 7 月，元朝「以高麗國初置驛，站民乏食，命給糧一歲。仍禁使臣往來，勿求索飲食」，〔註129〕以示撫慰。無奈驛站經營負擔太重，1281 年 6 月，忠烈王向元朝反映驛站問題，「本國置驛四十，民畜凋敝」，於是元朝「敕並為二十站，仍給馬價八百錠」。〔註130〕同年 8 月，元朝又令塔納、塔刺赤、也先不花分別為慶尚、全羅、忠清道脫脫禾孫，以嚴格盤查過往使臣，減輕高麗負擔。〔註131〕

4、經營耽羅

耽羅即今濟州島。早在 938 年，耽羅國太子末老入朝高麗，高麗太祖王建冊封其星主、王子，將其列為朝貢屬國。1105 年，高麗肅宗改其地為耽羅郡，後毅宗朝改其為縣，此後一直隸屬高麗。1273 年三別抄抗蒙勢力被鎮壓後，元朝任命失里伯、尹邦寶為正負招討使經略其地，後因失里伯另有任命未赴任，

〔註128〕《高麗史》，第 30 卷，《忠烈王世家》，戊子十四年四月庚午。
〔註129〕《元史》，第 11 卷，《世祖本紀》，至元十七年七月。
〔註130〕《元史》，第 11 卷，《世祖本紀》，至元十八年六月壬辰。
〔註131〕「脫脫禾孫」為蒙古語，意為「查驗者」，（參見周良霄、顧菊英：《元史》，上海人民出版社 2003 年版，第 449 頁）主要負責檢查驛站往來行駛官員的乘驛情況，一般設於重要驛站，「置脫脫禾孫於關會之所，以司辨詰」。（《元史》，第 101 卷，《兵志》。）從高麗反映的問題和脫脫禾孫的職權來看，元朝此舉應該是應高麗之請減輕驛站負擔。

元朝在招討司設達魯花赤以治之，改變了耽羅與高麗的隸屬關係，使耽羅逐漸成爲元朝的罪犯流放地和牧馬場，耽羅向元朝擔負「每歲進毛施布百匹」〔註132〕的貢賦義務。鑒於耽羅戰略位置重要，「以耽羅爲南宋、日本衝要」，〔註133〕忽必烈將耽羅作爲征討日本的前沿陣地，在派重兵鎮守、修造戰艦的同時，多次遣使推刷人口、審查軍糧儲備等。直到忽必烈去世和元朝東征日本政策擱淺，耽羅對於元朝軍事價值下降，元朝才於 1294 年 5 月應忠烈王之請將耽羅還隸高麗，但同時規定耽羅必須承擔向元朝貢馬的義務。

四、文化關係

1、佛教交流

這一時期，元朝在佛教事務上加強了同高麗的聯繫，如遣使赴麗修補藏經和徵召寫經僧人等。出現這一現象的原因，當從元朝、高麗兩個方面分析。蒙古自古信奉薩摩教。薩滿教作爲多神教，與蒙古國時期各自爲王的分散狀態相一致，忽必烈統一中原後，認爲薩滿教與大一統的統治理念相悖。同時，考慮到佛教在中原地區有很大勢力，受耶律楚材、劉秉忠等人影響，忽必烈決定以一神教的佛教作爲國教，自身也棄薩摩而信佛。〔註 134〕忽必烈本人對佛教非常熱心，不僅經常於「萬機之暇，自持數珠，課誦、施食」，〔註 135〕而且屢次下令修建佛寺、舉辦佛事、刻印佛經、厚賜僧侶等。高麗自建國開始，鑒於佛教在教化民眾、保國護民、祈福禳災等方面的精神力量，歷代國王都尊崇佛教，因此佛教在高麗地位崇高且水平較高。1236 年，因顯宗朝（1010～1031）所雕大藏經在 1232 年毀於戰火，高宗下令再次雕刻大藏經。這次重新雕刻的經板是用《蜀版》、《契丹版》、《高麗藏》初刻本對校勘定，總共 81258塊，由 30 餘人歷時 16 年完成，質量非常優秀。〔註 136〕此外，高麗人本來擅寫楷體字，〔註 137〕經過長時間刻經、寫經和抄經，高麗僧人的抄刻技術已經

〔註 132〕柯劭忞：《新元史》，第 51 卷，《地理志》。

〔註 133〕《元史》，第 208 卷，《耽羅傳》。

〔註 134〕吳柏春：《忽必烈與佛教》，《內蒙古民族師院學報（哲社版）》，1993 年第 4期，第 1～6 頁。

〔註 135〕《佛祖統紀》，第 48 卷，《法運通塞志》，第十七。

〔註 136〕何勁松：《韓國佛教史》，下，宗教文化出版社 1997 年版，第 149～150 頁。

〔註 137〕「高麗人善楷字，孰能往使金書藏教以來，非忙古臺（方臣祐）不可。」李齊賢：《益齋亂藁》，第 7 卷，《光祿大夫平章政事上洛府院君方公祠堂碑》，見於韓國民族文化推進會編：《韓國文集叢刊》，第 2 編。

變得非常純熟，字體勻稱精美，深受元朝皇室喜愛。因此，兩國最高統治者的信篤與重視爲雙方能夠加強佛教聯繫提供了前提條件，而高麗的佛教水平則提供了現實基礎。基於上述原因，兩國的佛教關係開始密切起來，且從忽必烈時代以降，佛教事務成爲兩國關係的重要內容。

2、其他文化交流

忽必烈時期兩國人員往來頻繁，接觸明顯增多，宗藩關係的建立和發展爲文化領域的其他交流創造了條件，雙方在醫學、文學等方面開始有一些交流。前者主要緣於爲兩國最高統治者治病，如 1285 年 3 月，高麗尚藥侍醫薛景成應徵赴元給忽必烈醫治；1292 年 11 月，高麗因忠烈王「不豫」派人如元請醫。12 月，元朝太醫姚生前往高麗。後者主要是兩國文人之間的交流，如元朝宣撫使趙良弼出使高麗時，與高麗右副承旨李穎「一見恨相知之晚」，趙良弼回國後還不忘交情，寄詩書懷，「扶蘇山下李髯卿，別後三年怎麼生，兩遇使華無一字，誰言人老愈鍾情」。(註 138)

第四節　本時期兩國宗藩關係的特點

1260 年到 1294 年間，在蒙元的主導下，兩國建立並發展了宗藩關係。與「兄弟盟約」和蒙麗戰爭時期相比，這一時期兩國關係主要呈現以下幾個特點。

第一，兩國最高統治者對宗藩關係的建立和正常發展作用非常突出。應該說，自兩國初步接觸開始，蒙元對發展兩國關係一直非常積極。在 1260 年以前，蒙古掠奪和迫降高麗，試圖將內屬，但由於高麗的抵制和抗擊，這一意圖多次受阻，直至高麗歸降，蒙古的戰略目標才基本實現。忽必烈即位後，因受漢儒文化影響，改變窮兵黷武策略，開始恩威並施經營高麗，將高麗納入兩國宗藩關係體系，並在這一體系內發展兩國關係。高麗則順應時勢，尤其是在兩國宗藩關係建立後，忠烈王一改對抗和消極政策，對蒙元的經營策略大多作出積極響應，政治上王室聯姻、接受冊封、尊奉正朔、屢次親朝，經濟上籌辦所需、輸糧接濟，軍事上助討日本、配合平叛，文化上協助寫經等，有力促成了兩國宗藩關係的發展，可以說居功甚偉。

〔註 138〕《高麗史》，第 106 卷，《李穎傳》。

　　高麗對元政策之所以出現上述變化,除了蒙元改變統治策略這個大環境之外,還與忠烈王欲通過迎合元朝鞏固統治地位密切相關。忠烈王即位前曾多次進入蒙元,〔註139〕特別是從1269年4月到1274年8月期間,幾乎一直滯留中國,因而在國內缺乏支持勢力,雖然秉承元命繼承王位,但統治基礎非常薄弱。〔註140〕爲鞏固王權,忠烈王在國內起用大批出身低微卻與蒙元關係密切的鷹坊、譯官、宦官、內僚作爲自己的支持勢力,〔註141〕同時認眞經營與蒙元的關係。如考慮到征討日本是元朝一項重要國策,倘若對此消極應付,必然引起元朝不滿,從而威脅自身王權安全。因此在征討日本過程中,忠烈王不僅積極建造戰艦、籌備軍糧、派遣軍士,而且一度要求親赴沙場,以傚全力。

　　忠烈王對元朝的迎合,還表現在積極仿照元朝服飾等習俗模式。1272年1月,時爲世子的忠烈王自元朝歸來,「辮髮胡服」。〔註142〕1274年11月,忠烈王與齊國大長公主進入開京,又「以戎服入城」。〔註143〕1278年2月,忠烈王下令要求全國「皆服上國衣冠」,〔註144〕並依照蒙古習俗開剃,「剃頂至額,方其形,留髮其中」,〔註145〕高麗自宰相至下僚,無不開剃。忠烈王的這種做法,並不是來自元朝的要求。1260年忽必烈曾詔告高麗,其衣冠從本國之俗,皆不改易。1278年4月忠烈王入元朝覲時,忽必烈問起高麗服色,在得知「服韃靼衣帽,至迎詔賀節等時,以高麗服將事」後,對高麗的做法深表不解,「人謂朕禁高麗服,豈其然乎?汝國之禮,何遽廢哉」?〔註146〕而且,高麗太祖王建早有強調事大但不改土風的訓要十條〔註147〕。忠烈王父親元宗一直恪守祖訓,臣下勸誘仿傚元俗、改形易服時,元宗則以「吾未忍一朝遽

〔註139〕根據《高麗史》的記載,忠烈王在即位之前五次朝覲或入質蒙元:1261年四月至九月、1269年四月至1270年二月、1270年八月至十二月、1271年六月至1272年二月、1272年十二月至1274年八月。

〔註140〕李益柱:《高麗忠烈王代的政治狀況和政治勢力的性格》,《韓國史論》1988年第18期,第168~169頁。

〔註141〕金塘澤:《元干涉下的高麗政治史》,一潮閣1998年版,第7~19頁。

〔註142〕《高麗史》,第27卷,《元宗世家》,壬申十三年二月己亥。

〔註143〕《高麗史》,第28卷,《忠烈王世家》,甲戌即位年十一月丁丑。

〔註144〕《高麗史》,第28卷,《忠烈王世家》,戊寅四年二月丙子。

〔註145〕《高麗史》,第72卷,《輿服志》。

〔註146〕《高麗史》,第28卷,《忠烈王世家》,戊寅四年七月甲申。

〔註147〕「……其四曰:惟我東方,舊慕唐風,文物禮樂悉遵其制,殊方異土,人性各異,不必苟同。契丹是禽獸之國,風俗不同,言語亦異,衣冠制度慎勿效焉。」《高麗史》,第2卷,《太祖世家》,癸卯二十六年四月。

變祖宗之家風，我死之後，卿等自爲之」〔註148〕對之。可見，忠烈王此舉既非迫於元朝壓力，又違背祖訓，其原因只能是爲了獲取元朝的好感與支持。

　　第二，蒙元對麗政策明顯超出東北亞傳統宗藩關係體制中宗主國對藩屬國政策的範圍，使兩國宗藩關係呈現出二元特徵。在這一時期，蒙元通過冊封國王和賜予國王印信，賦予高麗王位合法性；通過頒赦和賜曆，使高麗遵奉正朔；通過賑濟高麗和物品賜予，履行宗主國責任；高麗通過稱臣納貢等，履行藩屬國義務，這些都具備了傳統宗藩關係的典型特徵。同時，蒙元對麗政策又屢屢突破傳統宗藩關係界限，使其發生異化，主要表現有三。

　　首先，在處理兩國關係時，蒙元片面強調宗主國的地位和利益。在傳統宗藩關係中，中原王朝奉行「來而不拒，去而不追」的政策，朝鮮半島政權內政外交咸由自主。但忽必烈受蒙古式統治傳統影響，遇到涉及兩國關係的大事時，往往征召高麗國王親朝，如前述金方慶誣告事件；對於高麗國王主動提出的親朝請求，又經常加以拒絕。〔註149〕在傳統宗藩關係中，中原王朝奉行「薄來厚往」原則，但忽必烈並不滿足於高麗的主動進貢，主動索要物品，實行「厚來薄往」的政策。而且，由於兩國名分秩序嚴格，「事元以來名分益嚴」，〔註150〕在高麗上表請封國王諡號時，元朝改變了以「宗」爲諡的傳統做法，要求其皆冠以「忠」字，以此強化兩國宗藩關係。

　　在蒙元強調宗主國地位和利益的諸多表現中，貢女制度非常典型。貢女本是一種人口掠奪政策，但蒙元卻把是否向其最高統治者貢獻女子，作爲藩屬國是否服從其統治的衡量標準，「我太祖皇帝征十三國，其王爭獻美女、良馬、珍寶」，堂而皇之地將這種非人道的政策施行於高麗，其本質是蒙元在強調對藩屬國高麗的單一支配權，其原因則是忽必烈受到了游牧民族社會文化和政治傳統的影響。此外，這一時期蒙元禁止高麗使用「僭越」官制與用語，要求高麗國王親迎詔書，命令高麗爲通交和征服日本效力、配合鎮壓國內反叛，有意放縱元朝公主及其怯憐口等，也都是緣於同樣的理由。

〔註148〕《高麗史》，第28卷，《忠烈王世家》，甲戌即位年十二月丁巳。
〔註149〕據《高麗史》記載，1275年12月，忠烈王請以明年親朝，忽必烈未予准許，並於1276年5月敕停親朝。五個月後，元朝要求忠烈王和齊國大長公主以1277年5月入朝。到了1277年3月，忠烈王派人到元朝請求入朝，但元朝卻一直沒有回音，忠烈王入元未能成行。1286年1月，忠烈王請求親朝，元朝又下達了不允許忠烈王親朝的命令。
〔註150〕《高麗史》，第33卷，《忠宣王》，庚戌後二年七月乙未。

其次，在雙城總管府、東寧府等問題上實施高麗內屬化政策。前文已述，由於蒙元實行分而治之的內屬化政策，兩國在雙城總管府和東寧府一直存在領土爭端和利益糾葛，到忽必烈時期這些問題愈演愈烈，嚴重影響了兩國關係的正常開展。鑒於兩國關係日益密切，忽必烈將東寧府歸還高麗，但對於高麗歸降前就設置的雙城總管府則繼續施行分而治之政策，拒不歸還。

再次，利用高麗附元勢力積極推行以麗制麗政策。在兩國長期交往中，出現了大批附元勢力，主要包括：①歸附元朝並接受元朝任命者；②元朝公主怯憐口；③與元朝相關的機構（鷹坊、結婚都監）任職者；④進出元朝的高麗人（主要指元朝皇室的宦官或御香使）；⑤元朝皇室的姻親或心腹；⑥對元關係中的翻譯者。〔註151〕這些附元勢力大多出身高麗，對高麗情況比較熟悉，又與元朝聯繫千絲萬縷，是元朝對麗政策的忠實執行者。因此，元朝對附元勢力中的高麗人非常重視，通過他們有效控制高麗。在忽必烈時期，以麗制麗政策主要通過歸附元朝並接受元朝任命者加以實施，最具代表性的洪氏一族。

高麗洪氏與蒙古關係始於 1218 年，當時哈眞大軍入麗追討契丹軍隊，「麟州都領洪大純（一稱洪大宣）帥其子福源迎降」。〔註152〕從 1231 年開始，洪福源協同蒙古軍隊征討高麗。後來，高麗欲恢復對洪福源佔據的北界地區的統治，洪福源於 1233 年 6 月殺害高麗宣諭使發動叛亂，叛亂被鎮壓後，洪福源逃入蒙古。1241 年高麗王綧入質蒙古，「譖福源於帝」，〔註153〕洪福源被殺，其諸子「撼父之死，謀陷本國，無所不至」，〔註154〕誓與高麗爲敵。鑒於洪氏與高麗的特殊關係，忽必烈認識到洪氏一族有很高的利用價值，因此加以重用，尤其是對洪福源第二子洪茶丘，屢屢加官進爵。1261 年，令其管領歸附高麗軍民總管。1274 年，命其經營日本國事，加授昭勇大將軍、安撫使，提點高麗農事，授東征右副都元帥。1277 年，授鎮國上將軍、東征都元帥，鎮守高麗。1280 年，授龍虎衛上將軍、征東行省右丞。1287 年，授遼陽等處行尚書省右丞。可以看出，忽必烈所授洪茶丘官職大多與高麗或東征有關，除了洪茶丘本身能征善戰、屢立大功之外，利用其轄制高麗恐怕也是重要原因

〔註151〕白仁鎬：《高麗後期附元勢力研究》，世宗出版社 2003 年版，第 28 頁。

〔註152〕柯劭忞：《新元史》，第 132 卷，《笏剌亦兒臺豁兒赤傳》。

〔註153〕《元史》，第 154 卷，《洪福源傳》。

〔註154〕《高麗史》，第 130 卷，《洪福源傳》。

之一。在忽必烈時期，洪茶丘多次奉使高麗，於是借機報復。在金方慶誣告事件中，洪茶丘與忠烈王會審金方慶，大肆刑訊逼供，「以鐵索圈其首，若將加釘，又叱杖者擊其頭，裸立終日，天極寒，肌膚凍如潑墨」，〔註155〕想讓金方慶辭及高麗。出使過程中，洪茶丘又極盡騷擾之能事。在奉使索要族人洪百壽時，高麗拜洪百壽為樞密副使，使其致仕而將遣往蒙古，但洪茶丘「故為遷延，竟不偕去」，〔註156〕想以此激起帝怒以對高麗不利。在為征討日本奉使高麗時，洪茶丘「催督甚嚴」，致使高麗「驛騎絡繹，庶務煩劇，期限急迫，疾如雷電，民甚苦之」。〔註157〕

　　第三，兩國宗藩關係對高麗的影響更加深刻而廣泛。這一時期，雙方在政治、經濟、軍事、文化諸多方面聯繫甚密，高麗所受影響的程度遠遠甚於「兄弟盟約」和蒙麗戰爭時期。在政治上，蒙元懷柔政策的運用使兩國關係更加緊密，憑藉這種政治關係和駙馬國地位，高麗及其國王國際地位明顯提高，〔註158〕國內統治基礎也相對穩定，為兩國關係的正常發展提供了良好條件。但蒙元通過高麗內屬化、分而治之和以麗制麗政策，又不斷加強對高麗的控制，使高麗獨立自主的地位大大削弱，高麗政局與元朝政治產生了畸形的休戚相關的關係，為高麗政治失序種下禍根。隨著元朝中後期政局不穩，高麗政壇也發生震盪。在雙方政治關係中，值得注意的是貢女制度對高麗的影響。這一時期大批貢女進入元朝，高麗貢女制度正式形成，導致高麗國內雞犬不寧、怨聲載道，另一方面也給部分貢女的姻親勢力攀附元朝統治階層

〔註155〕《高麗史節要》，第20卷，《忠烈王》，戊寅四年正月。

〔註156〕《高麗史》，第130卷，《洪福源傳》。

〔註157〕《高麗史》，第27卷，《元宗世家》，甲戌十五年正月。

〔註158〕高麗及其國王國際地位的提高，突出表現在元朝使臣的態度轉變上。1274年8月，忠烈王繼位後宴請元朝詔使，元使因忠烈王為元朝駙馬，因此「推王南面，詔使東向」，改變了高麗事大以來國王與使臣東西相對的慣例。忠烈王行酒，「詔使拜受，飲訖又拜」。當看到達魯花赤立飲不拜時，元使立即責備，「王，天子之駙馬也，老子何敢如是？吾等還奏，汝得無罪耶」？（《高麗史》，第28卷，《忠烈王世家》，甲戌即位年八月己巳）1279年10月，元朝派遣亏丹赤塔納、必闍赤哈伯那到高麗督修戰艦，忠烈王和齊國大長公主設宴招待時，「二使拜於階前」。（《高麗史》，第29卷，《忠烈王世家》，己卯五年十月戊寅）1281年3月，元朝派遣征東行中書省右丞忻都、洪茶丘一行到達高麗，忠烈王與之商議征東事宜，「王南面，忻都等東面，事大以來，王與使者東西相對，今忻都等不敢抗禮」。（《高麗史》，第29卷，《忠烈王世家》，辛巳七年三月丙辰。）

提供了機會，他們藉此在高麗官居高位，享有特權，與元朝勢力聯繫密切，極易引發高麗內政混亂。在經濟上，蒙元繼續索要和掠奪財物，給高麗造成了沉重的經濟負擔，而且間接地對高麗國內政治產生消極影響。如蒙元屢次索要鷹鶻，忠烈王爲迎合和滿足其要求，不僅大肆捕捉，而且設置鷹坊都監，成立相應官職機構，大批附元勢力進入其中。這些人在高麗橫行不法，廣占田民，對高麗內政爲害甚深。〔註159〕此外，高麗用銀換取元朝紙幣，貴重金屬大量外流，很容易引起國內經濟秩序的混亂。在軍事上，高麗爲協助蒙元征討日本、平定內亂，不間歇地籌糧屯田、修造戰艦、派遣將士，給經濟發展也造成了不小的負擔。此外，配合蒙元征討日本對高麗的對日外交也產生了深刻影響。在蒙古與高麗發生外交關係之前，高麗與日本除了私商貿易和互相遣還漂流人之外，沒有什麼官方交往。1223 年起倭寇之患大興，高麗方與日本開始了旨在消滅倭寇侵擾的官方往來。自高麗引導蒙使前往日本招諭起，兩國官方外交更爲頻繁。隨後，由於高麗夥同蒙元進攻日本，雙方官方關係急劇滑坡，甚至一度中斷。直至 1350 年倭寇之患再次加劇，〔註160〕高麗於 1366 年遣使日本遞交國書請求協助禁倭，雙方的官方往來才得以恢復。在文化上，佛教交流雖然密切了兩國關係，但也使高麗王室崇佛傾向更加嚴重，忠烈王臨幸佛寺、大辦佛事、鋪張浪費的記載隨處可見，影響了經濟發展。而且隨著元朝中後期皇室佞佛，對高麗在寫經僧、寫經紙方面的索求日漸增多，同樣加重了高麗的負擔。此外，由於兩國宗藩關係日益密切，這一時期蒙古狩獵習俗通過公主怯憐口和其他在麗蒙古人傳到高麗。高麗本是個傳統農業國家，狩獵比重不大，然而忠烈王卻大行其道，最多時一年狩獵十幾次。忠烈王架鷹御犬，縱情田獵，不僅增加了國家經濟負擔，而且經常連日不歸，貽誤國事。

綜上所述，忽必烈在模倣中原王朝施行懷柔政策安撫高麗的同時，對高麗採取了蒙古式的統治政策，恩威並施、剛柔兼濟，構建了蒙元高麗宗藩關係的基本框架。在這個框架中，既有東北亞傳統宗藩關係的內容，又有強調蒙元對高麗單方面支配權的特殊的一面，兩國宗藩關係呈現出二元性的重要

〔註159〕朴洪培：《高麗鷹坊的弊政》，《慶州史學》，1986 年第 5 輯，第 27～42 頁。
〔註160〕1350 年 2 月，「倭寇固城竹抹巨濟合浦，千户崔禪、都領梁管等戰，破之，斬獲三百餘級，倭寇之侵始此」。《高麗史》，第 37 卷，《忠定王世家》，庚寅二年二月。

特徵。蒙元可以根據本國利益需要和政治變化對這個框架進行主動修改，高麗作爲這個框架的被動接受方，可以採取措施爭取本國利益最大化，但能否實現卻取決於蒙元。通過這個框架，兩國關係尤其是政治關係變得空前密切，元朝的政治空氣通過這個框架可以迅速吹到高麗，引發連鎖反應，進而影響到這個框架的穩定。隨著忽必烈去世，元朝中期的政治走向將對這個框架產生什麼樣的影響，我們拭目以待。

第三章　元麗宗藩關係的強化

第一節　元朝中後期的二元統治模式

　　從 1294 年元世祖忽必烈去世到 1351 年紅巾軍起義爆發的近六十年間，元朝統治集團內部矛盾重重，明爭暗鬥不斷，皇帝更替頻繁，後宮干政現象嚴重，加上丞相專權、吏治黑暗，政治日益腐敗。經濟上，諸帝大多佞佛，屢興法事、廣建寺院，錢財浪費嚴重；對臣下賞賜無算，財政危機嚴重；濫發紙幣以緩和拮据的財政，結果飲鴆止渴，貨幣貶值、物價飛漲；而頻繁的自然災害，大大地惡化了財政狀況。政治與經濟的混亂狀態，導致元朝一步步走向衰落。

　　在這一過程中，元朝統治集團內部圍繞施行漢法問題進行了長期的鬥爭，這種鬥爭與派系爭鬥相互交織，使元朝中後期政治局面更加混亂、情況更加複雜。忽必烈在即位之初，在以藩邸舊臣為主體的儒臣影響下，在維護蒙古舊制的同時，積極推行漢法，實行「蒙漢雜糅」、「內蒙外漢」的二元統治模式。1262 年李璮之亂發生後，忽必烈開始猜忌漢人，漢臣地位下降，善於理財的色目人躋身政壇。因政治理念和執政方式不同，回回政治勢力與漢人政治勢力矛盾尖銳，衝突頻發。對此，忽必烈在維護蒙古統治利益的同時，採取了漢法回回法〔註1〕兼而用之的手段。1273 年 3 月，忽必烈次子真金被冊

〔註 1〕所謂「漢法」，主要是指漢人儒士的政治主張，也包括漢人的思想觀念、經濟文化制度、風俗習慣等等。（參見楊志玖：《元世祖時代「漢法」與「回回法」之衝突》，《元史三論》，人民出版社 1985 年版，第 241 頁）「回回法」，楊志

為皇太子。真金少時即從漢儒姚樞、竇默、王恂等人學習，因此寵信儒術，身邊聚集了大批儒臣。這些人不斷向真金講授儒家主張和歷代興亡之道，真金更加篤信孔孟之術。以中書令參預政事後，真金起用漢儒輔佐朝政，實施「仁政」，奏罷擾民政策，打擊不行君子之道而大肆斂財的阿合馬、桑哥等人，逐漸招致蒙古色目勢力不滿，與忽必烈的關係遭到離間，隨即失寵，周圍漢人儒臣也無法得到忽必烈器重，推行漢法遭遇重大挫折。1285 年 12 月，真金憂鬱成疾，不治而終。此後，忽必烈逐漸意識到維繫統治不能完全脫離漢儒，於是擇南人儒士程鉅夫為御史中丞，並詔令「自今省部臺院，必參用南人」，〔註 2〕隨即求賢江南，得趙孟頫等二十餘名儒士，擢置臺憲及文學之職，繼續推行重儒政策，「蒙漢雜糅」、「內蒙外漢」統治模式得以延續。

　　1294 年忽必烈去世後，真金幼子鐵穆耳於上都（今內蒙古正藍旗）繼承帝位，此為元成宗。成宗即位後，繼續沿用忽必烈確定的統治理念，一方面保持蒙古人在朝廷上層的高官厚祿，重用色目人，構成朝廷的勢力集團；一方面振興文治、採用漢法，如興建廟學、尊奉孔子和擢用漢儒文士等。與此同時，強調內外「惟和」，對內革除弊政，採取安民政策，緩和社會矛盾；對外停止用兵安南，拒絕復征日本，與西北諸王實現約和，國家相對太平。中期以後，成宗逐漸疏於政務，「連歲寢疾，凡國家政事，內則決於宮壺，外則委於宰臣」，〔註 3〕且大肆賞賜，濫發紙幣，導致國庫虧空，但成宗善於守成，「承天下混一之後，垂拱而治」，「去世祖為未遠，成憲具在」，〔註 4〕所以儘管吏治敗壞、財政危機突出，還是能夠「天下享和平清靜之樂餘十五年」。〔註 5〕

　　1307 年正月成宗去世後，經過激烈角逐，真金嫡孫海山於 1308 年即位於上都，是為元武宗。由於即位前長期戍守漠北，武宗與漢儒文化隔膜較深，

　　　　玖指出，蓋指一種行政手段與方法而言，與所謂政治主張似無干涉。然吾人既以「漢法」一詞代表漢人之主張，則與之對立之回回人之政治主張自以名曰「回回法」為宜。（楊志玖：《元世祖時代「漢法」與「回回法」之衝突》，《元史三論》，人民出版社 1985 年版，第 241～242 頁）本文採用楊先生說法，以「回回法」指代元朝回回人的政治、經濟、文化思想和主張。

〔註 2〕　《元史》，第 172 卷，《程鉅夫傳》。
〔註 3〕　《元史》，第 21 卷，《成宗本紀》。
〔註 4〕　《元史》，第 21 卷，《成宗本紀》。
〔註 5〕　程鉅夫：《資德大夫湖廣等處行中書省右丞燕公神道碑銘》，《全元文》，第 543 卷。

即位之後大批啓用跟隨自己戍守的蒙古色目將軍和世臣子弟，朝中大臣普遍缺乏漢文化修養。武宗即位後，濫賞諸王勳舊，並大興土木、揮霍無度，致使官吏數量猛增，政體日益臃腫，國庫入不敷出，財政極其困難。爲此，武宗立尚書省以經理財用，變更鈔法改行至大銀鈔，借支鈔本，支用鹽引，更定稅課法等。武宗雖然在位不足五年，卻使成宗朝守成之制遭到破壞，元朝開始由盛而衰。

1311 年，武宗病死，其弟愛育黎拔力八達繼承皇位，是爲元仁宗。在即位之前，仁宗與儒漢文化有較多接觸。幼年時拜「通貫經史，善論古今治亂」的漢族名儒李孟爲師，其「日陳善言正道，多所進益」，講論「古先帝王得失成敗，及君君臣臣父父子子之義」，使仁宗重視儒術對於鞏固統治的重要意義，「所重乎儒者，爲其握持朝綱，如此其固也」。〔註6〕武宗死後，仁宗即著手整頓武宗朝弊政，罷尚書省，政令悉歸中書省；裁汰冗司冗員，整頓吏治，廢除至大銀鈔；加強皇權、抑制蒙古諸王貴族特權。即位後，鑒於儒臣在治國安邦的重要作用，「朕所願者，安百姓以圖至治，然匪用儒士，何以致此。設科取士，庶幾得真儒之用，而治道可興也，」〔註7〕積極推行漢法，招集天下鴻儒入京參與政務，組建中書省班子；開科取士，選拔大批漢儒人才。仁宗對儒術的大力支持，空前提升了儒漢大臣的政治地位，這些大臣猛烈攻擊仁宗母后答己干政亂政，積極彈劾蒙古色目大臣不法行爲，使帝后矛盾愈發尖銳。後來，仁宗篤信佛教，大行佛事，即位初年的改革銳氣逐漸消退，加上答己等守舊勢力的阻撓，推行漢法變得虎頭蛇尾，政權逐漸落到以答己爲後臺的宰相帖木迭兒手中。

1320 年，仁宗去世，其子碩德八剌在答己扶植下在大都（今北京）登極，是爲元英宗。英宗生於懷州（今河南沁陽），習慣於地主士大夫生活，又受其父影響接受儒臣薰陶，具有漢族封建文化素養。即位後，爲鞏固統治地位，大規模誅殺答己黨羽，啓用與儒臣來往密切並積極推行漢法的拜住爲左丞相，委以心腹，與答己、右丞相帖木迭兒抗衡。1322 年，帖木迭兒和答己相繼死去，英宗放開手腳開始改革。在政治上，清除異己，殘酷鎮壓和清算答己、帖木迭兒勢力；整頓吏治，罷汰冗員。在經濟上，減少對蒙古諸王、駙馬和貴族封賜，緩和財政危機；抑制色目人，罷除仁宗所設回回國子監，並

〔註 6〕 《元史》，第 175 卷，《李孟傳》。
〔註 7〕 《元史》，第 24 卷，《仁宗本紀》，皇慶二年十一月。

向回回徵收包銀；行助役法，減輕民眾負擔。在文化上，編寫完成《大元通制》，統一律法等等。與此同時，英宗任命拜住為右丞相，大規模任用漢族地主官僚和儒臣，張珪、王結、虞集等儒漢大臣紛紛擔任中書省平章政事等重要官職。英宗新政尤其是任用儒臣和裁汰冗員，直接觸犯了蒙古、色目貴族利益，引起激烈反對。1323 年，帖木迭兒義子鐵失發動南坡之變，英宗被弒。

　　1323 年 9 月，晉王也孫鐵木兒被叛亂勢力擁護即位，是為泰定帝。泰定帝雖然自幼生長漠北，但標榜行事皆遵世祖成憲，仍任用英宗時期儒臣，部分保留仁、英兩朝改革成果。登極後，政治上加強皇帝集權，將中書省官署遷入皇宮，重臣也定時到皇宮議政；堅持蒙古宗王出鎮制度，加強對全國統治；廢除前朝蒙古諸王、功臣投下內的州縣長官世襲制；全國分 18 道，派官員整頓地方吏治。經濟上沿襲元世祖做法，任用回回人管理財政；縮緊銀根，減少元鈔發行數量，控制物價。文化上，與前代帝王相比，泰定帝缺乏儒漢文化修養，對儒漢文化和漢法隔膜較深。雖然祭祀太廟，但拒絕向英宗朝那樣親祭，「朕遵世祖舊制，其命大臣攝之」。〔註 8〕科舉制度雖然保留下來，卻屢遭蒙古大臣反對，發展舉步維艱。大興儒學，繼續實行經筵制度，講述歷代治國史書如《帝範》、《資治通鑑》、《大學衍義》、《貞觀政要》等，但多流於形式，「未聞一政事之行，一議論之出，顯有取於經筵者，將無虛文乎」。〔註 9〕

　　1328 年 7 月，泰定帝去世，其子阿剌吉八於上都即位，是為天順帝。元武宗次子圖帖睦爾在燕帖木兒協助下於大都登極為帝，史稱文宗。從此兩都爭位，不久文宗擊敗天順帝，於 1328 年 11 月迎其兄元武宗長子和世㻋回朝即位，1329 年 1 月和世㻋在漠北登極，是為明宗，隨後立文宗為皇太子。8 月，明宗被文宗近臣所害，文宗再次登上皇帝寶座。執掌朝政後，文宗重賞功臣燕帖木兒，拜為中書省右丞相，凡刑名、選法、錢糧、造作等一切中書政務悉聽裁決。同時，裁撤冗官冗員，整頓吏治；縮減忽里臺銀，緩和財政赤字。此外，文宗繼續實行儒漢政策。一是重視教育，命大臣提調國子監，並加封孔孟諸賢。二是設立奎章閣學士院，試圖以史為鑒勵精圖治，令漢儒學士出任其職；設立藝文監，起用名士翻譯、收藏和刻印儒家經典。三是編纂《經世大典》，由奎章閣學士和翰林國史院官員一道，「採輯本朝典故，準唐、宋

〔註 8〕　《元史》，第 30 卷，《泰定帝本紀》，泰定四年正月乙巳。
〔註 9〕　虞集：《書趙學士經筵奏議後》，《全元文》，第 833 卷。

會要，著爲經世大典」。〔註 10〕文宗本人也具有很高的漢學修養，其書法「落筆過人，得唐太宗晉祠碑，遂益超詣」，〔註 11〕其繪畫「意匠經營，格法遒整，雖積學專工，所莫能及」。〔註 12〕但縱觀其儒漢措施，與仁宗、英宗兩朝相比，更注重用儒漢文化粉飾太平，而不是依據漢法進行改革。

　　1332 年，元文宗去世，七歲的寧宗即位後一月夭亡。1333 年，元明宗長子妥歡帖睦兒被從流放地廣西迎回大都即位，是爲元順帝。1335 年，燕帖木兒之子唐其勢發動政變，被中書省右丞相伯顏鎮壓。從此伯顏獨掌大權、勢傾朝野，「獨秉國鈞，專權自恣，變亂祖宗成憲，虐害天下」，〔註 13〕「省臺院官皆出其門下，每罷朝皆擁之而退，朝廷爲之空矣」。〔註 14〕在伯顏主張下，元朝停罷科舉，禁止漢人和南人學習蒙古、色目文字，以阻止他們參與政治，「天下治平之時，臺省要官皆北人爲之，漢人南人萬中無一二。其得爲者不過州縣卑秩，蓋亦僅有而絕無者也」，「大抵皆內北國而外中國，內北人而外南人」。〔註 15〕伯顏大權獨攬引起順帝擔憂，其倒行逆施行爲引發臣僚不滿。1340 年 2 月，伯顏被流放。元順帝任命脫脫改革。恢復科舉考試。廢除伯顏弊政，減輕對民眾的剝削和壓迫。加強文治，開設經筵，遴選儒臣進講；撰修史書，完成宋、遼、金史編修工作；恢復太廟四時祭祀和其他禮儀制度等。由於內部權力傾軋，脫脫於 1344 年被貶職，元順帝親行新政。一是完善法制，頒行《至正條格》。二是加強吏治，派官員巡察全國，糾治不法。三是選拔人才，在經筵中選拔了歐陽玄等儒臣進講，「講五經四書，寫大字，操琴彈古調，常御宣文閣用心，前言往行，忻忻然有嚮慕之志焉」。〔註 16〕漢人知識分子得到一定程度的重用，「天子圖治之意甚切，天爵知無不言，言無顧忌，夙夜謀畫」，〔註 17〕朝政爲之一新。但元王朝大廈將傾，岌岌可危，元順帝改革無法應付嚴重的政治與社會經濟危機。1349 年，元順帝召回脫脫，責成其繼續進行改革。爲應付財政枯竭局面，脫脫變更鈔法，增加國庫收入、擺脫財政危

〔註 10〕《元史》，第 33 卷，《文宗本紀》，天曆二年九月戊辰。

〔註 11〕許有壬：《恭題太師秦王奎章閣記賜本》，《全元文》，第 1188 卷。

〔註 12〕陶宗儀：《南村輟耕錄》，第 26 卷，《文宗能畫》。

〔註 13〕《元史》，第 138 卷，《伯顏傳》。

〔註 14〕權衡：《庚申外史》，丁丑至元三年。

〔註 15〕葉子奇：《草木子》，第 3 卷，上，《克謹篇》。

〔註 16〕權衡：《庚申外史》，辛巳至正元年。

〔註 17〕蘇天爵，字伯修，河北眞定人。時爲吏部尚書，升參議中書省事。參見《元史》，第 183 卷，《蘇天爵傳》。

機。另外一項措施是治理黃河。在治河過程中，官吏督工刻薄，公行貪賄，民眾「死者枕藉於道途，哀苦聲聞於天下」，〔註18〕社會矛盾更加尖銳。結果，開河與變鈔一起，成爲誘發元朝末年大起義的直接因素，「堂堂大元，姦佞專權，開河變鈔禍根源，惹紅巾萬千」。〔註19〕

綜上所述，經過忽必烈一代的經營與發展，「蒙漢雜糅」、「內蒙外漢」二元統治模式最終確定。以後元朝諸帝在沿用這一模式的同時，受個人成長經歷和朝中政局影響，對推行漢法態度各有不同。成宗基本照搬忽必烈二元統治方略，在維護蒙古色目貴族地位和利益的同時積極推行漢法，到中期以後雖然暴露出執政危機，但由於能夠遵守成制，終享太平。武宗重用蒙古色目將軍和世臣子弟，對推行漢法不甚積極，但在位期短，尚未對這一統治模式造成根本性衝擊。仁宗和英宗兩朝漢化傾嚮明顯，提高儒漢大臣地位、大力抑制權貴，威脅到蒙古色目貴族統治利益，對二元統治模式形成了挑戰，其結局是大權旁落，甚至慘遭殺身之禍，最終改革失敗。到泰定帝、文宗時期，元朝皇帝在採取漢法的態度上走向保守，在重用蒙古權臣、回回貴族的同時，往往把推行儒漢政策作爲粉飾文治的一種手段。元順帝時期，隨著元朝的沒落，蒙古統治階層中的保守勢力激烈反對漢法，伯顏當政期間就曾廢除科舉、排斥漢人和南人參政。脫脫和元順帝主導的改革，雖然恢復科舉取士，但並未改變蒙古和色目人占絕對統治地位的大局，如在國子監生考試中，蒙古人和色目人各錄取六名，漢人和南人則共錄取六名，孰重孰輕，一目了然。元順帝即位之初也採取了一些崇尚漢儒的措施，但脫脫被貶後，元順帝親主的改革大多未能成功，順帝本人也逐漸喪失進取之志，大興土木，廣設佛事，怠於政治，醉心於機械製作；加上各地天災頻發，起義不斷，內政腐敗混亂等，整個元王朝形勢危如累卵，統治階層疲於應付，尊崇漢儒成爲一句空話。可見，這一時期元朝統治者對推行漢法政策的態度屢有變化、時重時輕，改變的部分主要集中在政治上的官制、分封制、戶籍制和文化上的學校教育、儒學政策、祭祀禮儀等，維護蒙古統治貴族地位的制度如四等人制度、重要官職蒙古人爲長制度等則沒有動搖。從這個意義上說，二元統治模式始終存在，但諸帝推行漢法總體趨於保守，成爲元朝中後期最顯著的政治特點。

元朝變亂紛擾的政治局面，通過宗藩關係框架直接影響到高麗。元朝中

〔註18〕 王世貞：《弇山堂別集》，第 85 卷，《詔令雜考一》之「高帝平僞周榜」。
〔註19〕 陶宗儀：《南村輟耕錄》，第 23 卷，《醉太平小令》。

後期的二元政治文化和缺乏連貫性的國內統治政策，在一定程度上也反映到對高麗的統治政策上，歷代皇帝逐漸拋棄了對高麗「不改土風」的「世祖舊制」，不再注重對高麗施行懷柔政策，反而深入地干涉和控制高麗內政，片面強調宗主國的地位和利益，並多次試圖將高麗內屬化。

第二節　元朝強力干涉高麗政治

與忽必烈時期相比，元朝中後期深入干涉高麗內政，對高麗的統治力度大大強化，主要體現以下幾個方面：

一、廢立高麗國王

忽必烈時期，爲維護高麗穩定和宗藩關係，蒙元及時糾正林衍擅自廢立國王的不臣之舉，保證了元宗順利復位。到了元朝中後期，元朝多次廢立高麗國王，甚至直接逮捕國王。

1、忠宣王

自 1274 年高麗成爲元朝駙馬國之後，高麗國王頻繁親朝，甚至長期滯留於元，藉以鞏固政權和維護高麗在元帝國內的地位。元朝自成宗時代開始，趁機對高麗統治階層進行分化。一方面從兩國王室婚姻的角度，置疑齊國大長公主的公主地位。1296 年 11 月，元成宗在審查臣下所譯太宗、憲宗、世祖實錄時說，「忽都魯迷失非昭睿順聖太后所生，何爲亦曰公主」？〔註20〕以此來質疑忠烈王的駙馬地位。〔註 21〕也正是從這種意識出發，元成宗對忠烈王提出的請婚、加封太師中書令、降公主印章、改世子印章等要求，全部給予回絕。另一方面，元成宗開始支持時在元朝宿衛的高麗世子王源，欲使其取代其父忠烈王繼承王位。在元朝分化策略的影響下，忠烈王父子矛盾逐漸升級，爲取得權力鬥爭的勝利，二者都極力巴結元朝，相互之間勢同水火。

1297 年 10 月，忠烈王以齊國大長公主辭世和自己年邁多病爲由，向元朝請求傳位王源。元朝很快答應其請，1298 年 1 月遣使招諭高麗君民，冊封世子王源爲國王，是爲忠宣王，同時冊封忠烈王爲逸壽王：「邇者高麗國王王昛

〔註20〕《元史》，第 19 卷，《成宗本紀》，元貞二年十一月己巳。
〔註21〕李益柱：《忠宣王即位年（1298）官制改革的性格》，《14 世紀高麗的政治和社會》，民音社 1994 年版，第 99 頁。

表陳，春秋方耄，憂恙交攻，慮庶務之煩勞，期息肩於重負，乞令世子謜襲爵。朕以王嗣守東土垂三十年，累效忠勤，勳伐茂著，矜其誠懇，特賜俞允。授世子開府儀同三司征東行中書省左丞相駙馬上柱國高麗國王，加授王推忠宣力定遠保節功臣開府儀同三司大尉駙馬上柱國逸壽王，以示優崇之意。國有重務，尚須訓勵，聿底於成。」同時希望忠烈王輔助忠宣王治理國家，妥善處理兩國關係：「卿恪居藩翰，茂著勳庸，宣力我家，歷年茲久，比陳衰疾，冀脫煩勞，乞須賜爵之恩，將為逸老之計，載惟忠懇，宜賜允從。卿雖耆年，國之重務，尚資訓導，迄用有成。於戲！令始令終，既被殊常之眷。惟忠惟孝，勉思報效之勤。祗服寵光，益綏福履。」〔註22〕

忠宣王即位後，立即做了兩件大事。一是鑒於對忠烈王時代官制改革的不滿，對其進行改革：「先王設官分職，蓋欲得人而共圖庶務。……凡諸時弊一皆蠲罷，惟宰執之數倍於古制，公家議論，多少異同，事事稽滯，宜當減省。又頃者因避上朝之制，百官名號早曾改之，然或有同而不改者，有不同而改之者，所更之號亦不師古，容有未稱。……載按歷代官職不涉上朝官號者而易置之，或罷不急之司合於一局，庶幾官省而事易理也。」〔註23〕二是肅清忠烈王支持勢力，任命趙仁規、洪子藩等大批官員，鞏固自身統治基礎。忠宣王改革加劇了父子矛盾，忠烈王支持勢力開始猛烈反擊，不僅赴元朝誣陷忠宣王，「高麗王旺年老，傳國子謜，有不安其政者，飛讒離間，及謜朝京師，潛使人賂用事者，留謜不遣」，〔註24〕而且借趙妃誣告事件〔註25〕和趙仁規妻匿名信事件〔註26〕向忠宣王發難。

元朝認為，公主乃是元朝駐麗代表，高麗對公主不敬和迫害，就是對元朝宗主國地位的不尊重。而且，忠宣王的王權強化和統治基礎的鞏固，在客

〔註22〕《高麗史》，第31卷，《忠烈王世家》，戊戌二十四年正月甲辰。

〔註23〕《高麗史》，第33卷，《忠宣王世家》，戊戌即位年五月辛卯。

〔註24〕《元史》，第178卷，《王約傳》。

〔註25〕1298年4月，忠宣王妃薊國大長公主因嫉妒趙仁規之女、忠宣王妃趙妃受寵于忠宣王，誣陷趙妃詛咒自己而上報元朝，導致趙妃被囚。「公主妬王妃趙氏專寵，怒甚，作畏吾兒字書付闊闊不花、闊闊歹二人，將如元達於太后。畏吾兒，古回鶻也。其書誣曰：趙妃咀呪公主，使王不愛。」《高麗史節要》，第22卷，《忠烈王》，戊戌二十四年四月。

〔註26〕1298年5月，有人貼匿名信於宮門，曰「趙仁規妻事神巫呪咀，使王不愛公主而鍾愛其女」，薊國大長公主立即將趙仁規及其妻投入監獄。《高麗史節要》，第22卷，《忠烈王》，戊戌二十四年五月。

觀上會增強高麗的獨立性，使元朝的支配地位受到威脅，不利於元朝對高麗的控制。〔註27〕此時，元丞相完澤向元成宗提出：「世祖時，或言高麗僭設省、院、臺，有旨罷之，其國遂改立僉議府、密直司、監察司。今諟加其臣趙仁規司徒、司空、侍中之職。又旺給仁規赦九死獎諭文書。又擅寫皇朝帝系，及自造曆，加其女爲令妃。又立資政院，以崔沖紹爲興祿大夫。又嘗奉太后旨，公主與諟兩位下怯薛觲合併爲一，諟不奉旨。諟又擅殺千戶金呂而以其金符給宦者朮合兒。又仁規進女侍諟，有巫蠱事」，〔註28〕使元成宗對忠宣王愈加不滿。趙妃誣告事件和趙仁規妻匿名信事件，正好爲直接干預高麗內政提供了機會。1298年6月，元使右丞阿里灰到達高麗，「凡乘傳者百餘，鞠趙仁規」，將趙仁規和趙妃押送入元，隨即廢除忠宣王所改革官制，「往僉議府、詞林院收仁規所受批判，又往監察司收新定官制」〔註29〕，並告誡高麗遵守成規，勿擅自更改：「自今以始，卿其勉遵守國之規，益勤畏天之戒，凡在官者各勤乃事，協力匡贊，毋蹈前非，自干刑憲，緇黃士庶各安其業，所釐事宜，條列於後。一，先朝已定官府及受宣人員，毋得變更，中閒有所擅自更易者，即行改正……」〔註30〕

　　忠宣王雖是忽必烈外甥，擁有蒙古黃金家族血統，並於1298年迎娶寶塔實憐公主，地位顯赫，但其即位後積極肅清忠烈王勢力、強化王權以及大刀闊斧進行官制改革，致使高麗政局不穩，影響了元朝的統治利益，元朝決定另立國王。1298年8月，元成宗以忠宣王「蒞政以來頗涉專擅，處決失宜，眾心疑懼。蓋以年未及壯，少所經練，故未能副朕親任之意」爲由，要求忠宣王與公主入朝，「入侍闕庭，使之明習於事」，〔註31〕同時令忠烈王復位。爲維護王位交替期間高麗穩定，元朝派遣平章闊闊出、左丞哈散等到高麗協助管理內政，「伴議國事」。〔註32〕

　　忠烈王復位後，爲王位永固，積極阻止忠宣王歸國，而且爲了疏遠忠宣王與元朝皇室關係，又圖謀令忠宣王妃薊國大長公主改嫁瑞興侯王琠。對此，

〔註27〕李益柱：《忠宣王即位年（1298）官制改革的性格》，《14世紀高麗的政治和社會》，民音社1994年版，第121頁。
〔註28〕《元史》，第208卷，《高麗傳》。
〔註29〕《高麗史節要》，第22卷，《忠烈王》，戊戌二十四年六月。
〔註30〕《高麗史》，第31卷，《忠烈王世家》，己亥二十五年四月辛亥。
〔註31〕《高麗史》，第31卷，《忠烈王世家》，戊戌二十四年八月癸酉。
〔註32〕《高麗史》，第31卷，《忠烈王世家》，戊戌二十四年九月丙申。

元朝早已洞若觀火。元朝認爲一旦忠烈王阻止忠宣王歸國伎倆得逞，將對維護高麗政局穩定和兩國關係不利，因此於 1303 年 11 月遣使訓誡忠烈王，「天地間至親者父子，至重者君臣，彼小人知自利，寧肯爲王國家地耶」？〔註 33〕忠烈王認識到問題的嚴重性，馬上改變立場，請求元朝放忠宣王歸國，並將責任一推了之，「臣老耄聽信憸邪，是以致此。今聞命，願奉表自雪，且請前王還國，其小人黨與，悉聽使臣治」。〔註 34〕1304 年 4 月，元朝又遣使高麗徹查此事，拘捕了忠烈王黨羽宋邦英等人。當時元成宗舊病在身，政在中宮，高麗宦官李福壽得倖用事，宋邦英等被救出，繼續阻止忠宣王還國，並慫恿元朝皇后令忠宣王出家，令王珣尚寶塔實憐公主，遂被征東行省囚禁。1307 年 1 月，元朝遣使再次審理此案。4 月份，宋邦英等人伏誅。

　　忠宣王退位是迫不得已，鑒於元朝對於高麗政局的影響力，遂充分利用身在元朝的有力條件，努力接觸元朝政治核心。經過努力經營，其與元武宗、仁宗關係密切，「武宗、仁宗龍潛，與王同臥起，晝夜不相離」。〔註 35〕由於元朝最高統治者的信賴和恩寵，忠宣王對高麗國政控制力不斷增強，「自是，王拱手而國政歸於前王」。〔註 36〕後來，忠宣王在元武宗擁立中協助元仁宗平定內亂，迎立武宗，功勞卓著，「當儲皇之救寧內訌也，王與定策」，〔註 37〕因此在武、仁兩朝寵遇無比。1308 年，元武宗冊封忠宣王爲瀋陽王，「又令入中書省參議政事，賜金虎符、玉帶、七寶帶、碧鈿金帶及黃金五百兩、銀五千兩，皇后、皇太子亦寵待，所賜珍寶錦綺，未可勝計，」〔註 38〕可謂優渥非常，榮耀之至。1308 年 7 月，忠烈王病死，忠宣王東還即位。同年 10 月，元朝遣使到高麗正式冊封，「特授征東行中書省右丞相高麗國王，依前開府儀同三司太子太師上柱國駙馬都尉瀋陽王。」〔註 39〕至此，忠宣王身兼高麗國王、瀋陽王和元朝駙馬三大頭銜。1310 年，元朝又進封忠宣王爲一字瀋王，其地位已遠非前任歷代國王所能比擬，獲得了元朝更爲穩固的支持。

　　忠宣王即位後回國奔喪，由於對元朝生活的迷戀和考慮到元朝對高麗政

〔註 33〕 《高麗史》，第 32 卷，《忠烈王世家》，癸卯二十九年十一月辛酉。
〔註 34〕 《高麗史節要》，第 22 卷，《忠烈王》，癸卯二十九年十一月。
〔註 35〕 《高麗史》，第 33 卷，《忠宣王世家》。
〔註 36〕 《高麗史》，第 32 卷，《忠烈王世家》，丁未三十三年三月。
〔註 37〕 姚燧：《高麗瀋王詩序》，《全元文》，第 302 卷。
〔註 38〕 《高麗史》，第 33 卷，《忠宣王世家》。
〔註 39〕 《高麗史》，第 33 卷，《忠宣王世家》，戊申即位年十月辛亥。

局的決定作用等因素，〔註40〕同年 11 月就返回元朝，此後到 1313 年一直在元。期間，忠宣王遙控指揮國內政局，不敢有絲毫懈怠，「定田賦、立鹽法、修荒政、杜倖門」〔註41〕以固國本，同時將內外官司中有同於元朝官名者全部革罷，嚴格遵守兩國宗藩秩序。

　　元仁宗即位後，命令忠宣王歸國理政，忠宣王為繼續留在元朝，不惜於 1313 年 3 月將王位傳於其子王燾，是為忠肅王。為維護對高麗的控制和自己的權力，不久又將瀋王之位傳於侄子王暠，使之牽制忠肅王。〔註42〕此舉給日後高麗國王和瀋王之間的鬥爭埋下了禍根，後來瀋王王暠對國王王位的覬覦和鼓動附元勢力策動立省等，又加劇了這一矛盾。對于忠肅王和瀋王之間的矛盾，元朝一般只是採取調和措施，並不打算如忠宣王時代一樣使高麗國王身兼瀋王，徹底袪除國王與瀋王勢力之間鬥爭的根源，其目的當然是深入而持久地控制高麗。忠宣王退位後，在元朝構築萬卷堂與元朝儒學大家廣泛交流，同時盡力在元仁宗和答己太后勢力的鬥爭中維持平衡，以保全地位。元英宗即位後，素與忠宣王有過節的高麗宦官伯顏禿古思趁機詆毀忠宣王，〔註43〕元英宗早就因忠宣王是答己黨羽而心懷不滿，正好借打擊答己勢力之機將其流放吐蕃，忠宣王成為元朝政治鬥爭的犧牲品。〔註44〕

2、忠肅王

　　1313 年，忠宣王請求將王位傳給時在元朝的世子王燾，元仁宗隨即冊其為高麗國王，「咨爾高麗王世子燾，國緊勳戚，世立藩維，乃父釋位以圖安，

〔註40〕　薛磊：《元朝與高麗政治關係中的重要人物——高麗忠宣王王璋》，《內蒙古社會科學（漢文版）》2004 年第 3 期，第 25 頁。

〔註41〕　李齊賢：《益齋亂薫》，第 9 卷，上，《有元贈敦信明義保節貞亮濟美翊順功臣太師開府儀同三司尚書右丞相上柱國忠憲王世家》，見於韓國民族文化推進會編：《韓國文集叢刊》，第 2 編。

〔註42〕　金塘澤：《元干涉下的高麗政治史》，一潮閣 1998 年版，第 74～83 頁。

〔註43〕　「伯顏禿古思自宮為閹，因緣事仁宗皇帝藩邸，佞險多不法，上王深嫉之，伯顏禿古思知之，思有以中傷之，以仁宗及皇太后待上王厚不得發，嘗無禮於上王，上王請於太后杖之，怨恨益深，及仁宗崩，太后亦退居別宮，禿古思益無所畏，厚啗八思吉，百計誣譖之。」（《高麗史節要》，第 24 卷，《忠肅王》，庚申七年三月）「忠宣王嫉惡如仇，而閹人伯顏禿古思以其奸險見惡於王，誣譖於英宗皇帝，竄王吐蕃。」參見《高麗史節要》，第 24 卷，《忠肅王》，辛酉八年四月。

〔註44〕　金光哲：《14 世紀初元朝政局動向和忠宣王流配吐蕃》，《韓國中世史研究》1996 年第 3 期，第 290～343 頁。

肆爾承家而弘慶，爰稽隆典，載錫休章，可特授金紫光祿大夫征東行中書省左丞相上柱國高麗國王，尙堅忠孝之心，永底人民之祐」。〔註45〕1313 年 4 月，忠肅王歸國即位。

　　忠肅王即位後，雖然積極培育國內支持勢力，但沈王王暠與元朝關係日益鞏固，垂涎高麗王位日久，於是謀劃了忠肅王手裂帝敕事件。忠宣王退位在元時，因從臣司僕正白應丘擅長貨殖理財，命其在沈王府做事，白應丘逃回高麗，王暠奏請元帝令忠肅王將白應丘押送入元，但忠肅王沒有聽從元朝旨意，於是王暠向元朝進讒，稱忠肅王「手裂其敕」。〔註46〕如此藐視宗主國，元朝當然不能容忍。1321 年 4 月忠肅王應召入朝，元英宗嚴厲詰責，不僅收回國王印璽，而且將其拘留大都，並派翰林侍制沙的到高麗問訊此事。沙的經過審訊，押送高麗式目都監錄事李允緘等入元。

　　忠肅王被拘，元朝又將忠肅王大臣羈押入元。沈王一黨認爲沈王即將上位，因此蠢蠢欲動，從 1322 年 8 月份王暠開始請求元朝冊立沈王爲高麗國王。對于忠肅王一派來說，情勢變得非常危急：在忠肅王被軟禁前一年即 1320 年，元朝剛把忠宣王流配吐蕃，此次又將在位國王抑留於大都，而沈王勢力又甚囂塵上，大有取代忠肅王之勢。爲此，忠肅王從臣們惶惶不可終日，想方設法挽回頹勢，差人前往大都活動。1323 年元泰定帝即位，大赦天下，召回了被流放的忠宣王，隨即於 1324 年 1 月將國王印章賜還忠肅王。

　　但沈王與忠肅王的鬥爭並未因此停止，沈王一黨繼續捏造事端，「不期姦臣罔有悛心，依前說謊捏告，致有省院臺差來官前來審問，備知虛僞」。於是，高麗群臣上書中書省，以防備日本爲由請求忠肅王還國：「小邦鄰接日本，極邊重地，相離中原四千里，久曠無主，倘有不測之變，無所啓稟，利害非輕。以此，某等日夜爲懼，未得寧心。若蒙聞奏天聰，將說謊人等嚴加禁治，回送本國，毋令再行捏告。令國王早還本國，安撫百姓，似望讒慝杜絕，臣民獲安幸甚」。〔註47〕元泰定帝最終答應了高麗請求，於 1325 年 2 月令忠肅王攜王妃金童公主一同歸國。

　　此後，王暠及其黨羽繼續在元朝極盡詆毀之能事，派陪臣柳清臣、吳潛等人向元中書省上奏稱忠肅王「盲聾暗啞，不親政事」，且誣告忠肅王當年攛掇忠宣王奪取王暠世子印章和田宅。泰定帝得知後，於 1328 年 7 月派人質問此事。

〔註45〕《高麗史》，第 34 卷，《忠肅王世家》。
〔註46〕《高麗史節要》，第 24 卷，《忠肅王》，壬戌九年三月。
〔註47〕《高麗史》，第 35 卷，《忠肅王世家》，甲子十一年五月壬辰。

雖然忠肅王義正詞嚴反駁了王暠一黨的誣告，使王暠陰謀沒有得逞，但元朝輕信王暠，動輒就遣使問罪，忠肅王感到自己根本無法獲得元朝的支持與信任，於是在 1329 年 10 月，請求傳位於時在元朝宿衛且受到權臣燕貼木兒喜愛的世子王禎。〔註48〕1330 年 2 月，王禎在元朝受封爲高麗國王，是爲忠惠王。同年閏 7 月，忠惠王與德寧公主還自元朝，8 月正式即位。此後，忠惠王極力討好燕帖木兒，在 1331 年其迎娶高麗女子時割高麗田地相贈，「以宮中高麗女子不顏帖你賜燕鐵木兒，高麗國王請割國中田爲資送，詔遣使往受之。」〔註49〕但由於元朝人事變動和對忠惠王不滿等因素，〔註50〕忠惠王即位不到兩年就被剝奪了王位。1332 年 2 月，元朝令忠肅王復位，忠惠王隨之入元。

3、忠惠王

忠肅王復位後，元朝詔告高麗，「慎簡庶僚，各供爾位，一遵世祖皇帝聖訓，祗率舊章，整治邦家」，〔註51〕對忠肅王寄予厚望。1339 年 3 月，忠肅王病死，忠惠王請求繼承王位。時值伯顏當政，伯顏本身厭惡忠肅王父子，「王燾本非好人，且有疾，宜死矣。拔皮（對忠惠王的蔑稱）雖嫡長，亦不必復爲王」，〔註52〕因此提議立沈王王暠爲高麗國王。王暠得知這一消息後，在國內積極謀劃奪位，於 1339 年 8 月與曹頔等人策劃政變，〔註53〕政變失敗後又動身入元尋求支持。忠惠王則先後多次令大臣聯名上書元中書省，征東行省也派人到元朝請求任命忠惠王爲高麗國王。

〔註48〕王禎「以世子入朝，丞相燕帖木兒見之大悦，視猶己子，因忠肅辭位奏帝錫王命」。參見《高麗史》，第 36 卷，《忠惠王世家》，壬申二年二月甲子。

〔註49〕《元史》，第 35 卷，《文宗本紀》，至順二年四月。

〔註50〕《元史》的記載是「初，燾有疾，命其子禎襲王爵，至是燾疾愈，故復位」。（《元史》，第 36 卷，《文宗本紀》，至順三年正月）但金塘澤認爲，忠惠王的退位與其元朝的支持者燕帖木兒的失勢、厭惡忠惠王的伯顏上臺這種人事更替，以及元朝對忠惠王的不滿有關。（金塘澤：《元干涉下的高麗政治史》，一潮閣 1998 年版，第 107 頁）在元朝遣使迫使忠惠王退位之前，朱帖木兒、趙高伊等人誣陷高麗欲與遼陽行省奉流放到高麗的妥歡帖睦爾太子謀叛。金惠苑認爲，元朝因此對忠惠王不滿而迫使其退位。參見金惠苑：《麗元王室婚姻的成立與特徵——以元公主出身王妃的家系爲中心》，《梨大史苑》1989 年第 24、25 合輯，第 188～189 頁。

〔註51〕《高麗史》，第 35 卷，《忠肅王世家》，乙亥四年八月辛亥。

〔註52〕《高麗史節要》，第 25 卷，《忠肅王》，己卯八年五月。

〔註53〕1339 年 8 月，王暠與黨羽曹頔發動政變，偷襲王宮，圖謀誅殺忠惠王。當月，政變被忠惠王鎮壓。參見《高麗史節要》，《忠肅王》，第 25 卷，己卯八年八月。

　　1339 年 11 月，元朝遣中書省斷事官頭麟、直省舍人九通到高麗授予忠惠王國王印璽。幾天後，頭麟等人突然逮捕忠惠王，押赴元朝。關於逮捕忠惠王的原因，《高麗史》的猜測是，曹頔政變被鎮壓後，曹頔黨羽將忠惠王荒淫亂政之行稟告元朝，元朝遂遣使逮捕。筆者認為，《高麗史》的分析基本合理，理由有二：

　　首先，忠惠王本人「性豪俠好騎射，喜營財利，荒淫無度，群小得志，忠直見斥」，〔註54〕確實天天沉迷遊畋騎射、買賣營利，而且荒淫無道，見到誰家女子貌美就要臨幸。更為嚴重的是，忠惠王淫亂波及到了父親忠肅王妃慶華公主。1339 年 8 月，慶華公主邀請忠惠王赴宴，酒席散去之際，忠惠王故意裝醉不出，後來偷入公主臥室，「使宋明理輩扶其身，使不敢動，掩其口，使不敢言，烝焉」，〔註55〕發生了父王去世不到半年就凌辱其妃的荒唐事件。事發之後，慶華公主不堪其辱，打算還元，忠惠王下令禁止馬市交易，使其無從歸元。忠惠王如此對待元朝公主，是對元朝宗主國地位的莫大侮辱，曹頔等人如果把這一消息報告元朝，元朝當然要嚴加責問。

　　其次，從頭麟等人到達高麗之後的行動順序來看，似乎也驗證了《高麗史》的這一猜測。頭麟等到達高麗後，並未直接授予忠惠王印璽，而是先去慶華公主宮中進奉御酒。授予忠惠王國王之印後，又以順帝之命使高麗樂安君金之謙、前僉議評理金贊權管國事，然後就逮捕了忠惠王。筆者認為，頭麟等人先給公主奉御酒，應當是確認曹頔黨羽稟告的消息是否屬實；授予忠惠王印後，立即令高麗大臣權行國事，說明頭麟等在慶華公主處得知消息確實後立即準備逮捕忠惠王。而報告這一消息的，則很有可能就是政變失敗的曹頔黨羽。至於頭麟等人在傳位于忠惠王之後才將其逮捕，而不是直接逮捕入元，應該是因高麗忠肅王初薨，高麗大臣多次請求立忠惠王為國王，元朝也感到高麗王位不宜久虛，而忠肅王諸子中只有忠惠王成年有王位繼承資格，〔註56〕因此採取了先立之、再捕之、同時令高麗大臣主政的辦法。

〔註54〕《高麗史節要》，第 25 卷，《忠惠王》。

〔註55〕《高麗史節要》，第 25 卷，《忠肅王》，己卯八年八月。

〔註56〕忠肅王膝下有三子，曹國長公主於 1325 年生龍山元子，明德太后洪氏於 1315
　　　年生忠惠王、1330 年生恭愍王。忠惠王被捕時，龍山元子 14 歲，恭愍王 9
　　　歲，皆年幼。

忠惠王被押送到元朝刑部，元順帝命令中書省、樞密院、御史臺、翰林院、宗正府協同審理。1340 年，伯顏身敗名裂，脫脫入相，並上奏順帝，釋忠惠王復位，此事不了了之。

忠惠王歸國後，還是不思悔改，繼續放蕩不羈。1343 年 3 月到高麗東郊遊玩，以彈丸射人爲戲；同月幸宰臣裴佺家，姦淫其妻及其弟妻。8 月，高麗大臣李芸、曹益清等人上書元中書省，極言忠惠王貪淫無道，請求立省以安百姓。元朝對於立省之議雖然沒有給予理睬，但對于忠惠王的行爲已是忍無可忍。1343 年 11 月，元朝遣使到高麗以告郊頒赦爲名，趁忠惠王不備將其逮捕，「王只著禮服，不服重裘」。〔註57〕隨即命令高龍普等整治國事，德成府院君奇轍、理問洪彬等權征東行省。同年 12 月，將忠惠王流放到揭陽縣，並將逮捕忠惠王的理由詔告高麗臣民，「高麗國王寶塔實里肆爲無道，荼毒境內，民不堪命，來訴京師，今正厥罰，遷之嶺表」。〔註58〕1344 年 1 月，忠惠王暴死途中，「王傳車疾驅，艱楚萬狀，未至揭陽，丙子薨於岳陽縣，或云遇鴆，或云食橘而殂，國人聞之，莫有悲之者，小民至有欣躍，以爲復見更生之日」。〔註59〕

4、其他國王

1344 年 4 月，元朝宣告以忠惠王之子爲高麗國王，「命其子八禿麻朶兒只仍襲征東行省左丞相高麗國王，布朕德澤，輯寧吾民」。〔註60〕一個月後，元朝遣使正式冊封其爲高麗國王，是爲忠穆王。1348 年 12 月，年僅 12 歲的忠穆王夭亡。高麗認爲，「本國鄰於日本不庭之邦，不可一日而無主」，請求元朝從有繼承王位資格的忠惠王母弟王祺和忠惠王庶子王㫝中遴選一位繼承王位，「伏望陛下，簡在帝心，以從民望，特降德音於繼絕，得承制命以安邊，則陪臣等敢不小舒戀主之憂，益著勤王之節」。〔註61〕1349 年 2 月，元朝命王㫝入元，5 月選定其繼承高麗王位，是爲忠定王。7 月，元朝遣使護送歸國，並授予國王印璽。雖然王祺與高麗王位失之交臂，但高麗國內立之爲王的呼聲一直高漲，其本人也「性嚴重且慈仁，頗得眾心」，〔註62〕加上 1351 年王祺又在元朝娶魯國公主，元朝於是順應民意，於該年 10 月封其爲高麗國王，

〔註57〕　《高麗史》，第 89 卷，《后妃傳》。
〔註58〕　《高麗史》，第 37 卷，《忠穆王世家》，甲申即位年四月丙戌。
〔註59〕　《高麗史》，第 36 卷，《忠惠王世家》，甲申五年正月戊辰。
〔註60〕　《高麗史》，第 37 卷，《忠穆王世家》，甲申即位年四月丙戌。
〔註61〕　《高麗史》，第 37 卷，《忠定王世家》，戊子即位年十二月己卯。
〔註62〕　《高麗史節要》，第 26 卷，《恭愍王》。

並將忠定王國王印璽收回，令忠定王遜位，不久後忠定王被毒死。1351 年 12月，王祺歸國即位，是爲恭愍王。

二、強化征東行省

征東行省設立於第二次東征日本之前的 1280 年 8 月。征東行省與元朝境內其他行省外形相似，但「有宗廟蒸嘗，以奉其先也；有百官布列，以率其職也；其刑賞號令，專行其國。徵賦則盡是三韓之壤，唯所用之，不入天府」。〔註63〕征東行省不論在機構設置、人事安排還是主要職責上，都有獨特之處。其主要行政機構爲「行省三所」，即左右司、理問所和儒學提舉司，其中左右司掌行省行政，理問所掌司法刑訊，儒學提舉司掌學校、祭祀等事，其他附屬機構包括檢校所、照磨所、勸農司、醫學提舉司等，這些與內地行省相似，但征東行省下不再設置路、府、州、縣等區劃，因此不如內地行省屬司多。人事安排上，征東行省最高官職即丞相一般由高麗國王兼任，再由國王任命左右司官員，平章政事以下官員一般不再任命。職責上，忽必烈時期，征東行省主要負責對日事務。忽必烈去世後，東征日本國策擱淺，征東行省演變爲監督和控制高麗國政的重要機構。在這一時期，元麗兩國不斷有人建議將征東行省內屬化，而高麗國內無休止的政治鬥爭，又爲這種動議提供了充分理由，於是元朝多次強化征東行省，主要表現爲增置行省官員、強化左右司權力和多次考慮將征東行省內地化。

1、增置行省官員

前述忠烈王、忠宣王父子矛盾激化，兩派力量互相傾軋，加上忠宣王與薊國大長公主寶塔實憐夫妻關係不和，以及忠宣王即位初期改革引起元朝不滿，元朝在忠宣王即位不到一年就迫使其退位並令忠烈王復位，並趁機增派征東行省官員以加強對高麗控制。1299 年 10 月，元朝以忠宣王「不能服其眾，朝廷宜遣官共理」，〔註64〕派遣征東行省平章政事闊里吉思和左丞耶律希逸參與高麗國政。闊里吉思在高麗前後，對高麗的刑法、官制等橫加干涉，並極力主張改革高麗的奴婢制度，意欲將高麗的行政、社會制度等全部納入元朝的隸屬之下，〔註65〕引起了高麗君臣激烈反對。

〔註63〕姚燧：《高麗沈王詩序》，《全元文》，第 302 卷。
〔註64〕《高麗史》，第 31 卷，《忠烈王世家》，己亥二十五年十月甲子。
〔註65〕高柄翊：《東亞交涉史的研究》，首爾大學出版社 1970 年版，第 206 頁。

高麗建國以來實行「一賤則賤」的奴婢制度，「小邦之法，於其八世戶籍，不於賤類，然後乃得筮仕。凡爲賤類，若父若母，一賤則賤。縱其本主放許爲良，於其所生子孫，卻還爲賤。又其本主絕其繼嗣，亦屢同宗。所以然者，不欲使終良也」。〔註66〕但闊里吉思卻釋賤爲良，規定父母一方爲良人的奴婢，如願意免除奴婢身份，可以升爲良民，由主人特許爲良的奴婢子女可升爲良民。此舉觸動了高麗統治階層的核心利益，忠烈王以「世祖舊制」爲依據上表成宗，請求勿改高麗「祖宗之法」，「伏望回揭日之光明，霈同雲之優渥，俾從先命，乃罔後艱，則物以群分，消風土變更之歎，邦其永保，荷乾坤終始之恩，」〔註67〕並從維護國家安定角度闡述理由，「若許從良，後必通仕，漸求要職，謀亂國家。若違此誡，社稷危矣」。〔註68〕

元朝本是因高麗國內政治鬥爭尖銳、政局不穩派闊里吉思輔佐朝政，借機加強控制，不料闊里吉思「不能和輯高麗」，〔註69〕引起高麗如此強烈的反對浪潮，不僅沒有達到預期目的，而且可能危及元朝在高麗的統治利益。於是在1301年3月，元成宗命令闊里吉思歸國，隨即罷免所增行省官員，並解釋說，「添設省官，非爲改其國俗，亦不欲恒置，但以一二惡人故，似聞百姓騷擾，將使與王作伴，鎮安之耳」。〔註70〕

闊里吉思歸國後，又向元成宗奏告高麗越禮尊大、官冗民弊：「高麗國王自署官府三百五十八所，官四千五十五員，衣食皆取之民，復苛徵之。又其大會，王曲蓋、龍扆、警蹕，諸臣舞蹈山呼，一如朝儀，僭擬過甚」。〔註71〕對於高麗的官冗民弊和僭越行爲，元朝出於維護宗主國地位的考慮，立即派人降詔高麗：「王其勉思累朝覆育之恩，以宗國生靈爲念，威福予奪，當自己出。事體有未便，民情有未安者，其審圖之。繄爾群僚，悉心奉正，各修乃職，敢有蹈襲前非、專恣不法，王雖爾容，朕必不貸。」〔註72〕中書省也專門做出批示：「王國而用天子殿庭之禮，既臣之初即當論者，昔或不審，自今宜即更之。其餘如民瘼之可除、事弊之應改者，宜體詔旨諭王之意，

〔註66〕《高麗史》，第31卷，《忠烈王世家》，庚子二十六年十月。
〔註67〕《高麗史》，第31卷，《忠烈王世家》，庚子二十六年十月。
〔註68〕《高麗史》，第31卷，《忠烈王世家》，庚子二十六年十月。
〔註69〕《元史》，第134卷，《闊里吉思傳》。
〔註70〕《高麗史》，第31卷，《忠烈王世家》，庚子二十六年十一月。
〔註71〕《元史》，第208卷，《高麗傳》。
〔註72〕《高麗史》，第32卷，《忠烈王世家》，辛丑二十七年四月己丑。

一一擬定，仍令去使悉知，王就行訖，備細咨來以憑聞奏。」〔註73〕

對於元朝命令，忠烈王遵行不誤。首先遵從宗藩秩序，修正僭越行爲。1301 年 5 月，並省內外官職，將官名與元朝相同者悉加改正；在一些禮儀上也尊重元朝宗主國地位，如以芝黃代赭袍，紅傘代黃傘，除舞蹈警蹕之禮等。其次是進行弊政改革。1301 年 6 月，復置田民辨正司，下令將闊里吉思斷奴婢爲良者悉歸原主。7 月，又令臣僚商議利國便民事等。至此，元麗兩國圍繞高麗社會制度和政治體制的干涉與反干涉鬥爭，以雙方的妥協而告終。

2、強化左右司權力

這一時期，高麗國王多次滯留元朝，國內政局不穩。爲強化對高麗的控制，元朝命令左右司官員在高麗國王入元期間主掌國政。爲此，元朝向左右司派出大批官僚，其中包括大量出身高麗而入元爲官的高麗官員。這些附元勢力依仗元朝支持橫行高麗，「皆託婦寺，濫受朝命，擅作威福」，〔註74〕掌控了行省三所的主要權力，盡行亂政干政之事，最有代表性的例子就是阻礙整治都監的活動。

前述忠惠王在位期間，荒淫無道，小人得志，正直之士見斥，人人自危，高麗內政紊亂不堪。1347 年 2 月，爲糾治忠惠王時期佞臣亂政的局面，「群小尚未盡去，弊政多所未革」〔註75〕，元順帝命忠穆王設立整治都監。在政丞王煦等人主導下，高麗展開了大規模的內政改革活動。在執行過程中，整治都監處理的主要是社會經濟問題，包括占奪土地、發放高利貸、逼良爲賤、躲避徭役等；其糾察的對象主要是權門世族，〔註76〕特別是自高麗事元以來興起的附元勢力，如蔡河中、尹繼宗、奇三萬家族等。整治都監的改革觸動了這些附元勢力的經濟和政治利益，他們通過掌控的征東行省理問所橫加干涉。1347 年 10 月，「理問所以撤宦者及豪強田莊，囚密城副使李慶孫、驪興

〔註73〕《高麗史》，第 32 卷，《忠烈王世家》，辛丑二十七年四月己丑。

〔註74〕《高麗史》，第 39 卷，《恭愍王世家》，丙申五年十月戊午。

〔註75〕田祿生：《壄隱逸稿》，第 6 卷，《有明高麗國推忠贊化輔理功臣匡靖大夫門下評理藝文館大提學知春秋館事兼司憲府大司憲壄隱先生田公家狀》，見於韓國民族文化推進會編：《韓國文集叢刊》，第 3 編。

〔註76〕高麗後期的權門世族主要可以分爲四類：一，高麗初期以來的門閥貴族；二，武臣政權時期作爲武臣得勢而上臺的家族；三，武臣之亂以後作爲新的官人層上臺的家族；四，在對元關係中作爲新興勢力上臺的家族。參見閔賢九：《高麗後期的權門世族》，《韓國史》，8，國史編纂委員會 1981 年版，第 29 頁。

副使李蒙正、西州副使趙多暉」。〔註77〕但在王煦等人努力下，整治都監仍克服困難，堅持改革。直到奇三萬獄死事件的發生，整治都監的改革活動不得不停止。

奇三萬乃元順帝第二皇后奇完者忽都族弟，依仗奇后勢力在高麗橫行不法、廣占田民。1347 年 3 月，整治都監將其囚禁，不久被杖死獄中。4 月，整治都監又將肆虐於高麗、時逃匿於楊廣道的奇皇后族弟奇柱下於巡軍。奇三萬之妻向征東行省理問所提出訴訟，理問所逮捕整治都監官佐郎徐浩、校勘田祿生問訊。王煦等親赴元朝向中書省報告，理問所「遣人追之，悉囚都監官」，〔註78〕整治都監名存實亡。整治都監本是奉元朝命令而設，但其改革大大突破了元朝的容忍限度，特別是打擊附元勢力、杖死奇三萬等，招致元朝不滿。1347 年 7 月，元朝遣使問訊此事，後又派遣直省舍人僧家奴等杖責整治都監官員白文寶、申君平、徐浩、田祿生等人，糾正整治都監的過激行為。豐于忠惠王時代遺留下來的佞臣亂政問題尚未解決，1347 年 10 月，元朝要求高麗重置整治都監，繼續整理內政，但由於主要官員悉被囚禁，整治都監人手嚴重不足，無法繼續改革。1249 年 8 月，整治都監終被忠定王裁撤。

3、多次試圖征東行省內地化

1302 年，遼陽省請並征東、遼陽為一省，移司東京（今遼寧遼陽）。忠烈王聞訊後馬上上表元朝，以防範日本為由懇請不予並省，「自東京至王京一千五百餘里，自王京至合浦一千四百餘里，若合浦海外忽有微波之警，則報告往來之際，千里尚遠，況三千里外乎？此於求名分者或便，非是益朝廷之良計，豈順儉人之輕議，遽違聖祖之嘉謀？然自惟貌德之多涼，恐不入堯仁之深恤，故將陳聞以為急，第恨奮飛之末由。伏望陛下回太陽之明，慮遠地之弊，克遵前典，勿納偏辭，則臣謹當益堅戴舜之誠，倍祈天壽，倘致征苗之効，小助皇威，」〔註79〕元成宗准奏。1306 年，元朝宣佈在高麗「仍置行省以鎮撫之」，再次將增置征東行省提上日程。1308 年，忠宣王以「高麗歲數不登，百姓乏食，又數百人仰食其土，則民不勝其困，且非世祖舊制」〔註80〕為由加以反對，鑒於其協助登基有功，元武宗答應其請。1309 年 3 月，遼陽

〔註77〕《高麗史》，第 37 卷，《忠穆王世家》，丁亥三年十月壬申。
〔註78〕《高麗史》，第 110 卷，《王煦傳》。
〔註79〕《高麗史》，第 32 卷，《忠烈王》，壬寅二十八年。
〔註80〕《元史》，第 22 卷，《武宗本紀》，至大元年四月戊戌。

行省右丞洪重喜要求重新設立征東行省，但忠宣王「以祖宗之功奏之」，元朝「降制令高麗毋置行省」。〔註81〕高麗成功化解了這幾次危機，可謂有驚無險。

1320 年，忠宣王被元英宗流放吐蕃，其後繼者忠肅王於 1321 年入元後五年間一直滯留中國，國內王位空虛，加上此前高麗王位多次重祚，王權急劇走向衰落，以瀋王王暠爲代表的高麗附元勢力趁機策動立省。1323 年 1 月，王暠陪臣柳清臣、吳潛等上書元中書省，請求「立省比內地」，以王暠取代忠肅王。對此，元朝通事舍人王觀列舉了立省高麗的六大弊端：一，立省違背元世祖對高麗既定的統治原則；二，高麗風俗習慣與中國迥異，以中國之法不易統治；三，高麗經濟水平低，立省之後查戶口、定科稅等會導致百姓驚擾，引發事端；四，高麗立省及運營經費會加重元朝負擔；五，立省之後需要派遣軍隊鎮守，但軍屯已有定制，難以分兵高麗；六，柳清臣等賣主自售，報復故國，並非爲元朝利益考慮。〔註82〕高麗聽說立省策動後積極活動，都僉議司使李齊賢上書中書省，列舉不可立省的四大理由：一，違背世祖舊制的存恤之意；二，高麗貧瘠無益於供奉元朝；三，高麗風俗與元朝不同，立省會使百姓生疑懼之心；四，立省會使日本慶幸不曾屈服於元朝。〔註83〕在朝中大臣和高麗君臣反對立省呼聲高漲的情況下，元英宗最終沒有同意柳清臣等人的立省建議。

1323 年泰定皇帝即位後，對立省尚未死心的柳清臣等人再次策動立省，元左丞相倒剌沙態度也非常積極，「主立省之議甚力」。〔註84〕泰定帝對此非常關心，於是派人到高麗調查此事，但由於高麗在元宦官方臣祐的建議，泰定帝放棄了立省高麗的打算，「又嘗欲立省於本國，臣祐白壽元皇后，事遂止」。〔註85〕高麗爲此上書元朝，感不立行省之聖恩，「不料邇年樂禍之人間起，以致朝廷有議立省，百姓聞之，人不自安。近者欽蒙聖旨，一切禁之，舉國上下實獲再生，唯知蹈舞而已。茲遣小介，奉表進謝，伏望善爲聞奏，永示字小之仁，不勝忻慶」。〔註86〕

〔註81〕《高麗史》，第 34 卷，《忠宣王》，壬子後四年六月戊。
〔註82〕《高麗史節要》，第 24 卷，《忠肅王》，癸亥十年正月。
〔註83〕李齊賢：《益齋亂薰》，第 6 卷，《在大都上中書都堂書》，見於韓國民族文化推進會編：《韓國文集叢刊》，第 2 編。
〔註84〕李齊賢：《益齋亂薰》，第 7 卷，《光祿大夫平章政事上洛府院君方公祠堂碑》，見於韓國民族文化推進會編：《韓國文集叢刊》，第 2 編。
〔註85〕《高麗史》，第 122 卷，《方臣祐傳》。
〔註86〕崔瀣：《拙薰千百》，第 2 卷，《又謝不立行省書》，見於韓國民族文化推進會編：《韓國文集叢刊》，第 3 編。

1320 年忠肅王復位後，一心想牽制和打擊忠惠王勢力，引起忠惠王一派的激烈反擊。1336 年 10 月，忠惠王黨羽盧康忠等人向元朝上訴忠肅王過失，請求元朝除國立省，「漢人盧康忠、王誼、王榮等十二人訴王之罪，謀欲除國，夷爲軍民」。〔註 87〕一旦元朝同意立省高麗，高麗的國家主權將遭到徹底破壞，忠肅王認識到問題的嚴重性，立即親朝辨明是非，並以「世祖舊制」爲由，促使元朝放棄立省打算。〔註 88〕

三、繼續下嫁公主

自從 1274 年忽必烈將齊國大長公主嫁給忠烈王後，高麗爲了維護自己在元帝國內的地位和本國的國家利益，在新國王即位之前大多向元朝請婚，元朝則出於控制高麗的目的答應其請，先後將薊國大長公主寶塔實憐和蒙古女也速眞嫁給忠宣王，將濮國長公主亦憐眞八剌、曹國長公主金童、慶華公主伯顏忽都嫁給忠肅王，將德寧公主亦憐眞班嫁給忠惠王，將徽懿魯國大長公主寶塔實里嫁給恭愍王，此外還將訥倫公主嫁給沈王王暠。

這一時期，元朝公主繼續擔負著監督高麗國王和干預高麗國政的任務。如慶華公主伯顏忽都。1339 年 11 月，元朝派頭麟等人到高麗將忠惠王押送入元，高麗王位空虛，伯顏忽都立即以最高統治者自居，命令金之謙權征東省，金資提調都僉議司事，全面控制高麗朝政。再如德寧公主亦憐眞班。忠惠王死後，忠穆王年幼（8 歲）即位，亦憐眞班就通過裴佺、康允忠等人參與朝政，在忠穆王病重不豫時，亦憐眞班徙居於密直副使安牧家，「庶務皆取決」。忠穆王死後，亦憐眞班立即命令德城府院君奇轍、政丞王煦攝行征東行省事務。忠定王即位後，亦憐眞班繼續干預政治，「公主頗與政，王不能沮」。〔註 89〕

元朝公主嫁到高麗後，地位顯赫，不論高麗國王是否已有配偶，一律要冊元朝公主爲正宮王后；公主所生子嗣，也不論長幼之序，一律優先冊爲世子；在後宮中公主還擁有生殺予奪的大權，高麗國王和其他妃嬪都不得不屈節事之。〔註 90〕與齊國大長公主類似，這一時期元朝公主也大多跋扈後宮，

〔註 87〕　《高麗史》，第 35 卷，《忠肅王世家》，丙子五年十月壬辰。
〔註 88〕　金惠苑：《元干涉期立省論及其性格》，《14 世紀高麗的政治與社會》，民音社 1994 年版，第 85～86 頁。
〔註 89〕　《高麗史》，第 89 卷，《后妃傳》。
〔註 90〕　嚴聖欽：《高麗與蒙元的政治軍事關係》，北京大學韓國學研究中心編《韓國學論文集》第四輯，社會科學文獻出版社 1995 年版，第 198～214 頁。

前述趙妃誣告事件和趙仁規妻匿名信事件就是明證。而且，薊國大長公主還因與忠宣王感情不好，將趙妃誣告事件鬧到元朝，成為忠宣王退位的誘因之一。此外，有的公主還不守婦道，如薊國大長公主「素不謹，每與內僚諸人亂」，使忠宣王「益不屑」。〔註91〕

元朝公主跋扈高麗，除了依仗娘家權勢和蒙古族母權制習俗等因素外，恐怕也與這一時期元朝後宮頻繁干政的示範作用有關。元朝中後期，皇位更替頻繁，內政紊亂，後宮得以干政，元成宗末期朝政大權落入卜魯罕皇后之手，仁宗母后答己太后在仁宗一朝廣泛干預朝政，仁宗死後扶植元英宗即位等，都是這種特點的重要表現。元朝公主與元朝後宮聯繫密切，消息傳遞迅速，因此極有可能受到了這方面的影響。

對於元朝公主的不當行為，高麗國王大多忍氣吞聲，但由此也造成了國王與公主夫妻關係的淡漠，如忠宣王與薊國大長公主結婚以來，「有歉夫婦之道」，〔註92〕不僅冷落公主，而且頻繁臨幸其他妃嬪致使有身，反過來又惡化了與公主的關係。對元朝統治者來說，公主乃是元朝駐麗代表，只要高麗發生了對公主不利的事件都要過問。如趙妃誣告事件發生後，元朝令將趙妃押送入元，皇太后則派遣蕃僧、道士來高麗被公主詛咒。1319年9月，嫁到高麗僅三年的忠肅王妃亦憐真八剌公主病死，元朝懷疑公主非正常死亡，故遣使聞訊，囚禁公主宮女和饔人韓萬福，拷問公主真正死因，在聽說忠肅王經常毆擊公主之後，〔註93〕將韓萬福等人押送入元審訊。

作為元麗關係的重要組成部分，元朝非常重視出嫁高麗的公主，這一時期多次遣使處理與公主相關事宜。對於這些元朝公主，高麗國王自然不敢怠慢。但是，嫁到高麗的公主大多短命而亡，如忠宣王妃薊國大長公主寶塔實憐1298年嫁到高麗，1315年病亡；忠肅王妃濮國長公主亦憐真八剌1316年嫁於高麗，1319年病死；忠肅王妃曹國長公主金童1324年嫁給忠肅王，未幾病薨，年僅十八；忠肅王妃慶華公主伯顏忽都1333年來到高麗，1344年死去。元朝公主紛紛早逝，這絕對是兩國關係的大事，搞不好元朝又要興師問罪，為擺脫謀害公主的干係，高麗往往到元朝請求派太醫給公主醫病。

〔註91〕《高麗史》，第89卷，《后妃傳》。

〔註92〕《高麗史》，第89卷，《后妃傳》。

〔註93〕「去年八月，王密御德妃於延慶宮，公主妬，被王毆鼻衄。又於九月，王如妙蓮寺，毆公主，於佺夫介等救之。」參見《高麗史節要》，第24卷，《忠肅王》，辛酉八年八月。

這一時期，公主所帶怯憐口仍橫行不法，干涉內政。1299 年 1 月，齊國大長公主怯憐口印侯發兵逮捕萬戶韓希愈、上將軍李英柱等，誣告其謀叛，「希愈等將殺（印）侯、（金）忻，挾王竄海島」，〔註 94〕將此事報告了元朝遣來伴議國事的左丞哈散。當年蒙古花費近 30 年心血才使高麗投降，如今高麗若再起叛心，必將對元朝統治利益產生不良影響。哈散即與忠烈王會審，李英柱伏誣，但韓希愈沒有屈服。印侯等人又將此事上奏元朝，元成宗詢問哈散，在得知「希愈本無異謀，但忽刺歹（印侯）欲為益知禮普化王（忠宣王）地耳」〔註 95〕的答覆後，為防患於未然，仍堅持韓希愈、李英柱等流放。同年 4 月，忠烈王將韓希愈、李英柱召回，並遣使入元辯明印侯誣告，元朝則要求將韓希愈、李英柱等人押送入元問訊。1300 年閏 8 月，忠烈王親自入朝辯解，韓希愈、李英柱等方被放還。

四、處理齊皇后家族事務

1340 年，元順帝冊封高麗貢女奇完者忽都為第二皇后，元朝多次冊封和賞賜其父母。對於高麗國王而言，奇氏被封為第二皇后，這對於維護高麗地位和國王利益是一件大大的好事，對元朝遣往高麗冊封和賞賜奇氏家族的使行，自然是盡心迎奉。1342 年 6 月，奇皇后母李氏回到高麗，忠惠王親迎於郊外，儀式頗為隆重；1343 年 4 月，李氏從元朝歸來，忠惠王又親赴其第，置酒迎慰。但是，元朝頻頻遣使加重了高麗的負擔，「時使介絡繹，館舍難容，皆館於宰樞之家，凡三十餘所」。〔註 96〕對於元朝賜予孛兒札宴〔註 97〕，高麗不得不在國內大肆搜刮以充宴會之用。1353 年 8 月元朝派巒巒太子等賜宴時，「是宴用布為花，凡五千一百四十餘匹，他物稱是，窮極奢侈」。〔註 98〕為討好奇皇后，高麗對孛兒札宴非常重視，恭愍王禁止民間私用油蜜果以供宴席，並「賦永福都監布二千六百匹，又貸於富民」，〔註 99〕而且為了體現對奇氏一族的充分尊重，在座次和行酒順序上，安排都非常講究：「公主、太子南面，王坐西，李氏坐東。

〔註 94〕《高麗史節要》，第 22 卷，《忠烈王》，己亥二十五年正月。
〔註 95〕《高麗史節要》，第 22 卷，《忠烈王》，己亥二十五年二月。
〔註 96〕《高麗史節要》，第 26 卷，《恭愍王》，癸巳二年八月。
〔註 97〕「元法，合姻婭而宴之，謂之孛兒札宴。」參見《高麗史節要》，第 26 卷，《恭愍王》，癸巳二年八月。
〔註 98〕《高麗史》，第 38 卷，《恭愍王世家》，癸巳二年八月乙巳。
〔註 99〕《高麗史》，第 38 卷，《恭愍王世家》，癸巳二年八月乙巳。

王行酒，先跪獻太子，太子立飲。太子行酒獻李氏，次王、公主」。〔註100〕

　　奇氏一族憑藉奇皇后的權勢，在元麗兩國位高權重。元朝立奇皇后之兄奇轍爲遼陽行省平章，封奇輈爲翰林學士；高麗則拜奇轍爲政丞、德城府院君，奇輈爲德陽君。奇氏兄弟「倚后勢縱恣，其親黨亦夤緣驕橫」，〔註101〕不僅廣占民田，強人妻女，而且干預高麗政治。對於奇氏一族的非法行爲，奇皇后當然有所耳聞，雖然早於 1344 年下達懿旨，要求「凡吾親戚，勿倚勢奪人田民，如有違異必罪之，法司知而故縱，亦當罪之」，〔註102〕實際上只是一種形式而已。奇氏家族爲非作歹已非一日，黨羽遍佈朝野，撼動其絕非易事；加上礙於奇皇后的地位，高麗上自國王、下至臣僚，對其幾乎是無計可施。奇三萬被杖死事件中，征東行省理問所積極干預和元朝遣使杖責相關官員，都恰恰說明了這一問題。

　　值得注意的是，這一時期，元朝在強力干涉高麗內政過程中，派遣大批使臣到達高麗。這些使臣在完成外交使命的同時，在高麗積極活動，對高麗政治、經濟和社會都產生了特殊影響，客觀上強化了元朝對高麗的干涉政策。據統計，這一時期元朝共向高麗派遣 240 次、386 人次的使臣，年平均 4～5次，每次平均 1～2 人。這些使臣自恃上國地位，在高麗多橫行不法、飛揚跋扈。「元使絡繹往來，率使氣逞暴」，〔註103〕「使臣陵辱宰相，擅作威福，多納賄賂，荒淫聲色，淹留旬月」。〔註104〕其中，一些高麗人充當元使奉使本國，其態度之蠻橫有過之而無不及。如 1310 年 6 月方臣祐奉元皇太后之命到高麗監書金字藏經時，辱罵官員，廣收賄賂，「郡縣守宰皆被罵辱，至有受杖者。其降香諸道也，提察守令抽斂民財，贈遺甚厚。全羅提察使李仲丘贈以紙，臣祐不受，因折辱之」。〔註105〕

　　元使在麗期間從事使命之外的其他活動，多與維護個人私利有關，遂招致高麗嚴重不滿。如 1329 年 9 月，元直省舍人完者到高麗頒佈明宗即位詔書，要求忠肅王提拔任用其在麗親信。忠肅王命令封官，但遭到高麗政房大臣的反感和抵制，「今日除授爲使臣也，爾輩鬻官，何不官吾子孫耶」？〔註106〕

〔註100〕《高麗史》，第 131 卷，《奇轍傳》。
〔註101〕《高麗史》，第 131 卷，《奇轍傳》。
〔註102〕《高麗史》，第 37 卷，《忠穆王世家》，甲申即位年八月丙戌。
〔註103〕《高麗史》，第 105 卷，《趙璉傳》。
〔註104〕《高麗史》，第 35 卷，《忠肅王世家》，戊辰十五年七月己巳。
〔註105〕《高麗史》，第 122 卷，《方臣祐傳》。
〔註106〕《高麗史》，第 124 卷，《金之鏡傳》。

再如忠肅王時期，元朝一使臣自大都而來，「恃恩作氣勢」，要求忠肅王將別人奴婢歸於自己，爲此還「兩造宮門，使臺臣決之」。此舉也遭到時任掌令朴元桂堅決抵制，「別白邪正不少撓」，〔註107〕結果元使只能大怒而去。元使謀取個人利益的情況，在高麗人充當使臣時更爲突出。如1310年6月方臣祐一行到達高麗後，私下聘娶開城判官李光時之女爲妻。在神孝寺爲元皇太后祈福轉讀藏經時，方臣祐又令高麗釋放獄囚，高麗有司知道其爲私利而非爲皇太后祈福，因此拒絕，但方臣祐強之再三，高麗不得不放人。這一時期，許多高麗人進入元朝宮廷，他們利用職權之便，也通過赴麗使臣實現個人利益。高麗宦官李大順入元有寵，其妻韋氏與高麗永平宮爭奪奴婢，李大順上奏元帝，元帝命令高麗決斷，主審官獄部典書金士元、散郎李光時等未將奴婢判於韋氏。李大順大怒，在1310年6月元朝派遣八扎到高麗頒佈冊封皇后詔書時，李大順令其假傳聖旨囚禁了金士元、李光時。

這些元朝使臣在高麗的活動，對高麗影響巨大。一是加重了高麗的經濟負擔。元使到達高麗後，高麗迎詔時要宴請，送別時要餞行，而且往往還要贈送大量禮品，加重了高麗負擔。「嘉言遍四方，使賓競來訪，傍邑慣送迎，奔走移供帳，亭下吏呀咻，樽前仙妓唱，民今失農業，妻子不能養，斗蓄已殫空，一宴勝仇餉」，〔註108〕乃是對這一現象的眞實寫照。二是使臣行爲多與高麗內政緊密關聯，成爲高麗末期內政紊亂的重要誘因。以衛兵法爲例，高麗本來實行府兵制，「無事則肄習兵法，有事小則遣郎將、別將平之，大則遣上大將軍、將軍禦之」。但一些元使爲其族人或黨羽謀求利益，要求高麗封官晉爵，「每因中朝宦寺婦女奉使者之請，官爵泛濫，皆以所託之人除府衛職，恃勢驕蹇，莫肯宿衛」，導致「府衛法始壞」，「凡受宿衛之職者，徒食天祿，不事其事，遂至失國」。〔註109〕

當然，元使中也不乏知書達理之人，受到高麗歡迎。如參知政事忽憐、翰林直學士林員一行。1304年4月，二人爲鎮過高麗政局來麗。1305年2月，忽憐病重，高麗爲其進藥治療，但忽憐拒絕，「汝國姦臣執命，父子相圖，故

〔註107〕 李穡：《牧隱藁》，第19卷，《判書朴公墓誌銘》，見於韓國民族文化推進會編：《韓國文集叢刊》，第5編。

〔註108〕 安軸：《謹齋集》，第1卷，《叢石亭宴使臣有作》，見於韓國民族文化推進會編：《韓國文集叢刊》，第2編。

〔註109〕 鄭道傳：《三峰集》，第6卷，《經濟文鑒》，下之「衛兵」，見於韓國民族文化推進會編：《韓國文集叢刊》，第5編。

帝遣我來監，我若飲藥死，其得無後言乎？況死生有命，雖良藥奚爲」？〔註110〕最終拒絕服用湯藥而卒。再如 1322 年降香高麗的廉悌臣一行。高麗人廉悌臣早年宿衛元朝，頗受恩寵。當時廉悌臣歸國探母，元朝派其到高麗降香金剛山，並授予金字圓牌。廉悌臣到達高麗後，恪守禮節，「是時，使者旁午，皆仗朝廷威靈，凌辱宰執，視守令如犬馬。公於宰相恭，於守令加禮貌，且無一事干謁於上」。1331 年廉悌臣再次降香高麗，態度愈加謙恭，高麗人盛讚，「年雖少，不愧老成人，是眞內外侍中孫矣」。〔註111〕而且，個別元使見到民眾困苦時還督促高麗君臣實施善政，如 1343 年 5 月元朝直省舍人實德一行到高麗索取宋、遼、金三國事蹟，當時忠惠王正大興土木，建造宮殿，晝夜督役，民眾不堪其苦。實德發現這一情況後，隨即質問高麗政丞蔡河中，「爲人君者，當使民以時，今役民妨農，此邦之民，其何以生？吾將奏於帝」，〔註112〕要求忠惠王善待百姓。與其他使臣的眾多跋扈行爲相比，忽憐、廉悌臣、實德等人謹言愼行、體恤民生的例子鳳毛麟角，並未影響元使行爲在客觀上強化了對高麗控制、深刻影響高麗內政這一事實。

第三節　元朝對麗其他統治政策

在強力干涉高麗內政的同時，元朝中後期繼續採用忽必烈時期的部分對麗政策，發展兩國政治、經濟、軍事、文化方面關係。

1、政治上

頒佈即位、改元、赦免詔書和通告人事變動。元朝中後期皇位變動頻繁，不到六十年間，先後有成宗、武宗、仁宗、英宗、泰定帝、天順帝、明宗、文宗、元順帝等相繼襲位。這些皇帝繼位後，出於維繫宗藩關係的考慮，大多遣使通告高麗，頒佈即位、改元、赦免等詔書，通告重要人事變動消息。此外，鑒於兩國姻親關係的存在和政治聯繫的緊密，元朝還將冊封皇太后、皇后或皇太子的消息通知高麗。高麗在得到元帝即位、改元、冊封等命令後，一般馬上派出相應的致賀使行，積極遵守宗藩關係。

〔註110〕《高麗史》，第 32 卷，《忠烈王世家》，乙巳三十一年二月庚辰。
〔註111〕李穡：《牧隱藁》，第 15 卷，《高麗國忠誠守義同德論道輔理功臣壁上三韓三重大匡曲城府院君贈諡忠敬公廉公神道碑》，見於韓國民族文化推進會編：《韓國文集叢刊》，第 5 編。
〔註112〕《高麗史節要》，第 25 卷，《忠惠王》，癸未四年五月。

冊封國王。元朝中後期繼續冊封高麗國王，強調高麗國王即位合法性由元朝確認。由於這一時期高麗國王頻繁入元，有的即位前長期在元宿衛，所以多次冊封在元朝進行。值得注意的是，這一時期元朝還追封高麗過世國王。忠宣王復位第二年即 1310 年 7 月，元朝降旨追封忠宣王三代，冊封忠宣王曾祖高麗高宗爲敦信明義保節貞亮濟美翊順功臣太師開府儀同三司尚書右丞相上柱國高麗國王，諡忠憲王；曾祖母柳氏追封爲高麗王妃。忠宣王祖父元宗爲端誠奉化保慶亮節康濟佐理功臣大師開府儀同三司尚書右丞相上柱國高麗國王，諡忠敬王；祖母金氏追封高麗王妃。忠宣王之父爲純誠守正推忠宣力定遠保節寅亮弘化奉慶功臣大師開府儀同三司尚書右丞相上柱國駙馬高麗國王，諡忠烈王；母皇姑安平公主、高麗王妃追封皇姑齊國大長公主、高麗王妃。元朝此次追封忠宣王以上三代國王，緣于忠宣王上表請封，「昔漢之諸侯皆從漢得諡，故王表請上陛王尊號」，〔註113〕同時也充分體現出元武宗對忠宣王的重視與支持。

索要貢女和宦官。元朝爲滿足統治階層需要，進一步控制高麗，中央政府多次遣使高麗索要童女。此外，自忠烈王時代向元朝輸送宦官開始，元朝宮廷內對太監需求大增，多次索要高麗太監。值得注意的是，這一時期出現了諸王索求貢女和太監的行爲。如安西王阿難達先後四次派人到高麗索要貢女和太監。阿難達乃忽必烈嫡孫，襲封安西王。其父忙哥剌去世後，安西王地位下降，阿難達爲振興父業，遂積極參與元朝中央活動。鑒於高麗貢女和宦官大批進入皇廷後宮而擁有相當地位，因此阿難達千方百計拉攏這些階層，於是以地方藩王身份，在元帝首肯下屢次赴麗徵取人口。〔註114〕對於元朝要求，高麗幾乎有求必應，大批高麗貢女和太監進入元朝。而且，爲完成貢女任務，高麗繼續實行婚嫁統制政策。1307 年 9 月，忠宣王下令，「女年十六歲以下十三歲以上毋得擅嫁，必須申聞而後許嫁，違者罪之」。〔註115〕

2、經濟上

賜予國王物品。爲鞏固宗藩關係，元朝中後期繼續賜予高麗國王物品，內容仍以奢侈品爲主，如金銀、銀鈔、綢緞織金段、紅絹、線綾、紅綃、酒類、海東青等等。在高麗國王親朝時，元朝賜予物品較多，最有代表性的是 1296

〔註113〕《高麗史》，第 33 卷，《忠宣王》，庚戌後二年七月乙未。
〔註114〕喜蕾：《安西王阿難達對高麗政治勢力的利用》，《西北民族研究》2001 年第 1
　　　　期，第 28～34 頁。
〔註115〕《高麗史》，第 32 卷，《忠烈王世家》，丁未三十三年九月癸酉。

年 9 月忠烈王、齊國大長公主夫婦入元一行。〔註116〕這一時期，元朝還兩次
賜予高麗王妃姑姑冠。姑姑冠，以木條作框架，用樺樹皮轉合縫製而成，下爲
圓筒形，上爲「Y」形，外包飾褐色印金團花錦，乃是蒙元時期蒙古貴族婦女
流行的冠飾。〔註117〕忠宣王曾請求元朝賜予自己寵愛的忠烈王妃淑妃金氏姑
姑冠。1311 年 2 月，元皇太后遣人到高麗賜姑姑冠。同年 12 月，元朝又賜給
忠宣王妃順妃許氏姑姑冠。順妃乃中贊許珙之女，嘗嫁平陽公王昡。1308 年，
忠宣王納之，後冊爲順妃。關於此次賜冠原因，史料沒有詳細記載，但從「後
淑妃得倖，順妃之女入侍皇太子（元仁宗）」〔註118〕，且 1335 年 9 月順妃死
後元朝又遣使到高麗會葬這些事實來看，顯然是與順妃之女在元朝受寵有關。

　　掠奪物品。這一時期元朝對高麗物品的掠奪，主要有三種方式。一是直
接遣使索要，主要是供皇室使用的奢侈品。二是高麗國王、公主頻繁入元，
帶去大量禮品。如 1296 年 9 月至 1297 年 5 月期間忠烈王夫婦入元朝覲時，
送給元成宗方物金瓶、金鐘二事，鍍銀壺、銀湯瓶各一事，銀盞一副，銀胡
瓶、銀大樽各一事，半鍍銀胡瓶二事，銀大鐘一事，銀盂五十事，虎、豹皮
各十三領，水獺皮七十六領，紫羅十匹，白苧布一百匹，玳瑁鞘子一十。三
是高麗主動向元朝進獻物品。如 1294～1308 年，即忠烈王在位期間，高麗先
後 23 次主動進貢，包括鷹、鶊、鵰、鶻、野雉、皮貨、牛肉、苧布、人參、
酥油、金銀、瓷器、金畫、佛畫、藏經、紙張等。

　　頒行鈔法。這一時期，爲應付財政困難局面，元朝多次改革鈔法。1309
年 9 月，元武宗改行至大銀鈔。1311 年 4 月，元仁宗下令廢止至大銀鈔，重
行中統、至元鈔法。1349 年，脫脫再發至正寶鈔。與此同時，鑒於元朝寶鈔
在高麗國內特別是王室擁有很大的使用主體，且爲了使高麗遵從元朝宗主國

〔註116〕據《高麗史》記載，1296 年 9 月忠烈王夫婦入元後，元成宗賜予忠烈王金 4
　　　　錠、金段 2 匹、絹 2 匹，賜從臣銀 50 錠、金段 18 匹、繡段 10 匹、綾素段
　　　　578 匹、絹 486 匹，賜婦寺綾、絹各 27 匹，僕從木綿、絹各 411 匹。同月，
　　　　又賜給忠烈王弓矢和劍，賜從臣弓 38、矢 500。1297 年 1 月，再賜忠烈王御
　　　　鞍，又賜從臣每人 1 鞍。一個月後，元朝皇太后又因忠烈王生日而賜羊 40
　　　　頭、鵝 10 首，並賜內醞。3 月，皇太后給忠烈王夫婦餞行時，賜給金段衣，
　　　　同時賜從臣三品以上二十人金段衣各一。後又賜從臣金段 100 匹、綾素 800
　　　　匹。3 月戊辰，元成宗賜予葡萄酒，幾天後，皇太后又賜給鞍馬等。其數量
　　　　之盛，頒賜之頻繁，實屬空前。
〔註117〕萬麗敏：《淺論元代姑姑冠的製作材質及其保護》，《內蒙古文物考古》2004
　　　　年第 1 期，第 92～93、96 頁。
〔註118〕《高麗史》，第 88 卷，《后妃傳》。

地位，元朝多次將新鈔法頒行高麗。如 1309 年 10 月，元朝派遣行省郎中忻豆告知高麗始行至大銀鈔。1311 年 6 月，元朝再次以復中統、至元鈔法遣使頒詔於高麗。

徵調賑災糧食。元朝在遼瀋地區出現饑荒時，一般命令高麗給予賑濟。1294 年 10 月，遼陽行省所屬九處發生水災，百姓飢饉。鑒於當年東征日本時在高麗江華島儲藏了十萬石軍糧，元朝要求高麗以五萬石接濟遼瀋。但是，東征糧草已在征伐日本時使用，瞬間提供五萬石軍糧幾無可能。1295 年 2 月，高麗請求減少運糧數量，但元朝未予准許，高麗不得不努力籌措。同年 3 月，輸送糧米一萬石到達遼瀋。4 月，再次輸送糧米一萬二千一百八十石。高麗雖盡力籌辦，但最終無法完成五萬石的要求。1295 年 4 月，高麗再次請求減少輸糧數量，元成宗允許減少兩萬石，高麗隨即將八千多石糧食運往遼瀋，基本完成元朝要求。

推刷高麗流民。元朝中後期，高麗大批流民進入雙城和遼瀋地區。元成宗即位後，忠烈王提出了歸還高麗流民的請求。元成宗給予准許，「己未年（1259）以來被虜及流徙人，可遣使與遼陽行省分揀歸之」。〔註 119〕此後，元仁宗又多次應高麗之請，派人協同高麗推刷流入雙城和遼瀋人口。但由於雙城和遼瀋地區地方官員抵制等因素，「每緣土官占吝，刷之不悉。又予至治元年入朝以後，五載之間，國人失於防閑，逃入遼瀋、開元地面不知其數」，〔註 120〕推刷效果並不顯著。1325 年，忠肅王再次寄書元中書省，要求元朝繼續刷還高麗流民，但並未得到元朝回應。

3、軍事上

徵兵。1328 年 7 月，元泰定帝病死，天順帝與文宗之間發生戰爭，史稱兩都爭位。天順帝以上都為根據地，集合了隨駕大軍、遼王脫脫兵馬及遼東諸王軍隊，勢力強大；元文宗則盤踞於大都，以燕帖木兒率領的欽察衛軍為基礎，並從各地調集軍隊。為取得戰爭勝利，文宗於 1328 年 9 月派遣洪伯顏不花等到高麗徵兵助戰，不久兩都之戰結束，高麗從而也未能出軍助戰。

處理驛站事務。元朝驛站制度規定，反應用驛站者給以璽書，遇有軍務

〔註 119〕《高麗史》，第 31 卷，《忠烈王世家》，甲午二十年五月。
〔註 120〕崔瀣：《拙藁千百》，第 2 卷，《國王與中書省請刷流民書》，見於韓國民族文化推進會編：《韓國文集叢刊》，第 3 編。

等重大緊急事件，可憑金字圓符爲信，銀字次之。到元朝中後期，王公貴族往往不用牌符，濫用驛站設施，任意增乘驛馬，多求索食，致使驛站負擔過重，站戶貧乏，紛紛逃亡。爲整頓驛站，1307年，元武宗下令，諸王、公主、駙馬、使臣給璽書驛券，不許輒用圓符乘驛。1308年4月，元樞密院又上奏，「諸王各用其印符乘驛，使臣旁午，驛戶困乏。宜準舊制，量其馬數，降以璽書」，〔註121〕元武宗准奏。與此同時，元朝將這一命令頒行高麗，禁止高麗供給元朝諸王、駙馬私用驛馬。幾年後，元朝還因私乘驛馬遣使杖責高麗王室人員。〔註122〕

4、文化上

佛事交流與掠奪。元代諸帝大多重視佛教，大興法事、廣建寺院、修補藏經、厚賜僧侶，致使佛教極爲興盛，「今國家崇尚象教，古昔莫能加」。〔註123〕鑒於兩國最高統治階層在佛教信仰上的共同興趣，元朝和高麗在這一時期佛教交流增多，主要表現爲元朝多次派人到高麗爲國王轉讀藏經和降香。值得注意的是，元朝到高麗轉讀藏經和督寫金字藏經時，並非完全由高麗一方出資辦理，往往是元使攜帶香幣赴麗。如1300年12月伯顏忽篤不花到高麗轉讀藏經時，攜帶香14斤、匹段30匹、絹300匹、鈔864錠；1310年6月高麗人方臣祐奉命督書金字藏經時，又攜帶皇太后賜予的金薄60餘錠。這一時期，雙方在展開佛教交流的同時，也出現了元朝通過佛事掠奪高麗的現象。一是多次向高麗徵求寫經僧人和寫經紙張。二是令高麗造船運輸營造佛寺木材。1309年，元皇太后欲營建佛寺，高麗人洪重喜、洪重慶奏言長白山木材質好量足，建議瀋陽軍隊砍伐後順鴨綠江而下，然後通過高麗轉輸元朝。爲此，遼陽行省令高麗造船百艘，並輸送糧米三千石，導致高麗「弊不可言」。〔註124〕元朝爲滿足皇室需求要求高麗派遣寫經僧、上貢寫經紙和造船輸木，

〔註121〕《元史》，第22卷，《武宗本紀》，至大元年四月辛亥。

〔註122〕王璹出身高麗王室，於1310年受封順正君。因其妹受元仁宗寵幸，入元授翰林學士。王璹憑藉高麗王室和元朝皇室宗親身份，「多行不法，見王亦倨傲無禮」。(《高麗史節要》，第24卷，《忠肅王》，丙辰三年四月) 1316年，高麗西海道發生災荒，王璹趁機廣奪土地，導致民眾流徙、州郡空虛。後來王璹又「矯制起驛馬，又於遼陽望海等地影占人戶二百餘口」。(《高麗史》，第90卷，《宗室傳》，之「王璹」) 1319年1月，元朝派斷事官中檠哈里哈赤、令史丘友直審判王璹，拘於征東行省，杖擊五十七而罷。

〔註123〕虞集：《敕賜黃梅重建五祖禪師寺碑》，《全元文》，第886卷。

〔註124〕《高麗史節要》，第23卷，《忠宣王》，己酉元年三月。

已經超出了文化交流的範圍，與掠奪和役使高麗結合在一起，體現出本時期元朝對高麗統治全面加強這一特徵。

元朝徵求的大量高麗寫經僧人，不僅把高麗的刻經、寫經技術帶到元朝，而且往往由於其高深的佛教造詣受到元朝皇室的重視，在中國住持佛寺，如高麗金山寺住持海圓等。1305 年，元朝安西王遣使到高麗徵寫經僧，海圓「應其命入觀」，後隨安西王戍衛朔北。元武宗即位後，「率徒弟食廩，春秋時則令扈駕」。〔註125〕後來被任命住持元大都大崇恩福元寺，前後二十九年，榮耀無比。此外，元朝屢次降香，也促進了高麗佛事的繁盛，「天子之使，降香幣絡繹於道，而四方士女，不遠千里，牛載馬馱，背負首戴，供養佛僧者踵相躡也」，〔註126〕一派香火興隆的景象。元朝將佛書賜予高麗或施緝錢於高麗寺院，其目的雖是爲皇室祈福，但在客觀效果上同樣促成了高麗佛教的興盛。如 1327 年元朝派司徒剛塔里、中政院使忽篤帖木兒以僧人性澄、寺人允堅等所進佛書一藏歸於清平山文殊寺時，令其施以緝錢，取其息以「爲皇太子、皇子祈福」，並「各取其誕辰，飯僧閱經，歲以爲凡」，〔註127〕使文殊寺朗誦佛經等佛事得以定期舉行。

典籍交流。高麗一向重視中國漢學經典，這一時期多次到元朝購買。高麗成均館提舉司曾派博士柳衍等人到中國江南購書，後來未達而船壞，柳衍等赤身登岸，當時高麗判典校寺事洪瀹恰在南京，在資助柳衍購買經籍 10800 卷歸國後，又上奏元朝請求賜書。1314 年 7 月，元仁宗應洪瀹之請，賜予高麗大批書籍，「四千三百七十一冊，共計一萬七千卷，皆宋秘閣所藏」，〔註128〕開元朝賜書高麗之先例。高麗忠宣王長期寓居大都，鑒於「京師文學之士，皆天下之選，吾府中未有其人，是吾羞也」，〔註129〕遂建萬卷堂並收藏有大量漢文典籍，以此結交漢族士人，唱和吟詠。此外，因編修宋、遼、金三國正史，1343 年 5 月，元朝還遣使高麗索要宋、遼、金三國史書，促進了兩國在典籍文化上的交流。

〔註125〕李穀：《稼亭集》，第 6 卷，《大崇恩福元寺高麗第一代師圓公碑》，見於韓國民族文化推進會編：《韓國文集叢刊》，第 3 編。

〔註126〕李穀：《稼亭集》，第 3 卷，《拗置金剛都山寺記》，見於韓國民族文化推進會編：《韓國文集叢刊》，第 3 編。

〔註127〕李齊賢：《益齋亂藁》，第 7 卷，《有元高麗國清平山文殊寺施藏經碑》，見於韓國民族文化推進會編：《韓國文集叢刊》，第 2 編。

〔註128〕《高麗史》，第 34 卷，《忠肅王世家》，甲寅元年七月甲寅。

〔註129〕《高麗史》，第 110 卷，《李齊賢傳》。

　　科舉交流。元仁宗即位後，於 1313 年詔行科舉，確定「以皇慶三年八月，天下郡縣興其賢者、能者，充貢有司。次年二月，會試京師，中選者親試於廷，賜及第出身有差」，〔註130〕使至元以來屢次停廢的科舉制度正式施行。與此同時，元朝通知高麗定行科舉，令其選拔人才參加考試，並將科舉程序移牒高麗。高麗受唐影響，自光宗朝（949～975）始行開科取士，「三國以前未有科舉之法，高麗太祖首建學校，而科舉取士未遑焉。光宗用雙冀言以科舉選士，自此文風始興。大抵其法，頗用唐制」。〔註131〕此後，高麗堅持奉行科舉考試，「不墜古風」〔註132〕。元朝通告高麗再行科舉後，高麗士人歡欣鼓舞，「矧今聖元右文，再下科詔，業文之士皆持滿賈勇，爭欲角枝於戰藝之場」。〔註133〕1315 年 1 月，忠肅王賜朴仁幹等及第，隨即遣其入元參加科舉考試，成為高麗參加元朝科舉考試的第一批文人。此後，參加元朝科舉逐漸發展成為一種潮流，「今我皇元，巍巍赫赫，始以武功定天下，今以文理洽海內，起鈞築而當鈞衡，棄草茱而談道義者，不知其幾何。男兒不可守一鄉局一事也，吾將北學於中國，仍誦小雅伐木篇出於幽谷，遷於喬木，未嘗不三復也」。〔註134〕高麗多俊才之士，許多人在元朝及第。〔註135〕其中，有朴仁幹、安震、安軸、崔瀣、李衍宗、趙廉、崔龍甲、李穀等人鄉試及第，安震、崔瀣、安軸、趙廉和李穀等人又廷試及第，隨即在元朝出仕，如崔瀣和安軸出任遼陽路蓋州判官，趙廉出任遼陽路總管知府事，李穀出任翰林國史院檢閱官等。其中李穀還奉元順帝之命於 1334 年出使高麗，頒詔勉勵興辦學校，促進了兩國在科舉事務上的交流。

　　理學交流。程朱理學在這一時期傳入高麗。忠宣王在元大都建立萬卷堂後，聘請巨儒閻復、姚燧、趙孟頫、虞集等人與高麗大儒李齊賢一起研究性

〔註130〕《元史》，第 24 卷，《仁宗本紀》，皇慶二年十一月。
〔註131〕《高麗史》，第 73 卷，《選舉志》。
〔註132〕《高麗史》，第 110 卷，《金臺鉉傳》。
〔註133〕李穀：《稼亭集》，第 9 卷，《賀崔寺丞登第詩序》，見於韓國民族文化推進會編：《韓國文集叢刊》，第 3 編。
〔註134〕李穀：《稼亭集》，第 8 卷，《送金同年東陽遊上國序》，見於韓國民族文化推進會編：《韓國文集叢刊》，第 3 編。
〔註135〕根據張東翼等人的研究，在元朝實行的 16 次科舉考試中，每次有 50～100 名參加考試，總共有 1139 人及第。其中高麗人參加考試 13 次，每次 1～2 人參加考試，前後共有 17 人及第。參見張東翼：《高麗後期外交史研究》，一潮閣 1994 年版，第 174～175 頁。另見於桂棲鵬：《元代科舉中的高麗進士》，《元代進士研究》，蘭州大學出版社 2001 年版，第 153～162 頁。

理學。13 世紀末，高麗名儒安珦隨忠宣王赴元，得到新刊朱熹《四書集注》帶回國，在太學教授朱子學，成爲朱子學在高麗傳播的開端。〔註 136〕忠宣王侍臣白文節也到元朝學習理學，帶走大量程朱著作，後在太學傳授李齊賢、朴忠佐等人，「時程朱之學始行中國，未及東方。頤正在元得而學之東還，李齊賢、朴忠佐首先師受」。〔註 137〕

習俗交流。高麗國王自忠宣王起一直到恭愍王，都取有蒙古名字。忠宣王名益利理普化，忠肅王名阿剌訥武失里，忠惠王名普塔失理，忠穆王名八思麻朵兒只，忠定王名迷思監朵兒只，恭愍王名伯顏帖木兒，還有瀋王名完澤禿。在服飾習慣上，自忠烈王起王室服髮改宗蒙古，「事元以來，開剃辮髮，襲胡服，殆將百年」。〔註 138〕此外，1314 年元仁宗詔定國內官員士庶衣服車輿制度後，高麗也按照標準定本國貴賤服色。在禮儀上，隨著兩國關係的緊密化，高麗上層社會亦都用蒙古禮儀，宴飲時則奏胡樂。高麗王室還經常舉行狩獵活動，並專門設立鷹坊養鷹鶻以供狩獵。

其他文化交流。這一時期，兩國在書法、曆法、詩歌、語言文字等領域展開交流。書法方面，高麗李齊賢等人赴元回國時帶走了大量趙孟頫眞跡，高麗人爭相摹仿，一時成爲風尚。曆法方面，忠宣王因元朝《授時曆》準確先進，命高麗學者崔誠之到元朝「求師授業，盡得授時曆術」，〔註 139〕進而東傳高麗長期使用。詩歌方面，大量高麗文人來到元朝，與中國文人吟詩詠唱，如李齊賢在中國多地遊歷，「所至題詠，膾炙人口」。〔註 140〕元朝部分赴麗使臣也充當了文化使者的角色，如 1304 年 6 月，時在高麗的元使林元伴忠烈王視察國學大成殿，即興作文，「七管諸生具冠服迎謁於道，獻歌謠。王入大成殿謁聖，命密直使李混作入學頌，林元作愛日箴，以示諸生」，〔註 141〕促進了兩國文化交流。文字方面，忽必烈曾令帝師八思巴以藏文字母爲基礎創立蒙古文字，即八思巴文字，並規定「自今以往，凡有璽書、頒降，並用蒙古新字，仍以其國字副之，所有公式文書，咸遵其舊」。〔註 142〕對於新行的蒙古字，

〔註 136〕顏培建：《高麗與蒙元的漢文化交流》，《南陽理工學院學報》，2010 年第 2 卷第 5 期，第 61～63 頁。
〔註 137〕《高麗史》，第 106 卷，《白頤正傳》。
〔註 138〕《高麗史》，第 72 卷，《輿服志》。
〔註 139〕《高麗史》，第 108 卷，《崔誠之傳》。
〔註 140〕《高麗史》，第 110 卷，《李齊賢傳》。
〔註 141〕《高麗史》，第 32 卷，《忠烈王世家》，甲辰三十年六月丙戌。
〔註 142〕《大元聖政國朝典章》，《詔令》，第 1 卷，《典章》，第 1 之「行蒙古字」。

高麗人無法辨認，1273 年 1 月元使到高麗宣讀詔書時「其文用新制蒙古字，人無識者」。〔註143〕爲使政令暢通，元朝在國內遍設蒙古字學校的同時令高麗學習蒙古新字。1295 年 1 月，蒙古字教授李忙古大被遣往高麗。

第四節　本時期兩國宗藩關係的特點

第一，元朝改變了「世祖舊制」規定的對麗政策，大大強化對高麗的控制

元朝中後期，對於高麗王位繼承，不再局限於授予高麗國王即位合法性和在高麗國王即位時遣使冊封，而是按照元朝意願多次責令現任國王退位和下任國王上任，甚至直接逮捕高麗國王。對於征東行省，元朝將其作爲控制和干涉高麗內政的權力機關，通過增派行省官員，強化左右司權力，深入干涉高麗內政。在幾次立省風波中，或欲將征東、遼陽兩個行省合併爲同一行省，消滅高麗國家，抹殺其自主性；或欲將高麗設置爲獨立行省，使高麗與元朝內地其他行省處於同一體制下，將高麗內屬化。〔註144〕元朝公主繼續監督和干涉高麗內政，元朝或因公主訴訟遣使責問，或屢屢遣使賜予公主物品以示寵信，或在公主死後遣使弔唁和查證死因等，都在維繫元朝公主在高麗王室的崇高地位，以達到監督高麗國王和高麗內政的目的。而且，對於高麗發生的涉及兩國關係的重大事件，元朝出於強化宗藩關係、深入控制高麗的考慮，大都迅速遣使赴麗直接問訊，而且往往凌駕於高麗法律之上，將有關人等直接押送入元調查，對高麗國內政治的一舉一動瞭如指掌。元朝將國內施行的鈔法、驛站、服色、科舉、文字等政策一併頒行高麗，則是從形式上將高麗等同於內地行省。通過上述措施，元朝對兩國宗藩關係中單方面支配權的強調發揮到極至，元朝使臣的所做作爲又在客觀上加劇了這一趨勢，最終導致了高麗雖然在外型上是元朝外藩，但在實際上幾乎已經成爲元朝內屬。〔註145〕

元朝中後期能夠加強對高麗的直接控制，其原因大致有二。其一，元朝中後期的二元政治文化中，內蒙外漢的模式被強化，雖然也不乏崇尙漢儒文

〔註143〕《高麗史》，第 27 卷，《元宗世家》，癸酉十四年正月壬戌。
〔註144〕王明星：《元朝高麗內屬政策的出臺和失敗》，《朝鮮·韓國歷史研究》，第 11 輯，第 119～134 頁。
〔註145〕張東翼：《高麗後期外交史研究》，一潮閣 1994 年版，第 116 頁。

化的皇帝，但與忽必烈時期採取漢法的積極態度相比，這一時期元朝對漢法的態度大多是消極應付、粉飾太平。在對藩屬國的政策上，也相應地減少了忽必烈時期懷柔政策的比重，蒙古式的粗暴干涉再次成爲對麗政策的主流，而且由於元朝皇位更替頻繁，內政動蕩不安，其對麗政策張弛不一，具有很大的隨意性，缺乏忽必烈時期一以貫之的連續性。其二，這一時期高麗對元朝依附性增強，兩國統治階層政治關係密切，高麗國王爲謀求元朝支持、加強對國內統治頻繁親朝，元朝公主坐鎮國中與元朝遙相呼應，大批貢女、太監以及附元勢力入元，使元朝能夠清楚地瞭解到高麗國內政治走向，並及時採取對策。而高麗國內政局不穩，王位更替頻繁且鬥爭激烈，又爲元朝直接干涉和控制高麗提供了現實基礎。

第二，元朝對高麗的掠奪和壓迫，加深了高麗人民的苦難，加劇了高麗內政的混亂

　　這一時期，通過遣使索要和高麗主動進貢，大批高麗特產源源不斷進入元朝，使高麗經濟負擔依然十分沉重，如進獻鵠肉一項，因高麗鵠多出於河陽、永州之地，元朝每年派人搜取，致使「騷擾一方，民甚苦之」。〔註146〕

　　元朝屢次索要貢女，則更爲深刻地影響到了高麗內政。元朝中後期中央政府和諸王索要高麗貢女，次數頻繁且數量巨大，「東人子女被刮西去無虛年，雖王親之貴，不得匿」。〔註147〕被選爲貢女，就意味著將永別親人流離他鄉，前途十分渺茫，因此每逢遴選童女，高麗就出現了一幕幕生離死別的場面，「既在其選，則父母宗族相聚哭泣，日夜聲不絕。及送於國門，牽衣頓僕，欄道呼號，悲痛憤懣，有投井而死者，有自縊者，有憂愁絕倒者，有血泣喪明者，如此之類，不可殫記」。〔註148〕元朝的索求和高麗爲此統制國內婚姻的政策，致使高麗雞犬不寧，民怨沸騰：「每有使臣至自中國，便失色相顧曰：胡爲乎來哉，非取童女者耶？非取妻妾者耶？已而軍吏四出，家搜戶捫，若或匿之則繫累其鄰里，縛束其親族，鞭撻困苦，見而後已。一遇使臣，國中騷然，雖雞犬不得寧焉。及其聚而選之，妍醜不同，或啖其使臣而飽其欲，雖美而捨之，捨之而他求。每取一女，閱數百家，唯使臣之爲聽，莫或敢違，

〔註146〕《高麗史節要》，第31卷，《忠烈王》，甲午二十年十二月戊戌。
〔註147〕崔瀣：《拙藁千百》，第2卷，《壽寧翁主金氏墓誌》，見於韓國民族文化推進
　　　　會編：《韓國文集叢刊》，第3編。
〔註148〕《高麗史節要》，第25卷，《忠肅王》，乙亥四年閏十二月。

何者？稱有旨也。如此者，歲再焉，或一焉，間歲焉，其數多者，至四五十。」〔註149〕於是高麗之民「生女或不欲舉，年長者不敢適人，憤怨感傷，無所伸訴」。〔註150〕此外，在搜羅貢女過程中，高麗也有一些小人趁機報復他人，更加重了高麗的騷亂。如1298年1月，忠烈王令巡馬所採選良家婦女以進獻元帝和使臣，要求百官將有女之家密奏有關部門，於是一些睚眥必報者「雖無女亦指之，以致騷擾，雞犬不得寧焉，潛納壻者頗多」。〔註151〕

由於高麗女子「婉媚，善事人」，入元後很快就得到統治階層的賞識，「至則立見奪寵也」，〔註152〕導致元朝一度出現流行蓄養高麗女子的風氣，「北人女使，必得高麗女孩童。家僮，必得黑廝，不如此謂之不成仕宦」。〔註153〕因此，隨著貢女制度的發展和完善，許多高麗貢女在元朝進入宮廷、王室和達官貴人上層集團，部分高麗人也因女兒入侍元朝而與元朝權力階層結成了共同利益關係，如1309年3月，高麗參理金深被元朝封爲高麗都元帥，趙瑞爲副元帥，其原因就是「時深女入侍於帝得倖，瑞女亦被選適元寵臣故拜」。〔註154〕這些與元朝高層結成婚姻關係的高麗人成爲附元勢力，他們在國內大多居於高位，享有特權，與人發生紛爭時往往將元朝勢力一同牽扯進來，加劇了高麗內政的混亂，元朝遣使問訊奇三萬事件就是最突出的表現。再如高麗尙書李德守之女早年被遴選入元，成爲元朝寵臣愛妾，後來李德守與左右承旨蔡宗璘爭奪奴婢，李德守通過元朝寵臣上奏皇帝，元朝就立即派遣工部尙書哈剌臺囚禁蔡宗璘兄弟於征東行省。

元朝長期掠奪貢女的行爲和因此對高麗內政的深刻影響，日益引起高麗反對。到元順帝時期，這一傾向更加明顯。1335年，高麗典儀副令李穀上書元御史臺，極言童女徵求政策之弊端，認爲「夫人之生子，鞠之育之，將以望其反哺也」，乃爲華夷共同之天性，但是元朝索要童女，導致「高麗之人，生女者即秘之，惟慮不密，雖比鄰不得見」，與聖訓格格不入，「今以堂堂天朝，豈不足於後庭而必取之外國乎？雖承恩於朝夕，猶懷父母鄉黨，人之至情也。而乃置之宮掖，慾期虛老，時或出之，而歸之寺人，終無嗣者十之五

〔註149〕《高麗史》，第109卷，《李穀傳》。
〔註150〕蘇天爵：《滋溪文稿》，第26卷，《章疏》之「災異建白十事」。
〔註151〕《高麗史》，第31卷，《忠烈王世家》，戊戌二十四年正月壬寅。
〔註152〕權衡：《庚申外史》，戊戌至正十八年。
〔註153〕葉子奇：《草木子》，第3卷，下，《雜制篇》。
〔註154〕《高麗史節要》，第23卷，《忠宣王》，己酉元年三月。

六，其怨氣傷和，又何如也？事有小弊而爲國之利者，容或有之，然不若無弊之爲愈也，況無益於國家，取怨於遠人，其爲弊不小者哉」，因此希望元朝不再索要貢女，「伏望渙發德音，敢有冒干內旨，上瀆聖聽下爲己利而取童女者，及使於其國而取妻妾者，明示條禁，絕其後望，以彰聖朝同仁之化，以慰外國慕義之心，消怨致和，萬物育焉，不勝幸甚。」〔註155〕

　　元朝有識之士也對索取貢女表示不滿，御史臺都事蘇天爵在上奏元順帝的《災異建白十事》中爲貢女一事單獨列出一條，詳列其害：「國家之治，當一視而同仁。夫以高麗爲國，僻居海隅，聖朝肇興，首效臣節。世祖皇帝嘉其勤勞，釐降公主，蓋所以懷柔小邦，恩至渥也。比年以來，朝廷屢遣使者至於其國，選取子女，求娶妾媵，需索百端，不勝其擾。至使高麗之民，生女或不欲舉，年長者不敢適人，憤怨感傷，無所伸訴。」並將索取高麗貢女與元朝當時在遼東地區發生的歲歉民饑相結合，認爲「方今遼東歲歉，民適告饑，和氣之傷，或亦由此」，因此建議「今後除內廷必合取索外，其餘官員敢有不經中書擅自奏請取索高麗女子，及因使其國娶妻妾者，擬合禁治。庶幾彰國家同仁之治，慰小邦向化之心」。〔註156〕1335年3月，元御史臺上奏，「高麗爲國首效臣節，而近年屢遣使往選媵妾，至使生女不舉，女長不嫁，乞賜禁止」。〔註157〕在高麗和元朝大臣共同要求下，元順帝終於同意禁止遣使赴麗索取貢女，貢女制度開始走向衰落。

　　元朝索要宦官的影響也與此類似。高麗本來不用腐刑，官宦來源主要是「在襁褓爲狗所啗者」，這些宦官一般只擔任宮闈永巷之任，不得拜參官職。自忠烈王時代貢獻高麗宦官後，高麗太監在元朝逐漸接近權力核心，「頗得執侍閨闥，出納帑藏」。隨著元朝政治紊亂，高麗宦官用事朝廷，「此輩或官至大司徒者，遙授平章政事者，其次皆爲院使司卿，姻婭弟侄，並受朝命，第宅車服，潛擬卿相，富貴光榮，漢南閹人所不及」。〔註158〕

　　由於高麗宦官在元朝擁有顯赫地位，因此成爲高麗國王和大臣殷勤結交的對象，「國家每有奏請，必賴其力」。高麗國王礙於其權勢，在高麗則不得不復其家、官其族，如忠宣王在1311年因方臣祐故擢其父方得世爲尙州牧使。

〔註155〕《高麗史》，第109卷，《李穀傳》。
〔註156〕蘇天爵：《滋溪文稿》，第26卷，《章疏》之「災異建白十事」。
〔註157〕《元史》，第38卷，《順帝本紀》，至元元年三月庚子。
〔註158〕《高麗史》，第122卷，《宦官傳》。

高麗還提高這些附元勢力家鄉的行政地位。忠烈王因宦官李大順有寵於元，對其故鄉蘇泰縣「以縣爲居鄉，升知泰安郡事」，〔註159〕忠宣王時又「升蘇泰爲泰安郡，封大順泰安府院君」。〔註160〕

　　元麗兩國統治階層對待高麗宦官的態度，使高麗宦官在兩國都權傾一時，高麗殘忍僥倖之徒因而爭相仿傚，「父宮其子，兄宮其弟，又其強暴者，小有憤怨，輒自割勢，不數十年間，刀鋸之輩甚多」，〔註161〕紛紛流入元朝。從元朝中後期開始，在元高麗宦官中有一部分開始奉使本國，他們氣焰薰天，肆意踐踏和干涉高麗內政，如李淑等。「李淑，小字福壽，平章郡人，母太白山巫女。淑有寵于忠烈，封壁上三韓正匡平章君，選入元爲太監，王有所奏，請淑有功，王待甚厚」。〔註162〕1304年11月李淑奉御香到高麗，請求忠烈王以其愛妓之子鄭承桂爲內乘別監，忠烈王雖口頭答應卻未予任用，結果李淑怒不可遏，忠烈王答應之後，方才作罷。

第三，面對元朝深入干涉，高麗國王積極爭取國家利益和統治權益

　　一是運用「世祖舊制」和駙馬國地位，以求在法理上維護獨立，在現實中爭取權益。元朝中後期諸帝大多標榜謹遵世祖成憲，因此高麗在處理危及本國利益問題時多次強調「世祖舊制」，以獲得法理和輿論上的支持。而駙馬國的地位，則是高麗維護權益的另一有力工具。在元朝，「蒙兀駙馬之親等於王室」，〔註163〕作爲元朝駙馬，高麗國王可以比照黃金家族待遇，去元朝時一般由皇族出面迎送，宴會也座次靠前；〔註164〕還有機會參加忽里臺會議共議國是，〔註165〕甚至可以獲得其他駙馬沒有的權利，〔註166〕可謂寵眷殊異。憑藉「世祖舊制」和駙馬國地位，高麗多次逢凶化吉。如1323年柳清臣等人策動立省時，

〔註159〕《高麗史》，第56卷，《地理志》。
〔註160〕《高麗史》，第122卷，《李大順傳》。
〔註161〕《高麗史》，第122卷，《宦者傳》。
〔註162〕《高麗史》，第122卷，《李淑傳》。
〔註163〕屠寄：《蒙兀兒史記》，第151卷。
〔註164〕如1300年忠烈王在元成宗舉辦的只孫宴（「只孫，華言顏色，赴會者衣冠皆一色」）上就位居諸王、駙馬之四。《高麗史》，第31卷，《忠烈王》，庚子二十六年六月壬子。
〔註165〕孟古托力：《蒙元與高麗關係述論》，《北方文物》，2000年第4期，第60～69頁。
〔註166〕如1294年忽必烈去世時，忠烈王「非國人不敢近，唯高麗得與焉，故王之從臣，雖輿臺之賤，出入無禁」。《高麗史》，第31卷，《忠烈王世家》，甲午二十年正月癸酉。

高麗立即上書元英宗，首先回顧了元宗對蒙元的忠誠不二，「己未年，世祖皇帝班師江南，忠敬王知天命之有歸、人心之攸服，跋涉六千餘里迎拜於汴梁之地……」，接著強調忠烈王成爲元朝駙馬、世祖承諾不改舊制，「忠烈王亦躬修朝覲，未嘗少懈，故得釐降公主世爲駙馬，而不更舊俗以保其宗社，繫世祖皇帝詔旨是賴」，然後重申元世祖在征東行省問題上確立的制度，「當其立天下各處行省，獨於小邦不置，後因東征日本，雖有名額，不拘常選」，最後轉入正題，認爲元朝使高麗比內地的政策不僅違背世祖舊制，而且有悖列祖聖明，「今聞朝廷欲於小邦立行省比諸路，若其果然，其如世祖皇帝詔旨何？其如列聖存恤之意何？……今將四百餘年之業一朝而廢絕，其他外國未有寸功於朝廷者朝廷將何以處之？又其如中統、至元之體何？」〔註 167〕在元朝大臣聲援下，高麗這一策略果然取得成效，元英宗最終沒有同意柳清臣等人的主張。

　　二是積極參與元朝政治以獲取政治支持，從而維護統治權益。這一時期，高麗國王頻繁入朝，有的國王甚至長年滯留中國，爲接觸元朝中央政治提供了現實條件。爲了維護在國內的統治地位，獲取來自元朝最高統治階層的支持，高麗國王積極參與元朝政治。前述忠宣王退位入元後，努力經營與元武宗、元仁宗關係，並在擁立武宗中建立大功，以此換取了在與其父忠烈王政治鬥爭中的絕對優勢，對國內控制力度明顯增強，不僅受封瀋陽王，而且入中書省參議政事，在忠烈王病死後又順利歸國即位。但元朝中後期政局險惡，忠宣王再次滯留元朝後，繼續積極參與元朝政治，不幸捲入了元英宗與答己爭鬥漩渦中，最終沒有擺脫流放吐蕃的悲慘命運。

　　綜上所述，元朝中後期繼承了「蒙漢雜糅」、「內蒙外漢」的二元統治模式，但歷代皇帝對於推行漢法態度日漸消極，圍繞推行漢法的矛盾與國內政治鬥爭緊密相連，使元朝中後期皇位更替頻繁、政局動蕩不安。在對高麗的統治政策上，元朝中後期在繼承忽必烈時期一些統治方式的同時，對高麗內政進行了深入的干涉，不斷突破元世祖創立的兩國宗藩關係框架，高麗雖然利用世祖舊制和駙馬國地位積極維護國家權益和統治利益，但國內政治經濟仍受到巨大影響。在這一過程中，宗主國元朝政局不穩，藩屬國高麗內政紊亂，雙方都缺乏處理與對方關係的長期戰略，宗藩關係框架面臨的挑戰增多，不穩定性大大增強。

〔註 167〕李齊賢：《益齋亂藁》，第 6 卷，《在大都上中書都堂書》，見於韓國民族文化
　　　　推進會編：《韓國文集叢刊》，第 2 編。

第四章　元麗宗藩關係的消亡

第一節　元朝走向滅亡

　　1349 年，元順帝召回脫脫，責成其繼續改革。此時元朝黃河泛濫，農民紛紛背井離鄉，社會隨之動蕩不安；再加上苛捐雜稅沉重，農民生活貧苦，社會矛盾十分尖銳。面臨這些問題，脫脫首先變更鈔法，印造「至正文鈔」，發行「至正通寶錢」，用新鈔來壓低民間的至元寶鈔，以增加國庫收入和擺脫財政危機。此舉導致物價飛漲，政府信用掃地：「行之未久，物價騰踊，價逾十倍。又值海內大亂，軍儲供給，賞賜犒勞，每日印造，不可數計。舟車裝運，軸轤相接，交料之散滿人間者，無處無之。昏軟者不復行用。京師料鈔十錠，易斗粟不可得。既而所在郡縣，皆以物貨相貿易，公私所積之鈔，遂俱不行，人視之若弊楮，而國用由是遂乏矣。」〔註1〕脫脫的另外一項措施是治理黃河。根據都漕運使賈魯的建議，「必疏南河，塞北河，使復故道。役不大興，害不能已」，〔註2〕下令徵集三十餘萬民眾治理黃河。雖然取得了「龍口遂合，決河絕流，故道復通」〔註3〕的效果，但在治河過程中，官吏督工刻薄，公行貪賄，引起了百姓的極度反感，社會矛盾更加尖銳。

　　統治危機日甚一日，元朝統治階層內部仍爭鬥不休，最突出的就是奇皇后母子亂政。奇皇后，高麗人，名完者忽都，作為貢女入選元朝，「主供茗飲，

〔註 1〕 《元史》，第 97 卷，《食貨志》。
〔註 2〕 《元史》，第 186 卷，《成遵傳》。
〔註 3〕 歐陽玄：《至正河防記》，《全元文》，第 1099 卷。

以事順帝」，〔註4〕很快得到元順帝寵愛，生子愛猷識理達臘。忽必烈雖曾明令禁止立高麗女子爲妃，「初世祖皇帝家法，賤高麗女子，不以入宮」，〔註5〕但元順帝違背祖制，亦不顧及大臣激烈反對，〔註6〕立奇氏爲第二皇后。隨著愛猷識理達臘年齡的增長，對權力的渴求逐漸急切。奇氏母子與丞相搠思監、宣政院使脫歡和高麗籍宦官朴不花相勾結，勢力迅速壯大，「根株盤固，氣焰薰灼，內外百官趨附之者十九」。〔註7〕后黨積極醖釀架空順帝，帝后之爭空前激烈。

1363年，監察御史也先帖木兒等彈劾朴不花等，要求將其罷免，由於奇皇后包庇，也先帖木兒被貶官。帝黨不甘失敗，御史大夫老的沙指使治書侍御史陳祖仁等繼續上書，極言朴不花等不法，並令臺臣以辭職爲手段向愛猷識理達臘施壓。迫於朝中輿論的巨大壓力，愛猷識理達臘不得已將朴不花罷免，但同時將陳祖仁等貶職。不久，朴不花復出，擢升爲集賢大學士、崇正院使。在激烈內鬥的同時，雙方都竭力爭取外力支持，奇皇后拉攏駐軍於太原的擴廓帖木兒，對付帝黨外援孛羅帖木兒。

1364年4月，孛羅帖木兒起兵向闕，聲言清君側之惡，要求朝廷交出朴不花和搠思監，「帝遣達達國師問故，往復者數四，言必得搠思監、朴不花乃退兵」。〔註8〕大兵壓境，朝野震動，奇皇后不得不將二人押送孛羅帖木兒，朴不花和搠思監被殺，孛羅帖木兒回軍，后黨遭遇重大挫折。爲挽回頹勢，愛猷識理達臘隨即命令擴廓帖木兒進討孛羅帖木兒。1364年7月，孛羅帖木兒大軍撲向京師，愛猷識理達臘急走太原。與此同時，擴廓帖木兒攻下大同，旋即圍攻大都。1365年，孛羅帖木兒被殺，老的沙等被擒，帝黨全軍覆沒，后黨取得勝利。

元朝變鈔開河、吏治腐敗、黨爭紛亂，引起了民眾的激烈反對。1351年，紅巾軍起義爆發，「河南妖寇韓山童、韓咬兒等始鼓亂，潁川妖人劉復通又起兵，以紅巾爲號，與其黨關先生、沙劉二、王士誠等寇掠中原，分

〔註4〕《元史》，第114卷，《后妃傳》。

〔註5〕權衡：《庚申外史》，癸酉元統元年。

〔註6〕「監察御史李泌言：世祖誓不與高麗共事，陛下踐世祖之位，何忍忘世祖之言，乃以高麗奇氏亦位皇后。今災異屢起，河決地震，盜賊滋蔓，皆陰盛陽微之象，乞仍降爲妃，庶幾三辰奠位，災異可息。不聽。」參見《元史》，第41卷，《順帝本紀》，至正八年。

〔註7〕《元史》，第204卷，《朴不花傳》。

〔註8〕《元史》，第204卷，《朴不花傳》。

據山東，其勢大振，盜賊群起，天下大亂。」〔註9〕各地農民蜂起響應，起義迅速成燎原之勢。紅巾軍進攻迅速，尤其是朱元璋率領的北伐大軍勢頭兇猛，催枯拉朽。元朝急忙從全國調集軍隊進行鎮壓，而且一度遣使到高麗徵兵參戰。〔註10〕但元朝積患已深，面對蓬勃發展的紅巾軍只能疲於應付，各地官軍失利的消息接踵而至。1368 年 1 月，朱元璋定國號為明，繼承皇位，是為明太祖。7 月末，元順帝率領後宮和百官倉皇北逃上都。8 月，明軍攻破大都，元朝滅亡。

在鎮壓紅巾軍起義過程中，元朝忙於內亂，對高麗的控制力急劇下降。元麗兩國宗藩關係建立於武力征服的基礎之上，由於元朝一直強調單方面控制權而使這種關係充滿了不穩定性和脆弱性。元朝忙於內亂之際，正是高麗擺脫宗藩關係控制之時。

第二節　高麗恭愍王改革與兩國關係

恭愍王王祺，為忠惠王之弟，早在 1341 年以江陵大君身份應召入元宿衛。1351 年在元朝娶魯國公主，同年 10 月被立為高麗國王，12 月在元朝使臣護送下歸國即位。恭愍王即位後，在支持勢力——科舉及第大臣、燕邸隨從功臣、外戚的支持下，隨即展開了大規模的改革，任命新的僉議政丞、參理、同知密直司事、密直提學、左副代言等，將附元勢力奇氏一族排斥在外；取消蒙古式的髮式和服飾；革罷政房，將官吏銓注權交給典理司和軍簿司；發表即位詔書，強調高麗的歷史與傳統；提出涉及政治、軍事、經濟、社會各個層面的改革措施，如設立田民辯整都監匡正土地兼併等。可以看出，恭愍王即位初年的改革不僅是處理高麗內政，同時也表現出了「脫元化」的傾向。這與元朝對高麗的統治政策相牴觸，於是元朝丞相脫脫於 1352 年 4 月派人告誡恭愍王，希望其不要任用「憸人」，實際上是指那些鼓動恭愍王採取「脫元化」政策的大臣。鑒於元朝威嚴和王位尚需鞏固，在 1356 年 5 月前，恭愍王未敢與元朝公開決裂，而是在國內推行改革的同時，繼續堅持奉元朝正朔、遵守宗藩關係的政策，並多次上表表示願意為元朝世守藩籬、善待奇氏一族

〔註9〕《高麗史》，第 38 卷，《恭愍王世家》，甲午三年六月辛卯。
〔註10〕「河中在元，謀復為相，會元征紅巾等賊，旁求勇士，河中請還國出兵助征，乃薦政丞柳濯、廉悌臣等有勇略，遂與李壽山先元使以來。」參見《高麗史節要》，第 26 卷，《恭愍王》，甲午三年六月。

等等，基本上是韜光養晦，待機而動。這種策略，在鄭之祥事件中表現得淋漓盡致。

鄭之祥，高麗河東郡人，恭愍王入侍元朝時隨從有功，恭愍王即位後驟升至監察持平，後爲全羅道按廉。1355 年前後，高麗人埜思不花降香高麗，橫行不法，「所至縱暴，存撫、按廉多被辱罵，莫敢違忤」。埜思不花到達全州時，身爲當地長官的鄭之祥對其態度恭謹，但埜思不花桀驚不遜，高麗接伴使洪元哲也有求於鄭之祥。鄭之祥拒絕其請，洪元哲逐讒於埜思不花，埜思不花稱鄭之祥慢待使臣將其逮捕。鄭之祥不服，聲稱「國家已誅諸奇，不復事元。命宰相金敬直爲元帥守鴨江，此使者易制耳，若等何畏而不我救？將見爾州降爲小縣也」，〔註11〕眾人感其言而將其救出。鄭之祥隨即逮捕了埜思不花和洪元哲，奪取埜思不花所佩金牌，然後入京稟告恭愍王。恭愍王聽後大驚，擅捕元使無異於宣佈與元爲敵，一旦元朝興師問罪，改革成果將毀於一旦，後果不堪設想。於是下令將鄭之祥打入監獄，將全州降格爲部曲，命令征東行省員外鄭暉逮捕全州牧使崔英起和參與此事的其他官員，又派車蒲溫攜帶美酒慰接埜思不花，還其金牌。元朝得知此事後，於 1355 年 5 月遣使審問鄭之祥，將其繼續囚禁。直到 1356 年 5 月恭愍王推行反元政策、殺盡奇氏一族之後，鄭之祥才獲釋。

1352 年 9 月，高麗贊成事趙日新聚集黨羽前贊成事鄭天起、崔和尙、張昇亮等人發動兵變，謀去奇皇后家族成員奇轍、奇輪、奇轅以及高龍普、李壽山等人，結果只誅殺了奇轅，齊氏餘黨皆逃竄。事後，趙日新包圍王宮，殺死宿衛軍士，逼迫恭愍王封其爲右政丞，給鄭天起等亂黨免罪並加封官職。對於恭愍王而言，趙日新捕殺作爲附元勢力、干政亂政的奇氏家族成員，與脫元目的一致，因此在事變初期，恭愍王並未做過多干涉。但後來趙日新產生不臣之心，嚴重損害了恭愍王的利益。幾天後，恭愍王借征東行省之手斬殺了趙日新及其黨羽，鎮壓了趙日新之亂。趙日新之亂使奇皇后大爲震怒，1352 年 12 月，元朝遣使赴麗問訊，並將當時在大都的趙日新之子丑廝押送回麗。1353 年 3 月，元朝再次遣使到高麗處理此事，誅殺了趙日新黨羽鄭天起、高忠節等，將其他相干人等一併流放，並將趙日新之妻罰爲人奴。

1353 年 6 月，元順帝冊封奇皇后所生愛猷識理達臘爲皇太子，以奇氏一族爲首的高麗附元勢力再次擡頭、力量急劇膨脹。一直圖謀脫離兩國宗藩關

〔註11〕《高麗史》，第 114 卷，《鄭之祥傳》。

係的恭愍王對此當然心有不甘，隨著元朝國內狀況的日益混亂和高麗國內附元勢力的逐漸強化，高麗國內反元情緒開始高漲，反元勢力集結到恭愍王周圍，恭愍王再次推行新的反元改革已是不可避免。

　　1356 年 5 月，奇轍謀反，恭愍王應機而動，盡殺奇氏一族，廢除附元勢力的大本營征東行省理問所和都鎮撫司，並派人攻打雙城、婆娑府等地區。但元朝此時並不知曉諸奇被誅等消息，6 月份，元朝派遣直省舍人攜帶奇轍太司徒宣命印章到達高麗。此時，高麗剛誅諸奇，反元號角業已吹響，西北面兵馬副使辛珣奪取元使宣命印章，囚禁元使，並殺害了其隨從三人。幾天後，恭愍王停止使用元朝至正年號。隨後，恭愍王發佈詔書，決定撥亂反正、萬象更新：「自今伊始，勵精圖治，修明法令，整頓紀綱，復我祖宗之法，期與一國更始，敷實德於民，續大命於天。……太祖及歷代先王加上尊號，修其祀事，務盡精潔，守陵人戶，復其徭役。社稷山川諸祠在祀典者亦加德號，其諸淫祀，一皆撤去。賊臣之奴，倚其主勢，占奪土田，役使平民，多聚良家子女，成群逞惡，存撫按廉，究治渠魁，撤毀屋舍，量罪罪之，良家子女，歸其父母，籍沒家產以贍國用，所佔民戶仍令安業，以從公役。漕運不通，凡所轉輸，皆從陸路，宜令有司量地遠近，營立院館，復其土田，又以行省及逆賊所佔人民廬其旁以便止宿。」〔註12〕以此為標誌，恭愍王改革全面展開。

　　恭愍王掀起反元改革、派人攻打雙城和婆娑府等地的消息傳到元朝後，元朝認識到高麗此時已不把自己放在眼中。1356 年 6 月，元朝囚禁了高麗節日使金龜年，聲言發兵八十萬討伐高麗。但實際上苦於國力衰弱，無法採取有效的軍事行動，於是在 7 月派遣中書省斷事官撒迪罕到鴨綠江宣佈聖旨。先是回顧了兩國宗藩、王室婚姻關係的歷程，「高麗自我世祖混一之初，灼知天命，舉國臣服，爰結婚親，於今百年」，然後開始質問高麗的越境軍事行動，「邇者奸民遽生邊釁，越我封疆，擾我黎庶，焚我傳舍，阻我行人，揆諸天憲，討戮何疑？尚慮蕞爾賊徒，或得罪爾邦，逋逃嘯聚，或從他國，忘稱汝民，盜用兵戈，以閒世好」，同時以遣兵問罪威脅高麗，「若不詢問情偽，大兵一區，玉石俱焚，誠所不忍。特遣撒迪罕等前去，爾其毋生疑貳，發爾士卒，就便招捕，或約我天兵，併力挾攻，期於靖國安民，永敦前好。具悉奏聞。」〔註13〕元朝對恭愍王改革和攻擊雙城等行為的目的實際上非常清楚，

　　〔註12〕《高麗史》，第 39 卷，《恭愍王》，丙申五年六月。
　　〔註13〕《高麗史》，第 39 卷，《恭愍王世家》，丙申五年七月丁酉。

但在聖旨中以「奸民生釁」名義爲其開脫，避而不談追究恭愍王及高麗政府責任，並曉之以情，動之以理，希望高麗「永敦前好」，可謂軟硬兼施，用心良苦。

恭愍王進行反元改革，估計元朝肯定要加兵問罪，特別是在得知金龜年被囚的消息之後，恭愍王認識到如果元朝果眞派兵來攻，那麼高麗將遭受巨大損失，因此立即派人相地於南京做遷都打算。在元使撒迪罕一行傳達的詔書中，恭愍王發現元朝並沒有怪罪自己的意思，而是以「奸民生釁」爲由責問，事情似乎還有迴旋的餘地，於是恭愍王對元朝採取了兩面政策。一方面，積極示好於元，在元朝詔書到達幾日後就將攻下婆娑府的西北面兵馬使印璫斬首，同時上表撒迪罕解釋誅殺諸奇和軍隊犯邊之事：「賊臣奇轍與盧頙、權謙謀爲不軌，生我禍階。切詳轍等連姻掖庭，假威大朝，氣焰薰天，脅制國主，人有人民，不奪不已，人有土田，不奪不饜。臣畏天朝，一不敢問，群黎百姓，怨豈在明。轍等自知罪盈惡積，人所不容，而又妄意天下擾攘，甲兵方熾，一朝勢去，身不能保，乃謀自安，務固其權，中外官司，皆置親戚，凡曰要職，無非腹心，擅造兵器，閑習射御，公然爲之，不少隱匿，扇動訛言，惑亂眾聽。今年五月十八日，召集無賴，一時俱起，舟載兵器，已至江口。又令數輩詐爲天使，稱有詔旨，已至宮門，將欲殲我君臣，以逞己欲。安危死生，間不容髮，尙未賴聖德，粗能應變。既獲賊徒，恐有他變，不暇申聞，俱致於法，誠惶誠恐，無地措躬。又慮邊鄙之民，乘釁妄動，或有姦人往來，亂我情實，故置關防以謹出入。而其吏士過江劫掠，實非本意，考其罪人以正邦典。」〔註14〕與此同時，加緊軍事準備，以應付兩國之間隨時可能發生的軍事衝突，在同年9月開始加強西北面防守力量，任命廉悌臣爲西北面都元帥，並檢閱軍隊，鞏固邊防。

元朝在得到高麗的上表之後，於同年10月再次派撒迪罕赴麗宣詔，就上表內容回覆高麗。此時，高麗國內反元氣氛升溫，恭愍王雖出迎於宮門之外，卻同時「盛陳兵衛」，〔註15〕炫耀武力。與上次頒詔一樣，此次詔書仍先是回顧兩國自元世祖以來的友好關係，「昔我世祖皇帝混一區夏，爾高麗國率先效順，建爲東藩，請婚帝室，帝亦允從。今將百年，錫貢相望，靡有閒言」。然後言歸正傳，「茲夏爾國遊兵入我疆域，毀我驛置，邊民不寧，是用遣使往告

〔註14〕《高麗史》，第39卷，《恭愍王世家》，丙申五年七月戊申。
〔註15〕《高麗史》，第39卷，《恭愍王世家》，丙申五年十月甲寅。

厥由，使還附奏俱稱，近者境上乘閒侵軼之徒已正其罪，又言事釁之生在於倉卒，志圖靖難，不及稟命，其閒應變之狀，中書悉以告朕」。可見，元朝看到高麗上表後，對其做出的解釋比較滿意，想馬上了結此事，於是找一個合適的臺階下臺，「肆朕察其事情，追惟我祖宗憫下之惠，先臣慕義之誠，詎以一眚，輒虧舊恩。然裁以至公，若爾初獲首事具罪以聞，善善惡惡，朕與天下共之，奚肯徇私以紊大法，如云倉卒不遑陳奏，事定之後盍先馳聞，事既已往，況能悔罪陳情，茲示寬容，特釋爾咎」，希望高麗繼續遵守藩屬之責，「自今伊始，小心敬慎，率順彝章，撫我黎庶，固我東圉，勿替朕命，惟爾之休。於戲！赦過宥罪，廣推大造之心，懷遠招攜，誕布至仁之德」。〔註16〕

攻擊雙城等地事件終於得到元朝寬恕，高麗也鬆了一口氣，幾天後上表元朝，感謝其不究之恩：「乾坤洪造，曲全庶物之生，父母至仁，旋棄癡兒之過，賊子亂常，殆將覆國，愚臣應卒，不及聞天。伏蒙推視遠之明，廓包荒之度，揆事機之非所得已，矜情實之無可奈何，霽雷霆之威既往不咎，霈雨露之澤咸與惟新，乾坤全物之生，父母棄兒之過，亦不可為喻也。人非石木，豈不知感哉？臣謹當布德音於臣庶以寧一邦，修職貢於歲時，無替萬世。」〔註17〕

元朝在這件事情的態度，使恭愍王看到元朝似乎已無力追究高麗的其他反元行為，於是趁機向元朝提出廢除事元以來的諸多弊政，包括征東行省官員由高麗國王任免，理問所等官司一併革罷；元朝為征日本於高麗設置的萬戶府中，除鎮守日本的三個萬戶府繼續保留，其餘全部廢除；請元朝禁止諸多部門遣使危害高麗，所需方物由高麗定期主動獻納；請元朝歸還雙城、三撒元等高麗故土，允許高麗在此設置關防；禁止女真人越境居住，擄掠高麗牛馬；將忠宣王孽子塔思帖木兒及其黨羽發還高麗等等。但元朝此時忙於內亂，對高麗的請求根本無暇顧及。

高麗攻擊雙城等地的事件得以和平處理，然而兩國的矛盾和分歧並未了結。恭愍王1356年的反元改革引起了元朝的不滿，誅殺諸奇事件則引起了元朝奇皇后的深仇大恨，但由於當時愛猷識理達臘尚幼，奇皇后只能隱忍不發。待皇太子年長之後，奇皇后將此事託於太子，「爾年已長，何不為我報仇」！〔註18〕經過謀劃，元朝決定重新使用利用瀋王牽制高麗國王的伎倆。鑒於王

〔註16〕　《高麗史》，第39卷，《恭愍王世家》，丙申五年十月甲寅。
〔註17〕　《高麗史》，第39卷，《恭愍王世家》，丙申五年十月戊午。
〔註18〕　《元史》，第46卷，《順帝本紀》。

暠已在 1345 年 7 月病死於元，遂立王暠之子篤朵不花爲沈王，並傚仿此前廢除高麗國王策略，著手廢恭愍王代之以篤朵不花。但篤朵不花力辭不就，「叔父無子，百歲後國將焉往，令叔父無恙，吾而可奪叔父位耶？」〔註 19〕在高麗崔濡、元朝宰相搠思監、太監朴不花等人的攛掇下，〔註 20〕元朝於 1363 年另立忠宣王之子、時在元朝的德興君塔思帖木兒爲國王，宣告廢除恭愍王，同時立奇氏家族奇三寶奴爲元子，以將作同知崔濡爲丞相，高麗在元朝者都授予官職，組建了一整套統治班底。

在此之前，恭愍王已得到相關消息，多次遣使上達天聽，請求元朝勿偏信讒言，並開始布置邊防，以備不虞。1363 年 7 月，元使李家奴攜遞位詔書到達高麗，欲收國王印章，恭愍王怒不出迎，且令百官陳兵以待。李家奴傳命歸國時，高麗宰樞再次上書元中書省，「世祖嘉我忠敬王先天下朝覲之功，釐降帝女于忠烈王，且許不革國俗，以至於今。德興君塔思帖木兒，是忠宣王出宮人嫁白文舉所產者。而姦臣崔濡誣告朝廷，奪我王位，至煩天兵，其於世爲甥舅之意何哉？伏望敷奏天聽，執送塔思帖木兒、崔濡等，以快國人之憤」。〔註 21〕但元朝決心已下，對高麗的請求不予理會。同年 12 月，德興君屯軍遼東，候騎屢過鴨綠江。1364 年 1 月，崔濡以元兵一萬護送德興君回國，恭愍王堅決抵抗，一番激戰之後，元軍僅餘十七騎倉皇北逃，元朝擅自廢立高麗國王的圖謀失敗。

元朝在兩國宗藩關係出現裂痕後策劃的這一活動的失敗，對兩國關係影響深刻，使兩國宗藩關係的裂痕進一步增大。高麗看到元朝已無力直接干預高麗王位繼承，因此在脫離宗藩關係的道路上越走越遠；元朝則認識到直接干涉高麗王位繼承的政策已不現實，還會促使高麗與自己處於敵對狀態，不利於宗藩關係的維持。而且，這一時期，征東行省業已被廢，元朝無法繼續通過征東行省干預高麗國政。公主干政功能也在下降，恭愍王對兄嫂忠惠王妃亦憐眞班敬重有加，事之甚謹，但不給其參政機會；魯國大長公主寶塔實

〔註 19〕《高麗史》，第 91 卷，《宗室傳》。
〔註 20〕「會（崔）濡在元，諂事丞相搠思監及後宮宦者本國人朴不花爲將作同知，又爲同知樞密院事。知后怨王，又恃金鏞殺安祐等諸將而爲内應，遂與羣不逞說后謀廢王立德興君。妄奏紅賊之難，高麗失國印，擅鑄新印用之。……時王不以失位廢貢獻，屢遣使陳請，冀悟帝心。濡與朴不花等奪所獻禮物表箋，使不得達。」參見《高麗史》，第 131 卷，《崔濡傳》。
〔註 21〕《高麗史節要》，第 27 卷，《恭愍王》，癸卯十二年七月。

里嫁給恭愍王之後，由於元朝日漸衰落和高麗積極謀求脫離兩國宗藩關係，對恭愍王的一系列改革也不再進行任何干涉。而且因爲無後，寶塔實里公主申明大義，允許恭愍王續李齊賢之女爲妃，因而夫妻感情融洽，爲元麗歷代王室婚姻之罕見。諸多因素促使元朝統治階層不得不改變對麗強制政策。

此時，元朝國內順帝一黨與奇后太子一黨經過幾番惡鬥，帝黨暫時處於優勢，遂改變了后黨的對麗政策，在聽從孛羅帖木兒和臺臣禿堅帖木兒「高麗王有功無罪，而爲小人所困，盍先治之」〔註 22〕的建議後，將崔濡等押送回高麗，並於 1364 年 10 月降詔令恭愍王復位：「我世祖皇帝混一文軌，高麗王暾向風歸附，授以王爵，遂結懿親，迨茲有年，朝貢不絕。汝伯顏帖木兒，克承先業，世篤勤勞，比者妖賊陸梁，轉掠遼霄之境，犯其疆場，乃能出奇制勝，殲除群醜，璽章、寶玉復歸天府，功在我家，允有光於前烈。不圖崔濡陰萌險譎，妄希進用，倚權臣搠思監爲葭莩構，閹官朴不花爲媒孽蒙聾，奏請詔旨，無辜易位，爰及干戈，一方騷然，朕所深歎。厥今公論昭著，重以臺評，是用大明黜陟。其塔思帖木兒，收還印綬，俾居永平，肆命伯顏帖木兒仍復舊爵，綏輯其民，爲朕東藩，爾其益篤忠孝，毋替厥勳，尚欽哉。」〔註 23〕

元朝對高麗的態度出現了一個一百八十度的大轉向，但恭愍王因爲廢位事件發生之前，元朝置自己的屢次上書於不顧，一意孤行興兵加害，失敗後又令自己復位，因此頗爲不滿，在元使奉詔來時拒絕出迎，「寡君嘗獲罪天朝貶爵，今雖復位，未承明命，不敢迎詔」。〔註 24〕但兩國宗藩關係畢竟仍舊存在，恭愍王王位隨說是失而復得，但實際上一直在位；而且鞏固王位、索還德興君等人，這都需要元朝的繼續支持，因此在復位後還是上表元朝表示感謝和永奉臣職：「星軺聿至，日角若臨，釋貝錦之前疑，已爲多幸，復藩屏之舊職，益添殊榮。矧又宮錦畫鮮，仙醞春盎，豈意非常之寵，薦加不肖之躬，茲蓋伏遇踐懷遠以德之猷，存去邪勿疑之念，察彼蔽聰，而明其冒膺異渥之貴。憐臣敵愾，而賜以有光前烈之褒，遂令謗毀之餘，終荷保全之惠。臣敢不對揚休命，倍輸述職之誠，綏輯遺民，永戴同仁之化。」〔註 25〕

〔註 22〕　《高麗史節要》，第 28 卷，《恭愍王》，甲辰十三年九月。
〔註 23〕　《高麗史》，第 40 卷，《恭愍王世家》，甲辰十三年十月辛丑。
〔註 24〕　《高麗史節要》，第 28 卷，《恭愍王》，甲辰十三年十月。
〔註 25〕　《高麗史》，第 40 卷，《恭愍王世家》，甲辰十三年十月辛亥。

　　高麗的上表，似乎驗證了元朝帝黨改變對麗政策的正確性，看來高麗確有繼續尊重宗藩關係的跡象。爲了維護岌岌可危的宗藩關係，元朝繼續採取懷柔政策，頻繁遣使賜予恭愍王物品，以示寵信。爲了拉攏高麗不再脫離宗藩關係，元朝又於 1367 年 1 月追賜已故國王和公主：冊封王禎爲推誠宣忠崇仁秉德協恭寅亮功臣，諡忠惠；王昕爲協誠輔理演德宣惠奉化保慶功臣，諡忠穆；王眡爲守誠履正佐理翊順保義迪慶功臣，諡忠定；忠肅王妃伯顏忽都公主爲肅恭徽寧公主；忠惠王妃亦憐眞班公主爲貞順淑儀公主；恭愍王妃寶塔實里公主爲魯國徽翼大長公主。此外，元朝還重新冊封恭愍王爲高麗國王，加封太尉，並以平定紅巾軍之功冊封高麗大臣。對此，恭愍王照舊派人如元謝冊命，表示繼修臣職：「皇帝陛下運撫中興，仁同一視，遂頒茂渥以寵遐邦。臣謹保家聲，益彰聖化，九霄雖遠，如瞻黼黻之光，四境粗安，惟祝岡陵之壽。」〔註26〕

　　元朝的冊封和高麗貌似忠誠的態度，似乎表示兩國的宗藩關係在一定程度上得到了緩和與鞏固。元朝趁熱打鐵，不斷將本國的人事變動消息通知高麗，包括皇太子定難還都、廓擴帖木兒爲河南王總管天下兵馬等消息，其目的無非是令高麗繼續遵守宗藩關係，高麗也多次遣使致賀。實際上，元朝的這種做法適得其反，高麗熟知元朝政局變動情勢，一面表示繼續臣服，一面則開始爲元朝滅亡之後的對中國關係做準備，一度與大權在握的河南王擴廓帖木兒往來頻繁。

　　1366 年 3 月，高麗派遣密直提學田祿生聘於河南王擴廓帖木兒。田祿生到達大都後，皇太子因爲自己與擴廓帖木兒的矛盾禁止高麗與其交往，命令田祿生還國。隨行的書狀官軍簿佐郎金齊顏決定完成使命，「公大臣，不可留也；予且留，必達使命於河南」，〔註27〕遂稱疾滯留大都。後來金齊顏不辱使命，單騎走河南將國書上達擴廓帖木兒，「宰相田祿生被令旨還國，齊顏以王命不可不達，又樂聞大王名不遠萬里而來……我王聰明仁武，坐殲紅賊百萬之眾以安帝室，爲天下倡。今大王忠義聞天下，欲東西協力，削平僭亂，夾輔帝室」。〔註28〕擴廓帖木兒大悅，上奏朝廷授予金齊顏中議大夫、中書兵部郎中、簽書河南江北等處行樞密院事，並遣使與之於 1366 年 11 月一起到高麗報聘。恭愍王雖然聲稱希望與擴廓帖木兒鎮壓叛亂，拱衛帝室，但這只是藉

〔註26〕《高麗史》，第 41 卷，《恭愍王世家》，乙巳十四年三月戊子。
〔註27〕《高麗史節要》，第 28 卷，《恭愍王》，丙午十五年六月。
〔註28〕《高麗史》，第 104 卷，《金齊顏傳》。

口而已。1362 年，元朝命令高麗出兵進攻海州紅巾軍，恭愍王只顧及本國安全，不願眞正出兵。可見，恭愍王在此時交聘於擴廓帖木兒，其原因應該是看到了擴廓帖木兒總管天下兵馬的雄厚實力和日後成爲中國新主的可能性，其眞實用意是爲處理日後與中國關係開闢道路。

　　紅巾軍起義爆發後，農民軍進展迅速，1355 年劉福通立韓林兒爲帝，建國號爲宋。自 1356 年 9 月開始，劉福通兵分三路北伐，中路軍由關先生、破頭潘等率領，兩年後便攻克上都，隨後佔領遼陽路，建立了遼陽行省。但這支紅巾軍孤軍深入，沿途採取流動作戰方式，許多地區得而復失，加上元朝在關內擁有重兵，隨時可能揮兵北討，因此難以在遼東立足，隨即進入高麗。1359 年 2 月，紅巾軍發佈檄文於高麗：「慨念生民，久陷於胡，倡義舉兵，恢復中原，東踰齊魯，西出函秦，南過閩廣，北抵幽燕，悉皆欵附，如饑者之得膏粱，病者之遇藥石。今令諸將嚴戒士卒，毋得擾民，民之歸化者撫之，執迷旅拒者罪之。」〔註29〕此後，在 1359 年 11 月和 12 月對高麗展開了兩次試探性的進攻，不久就被逐出高麗。

　　1361 年前後，紅巾軍在遼陽遭到元軍重創，遼陽失守，紅巾軍隨即展開了大規模的戰略轉移，不僅所有主要軍事首領舉家東遷，而且還攜帶著繳獲的元朝傳國玉璽等全部家當。10 月，紅巾軍渡過鴨綠江，高麗遭遇到了自紅巾軍首次入境以來最大規模的一次軍事進攻。高麗末期國力衰弱，政治腐敗，戰爭初期節節敗退，紅巾軍接連攻下朔州、撫州、安州等地，11 月紅巾軍攻陷高麗都城開京，恭愍王倉皇逃往安東。從 1362 年 1 月開始，高麗才開始組織起有效抵抗，令李成桂、李芳實、崔瑩等集結二十萬大軍圍攻開京，斬殺沙劉、關先生等紅巾軍將領，消滅其軍隊十萬，獲得其攜帶的元帝玉璽、金寶、金銀銅印、兵仗等物，紅巾軍餘眾兵敗而急走鴨綠江。進入遼陽境內後，這支軍隊遭到元朝遼陽行省同知高家奴軍隊截擊，又損失四千餘人。

　　紅巾軍對高麗的軍事行動，爲元朝與高麗聯合抗敵提供了重要契機，元朝爲了拉攏高麗、鞏固脆弱的宗藩關係，於 1362 年 4 月主動將紅巾軍大敗的消息通知高麗，接著派人到高麗請助援兵，以徹底消滅遼東紅巾軍。此時的高麗關心的只是本國安全，對元朝的請兵要求根本不予理會，不再履行藩屬國助兵宗主國的義務，只是在 1362 年 6 月入元告高麗平紅巾軍，將所獲得的元朝玉璽、金寶、金銀銅印和金銀牌等獻給元朝。同年 8 月，元朝遣使

〔註29〕《高麗史》，第 39 卷，《恭愍王世家》，己亥八年二月乙酉。

賜給恭愍王衣酒以表彰其在鎮壓紅巾軍中的貢獻，同時再次命令高麗出兵與遼陽高家奴夾擊時屯居海州的紅巾軍殘部。本來高麗對出兵援助高家奴比較消極，但在此前的 7 月份，高麗忽然接到邊報稱紅巾軍將再次入寇，加上元帝下達命令，恭愍王開始積極備戰。此時高麗仍沒有直接出兵援助元朝的打算，而是固守邊疆，在元朝使臣到達的當月就在西北布置重兵，以左政丞柳濯爲西北面紅賊防禦諸軍都統使，密直使李珣爲都兵馬使，金漢貴等十二人爲諸道兵馬使。不久後，海州的紅巾軍被元軍擊潰，高麗的堅守政策隨之停止。

1368 年 8 月，元朝滅亡，中國政權易主。高麗在得到消息後，於同年 9 月便開始議通使於大明，打算與中國新主建立新的宗藩關係。1369 年 4 月，明朝遣使高麗，告知高麗明朝已正式取代元朝，繼承中國大統。5 月份，高麗再次停用元朝至正年號，〔註30〕並正式遣使臣服明朝：「秉籙膺圖，復中國皇王之統，體元居正，同萬邦臣妾之心。景命有歸，歡聲旁達。皇帝陛下文明邁舜，勇智躋湯，雷厲風飛，集大勳於戡定，鼎新革古，熙洪號以創垂，典章文物之粲然，華夏蠻貊之率俾，臣邈處東表，顒望北辰，雖未參稱賀之班，願恒貢蘄傾之懇。」〔註31〕至此，元麗兩國宗藩關係結束。

第三節　北元試圖恢復宗藩關係

1368 年元順帝北逃上都後，元朝殘餘勢力仍具有相當實力。河南王擴廓帖木兒的十萬大軍屯據山西太原；在東北，則有納哈出的二十萬大軍佔據金山（今遼寧開原東北）；元順帝在上都擁有重兵，虎視漠南。元順帝企圖恢復與昔日屬國高麗的宗藩關係，積極拉攏高麗共同對抗明朝；納哈出也出面交聘高麗，以謀光復大業。此時明朝雖已建立政權，但境內眾多割據勢力尚未完全清除，且需要治療戰爭創傷，尚且無力四面出擊。明朝對於北元的三股勢力相應採取了不同政策：對元順帝和擴廓帖木兒，軍事打擊爲主，政治勸降爲輔。對於納哈出，鑒於其勢力雄厚，採用了安撫誘降政策。同時，朱元璋與北元展開了對高麗控制權的爭奪。

早在 1368 年 11 月，元順帝就派遣利用監太卿彎子罕前來高麗徵兵，「分

〔註30〕 1356 年 6 月，恭愍王停用至正年號。1369 年 5 月，高麗再次停用至正年號。在此期間，高麗於何時、出於何因復用至正年號，諸家史料均不見記載。
〔註31〕 《高麗史》，第 41 卷，《恭愍王世家》，己酉十八年五月甲辰。

命諸將，以圖恢復」，〔註32〕揭開了這一時期北元和明朝對高麗外交角逐的序幕。北元此次使行的目的，是要求高麗共同抗明和試探高麗態度，二者兼而有之。

恭愍王明白，元順帝雖然退居上都，但納哈出的二十萬大軍佔據金山，近在臥榻之側，構成嚴重的現實軍事威脅，不可輕率回絕北元要求；況且朱元璋雖已建立明朝，但高麗尚未與之建立外交關係，明朝是敵是友仍不明了。經過一番利害權衡，恭愍王決定繼續與北元保持聯繫。當月，遣使前往上都賀正，「高麗國遣使，貢歲幣如舊例」。〔註33〕雖然北元大臣劉佶等認為高麗心懷兩端，奏請不可恃高麗為外援，但元順帝卻認為高麗態度恭順，因此接連遣使，竭力密切與高麗的宗藩關係。1369 年 1 月，北元將新曆頒於高麗；2 月，派遣中書省右丞豆利罕赴高麗賜衣酒；3 月，又派人冊封恭愍王為右丞相。

高麗亦做出積極姿態，恭愍王多次遣使赴北元賀聖節和謝恩。這些使行雖然由於道路不通而失敗，但從高麗上表的內容來看，此時高麗對北元仍恪守藩臣之禮，對北元的冊封等表示感謝，並表達了「惟一終始」的態度。〔註34〕恰巧幾乎就在同時，明朝使臣符寶郎偰斯一行於 1369 年 4 月到達高麗，展開了對高麗的外交活動，向恭愍王傳達了大明已取代元朝為中國之主的消息；「今年正月，臣民推載即皇帝位，定有天下之號曰大明，建元洪武，惟四夷未報，故修書遣使，涉海洋入高麗，報王知之。昔我中國之君與高麗壤地相接，其王或臣或賓，蓋慕中國之風，為安生靈而已，天監其德，豈不永王高麗也哉？朕雖德不及中國之先哲王，使四夷懷之，然不可不使天下週知。」〔註35〕

明朝使臣的到來，對即位後一直實施「脫元化」的恭愍王對正朔的取捨，起到了決定性的作用。元明交替之際，恭愍王不知曉明朝態度，因此不得不繼續保持與北元的聯繫。在得到明朝的詔書後，恭愍王立即決定拋棄北元，嚮明朝稱臣。同年 5 月，停用北元至正年號，改用洪武年號；同時遣使明朝，祝賀朱元璋登基，行藩臣之禮。朱元璋對高麗能夠審時度勢、積極響應號召入朝非常滿意，在 1369 年 6 月放歸了幽燕地區的高麗人 165 名以示友好。高

〔註32〕《高麗史》，第 41 卷，《恭愍王世家》，戊申十七年十一月丙辰。

〔註33〕劉佶：《北巡私記》，至正二十九年正月二十一日。

〔註34〕《高麗史》，第 41 卷，《恭愍王世家》，己酉十八年三月甲寅。

〔註35〕《高麗史節要》，第 28 卷，《恭愍王》，己酉十八年四月。

麗也開始朝著與明朝建立宗藩關係的方向努力，不斷遣使恭賀聖節、賀正和請賜本國朝賀儀注等。

與此同時，高麗開始疏遠北元。雖然於 1369 年 8 月接受了北元中書省和丞相奇左章的交聘使行，並與北元吳王等勢力保持聯繫，卻在 11 月以私通北元的罪名，斬殺了北元遣來賜詔的高麗瑞原君盧誾以及高麗國內的王重貴、李壽林等人。隨即，啓用守門下侍中李仁任爲西北面都統使，設置萬戶、千戶於邊境，並派人攻擊東寧府以絕北元。可見，由於恭愍王執意親近明朝，北元雖然早於明朝著手拉攏高麗，但最終歸於失敗。在對高麗的外交競爭中，北元先敗一籌。

1370 年 4 月，朱元璋派遣道士徐師昊到高麗祭祀山川，「今混一天下以承正統，比者高麗奉表稱臣，朕喜其誠，已封王爵，考之古典，天子於山川之祀，無所不通，是用遣使，敬將牲幣，修其祀事，以答神靈，惟神鑒之」，〔註36〕昭示高麗「奉表稱臣」，成爲大明天子屬國。5 月，明朝又遣使冊封恭愍王爲高麗國王：「咨爾高麗國王王顓，世守朝鮮，紹前王之令緒，恪遵華夏，爲東土之名藩，當四方之既平，嘗專使而往報，即陳表貢，備悉忠誠，良由素習於文風，斯克謹修於臣職，允宜嘉尙，是用褒崇。今遣使齎印，仍封爾爲高麗王，凡儀制服用許從本俗。於戲！保民社而襲封，式遵典禮，傳子孫於永世，作鎮邊陲，其服訓辭，益綏福履。今賜大統曆一本、錦繡絨段十匹，至可領也。並賜太妃金段、色段、線羅紗各四匹，王妃亦如之。相國辛旽、侍中李春富、李仁任色段各四匹、線羅各四匹、紗各四匹。」〔註37〕

明朝不僅將高麗國王王位繼承的確認權握於手中，而且賜予曆法等要求高麗奉明朝正朔，爲兩國宗藩關係的正式建立做準備。不僅如此，朱元璋還盡行宗主國責任，以治國之道勸導恭愍王戒崇佛、修武備，特別強調高麗應該防備北元和倭寇勢力的侵擾等。1370 年 7 月，高麗正式採用明朝洪武年號。至此，明麗兩國宗藩關係正式建立。在這一時期，北元在與明朝的軍事對峙中處於劣勢。1370 年 8 月，元順帝令西路諸將進攻大同，不久被明軍擊敗，9 月份不得不令擴廓帖木兒入朝爲援。軍事上的接連失敗使元順帝一病不起，對於明朝與高麗之間宗藩關係的順利進展，無力顧及而徒喚奈何。

1372 年春，明朝三路大軍進攻漠北，主力中路軍在與擴廓帖木兒軍隊的

〔註36〕《高麗史》，第 42 卷，《恭愍王世家》，庚戌十九年四月庚辰。
〔註37〕《高麗史》，第 42 卷，《恭愍王世家》，庚戌十九年五月甲寅。

交戰中失敗。此戰的勝利，使北元似乎看到了復興的希望，一改前一時期的外交頹勢，對高麗再次展開外交攻勢。1373 年 2 月，北元派遣波都帖木兒、於山不花等降詔高麗，「頃因兵亂播遷於北，今以擴廓帖木兒爲相，幾於中興，王亦世祖之孫也，宜助力復正天下」。〔註38〕高麗想必是得知了北元軍隊取勝的消息，所以雖然恭愍王不想與北元再有瓜葛，並一度想斬殺北元使臣，在大臣的勸告下只好作罷，權衡利弊之後決定接見北元使臣。但高麗與明朝的宗藩關係業已成立，如果被朱元璋得知自己私見北元使臣，必定在對明外交上陷於被動，於是恭愍王想出一條萬全之策，在波都帖木兒等人到達後，以患眼疾爲藉口在晚上予以召見。

　　北元的軍事勝利和外交攻勢，使高麗國內的附元勢力蠢蠢欲動，因此在這一時期高麗發生了反明重大事件。1372 年 5 月，朱元璋派往高麗賜予恭愍王物品的使臣高麗人孫內侍不明不白死於佛恩寺，高麗對此的解釋是孫內侍乃自縊身亡，且事發突然，真相很難查明。但上國使臣自縊，事情本身就充滿蹊蹺。1372 年 12 月，明使到達高麗，降朱元璋詔書問責：「有姓孫的內侍廢了，說病死了，自弔死了，說的差呵，我問的明白了也。恁那國王著帶刀的人每，窗下門外看守，行裏步裏，關防的緊呵。那火者說道，我是本國的人，怎的這般關防。我說呵，姓朴的宰相不容說，打了一頓，更與了毒藥藥死，門裏不敢將出，後牆上拖出去了，特的把帽子高掛在樹上，屍首弔在樹下，故意怕毒藥顯出，等的口內生蛆，才方交百姓來報。」〔註39〕

　　可見，孫內侍奉使高麗期間，受到了嚴密監視；而事發後高麗並未立即嚮明朝報告，且口徑不統一。從史料記載來看，孫內侍並沒有自殺的正當理由；而恭愍王奉行親明政策，更不會隨便指使人殺害天朝使臣。唯一合理的解釋，就是高麗附元勢力在這一時期死灰復燃，在北元與明朝力量對比有所變化的情況下，開始積極謀求脫離與明朝的宗藩關係，因此殺害了明朝使臣。

　　這種推斷與此後發生的事件也存在一致性：1374 年 9 月，恭愍王爲寵臣洪倫所弒，其養子辛禑在親元派大臣李仁任等的支持下，代替王氏宗親繼承高麗王位，親元集團立即取得優勢。李仁任擔心明朝責問弒君之罪，「自古國君見弒，爲宰相者先受其罪，帝若聞先王之故，興師問罪」，〔註40〕因此在 11

〔註38〕《高麗史節要》，第 29 卷，《恭愍王》，癸丑二十二年二月。
〔註39〕《高麗史》，第 44 卷，《恭愍王世家》，癸丑二十二年七月壬子。
〔註40〕《高麗史》，第 126 卷，《李仁任傳》。

月將明朝派來索要馬匹的使臣蔡斌、林密等滅口于歸國途中。前後兩大事件聯繫起來可以發現，明朝使臣被殺、恭愍王被弒，都與高麗國內的親元勢力有直接或間接的關係。

高麗政局的變動和辛禑的即位，使高麗國內親元勢力甚囂塵上並逐漸掌權，他們破壞了剛剛建立的明麗宗藩關係，使高麗外交轉而傾向於北元。朱元璋本來對高麗與北元之間藕斷絲連就表示不滿，得知孫內侍死於非命之後致書高麗，責問孫內侍死因和高麗派細做到明朝打探消息。同時限制高麗朝貢次數，要求三年一貢，並督促高麗事大以誠。〔註41〕但是，以辛禑爲首的高麗君臣一改恭愍王的親明政策，置明太祖的告誡於不顧，加緊向北元靠攏以恢復兩國關係；同時，迫於明麗宗藩關係的存在和明朝的巨大壓力，又不得不儘量做到不疏遠明朝。

恭愍王死後，辛禑先是在 1374 年 12 月派人到北元告喪，同時擔心「王被弒而不告喪，帝必疑之，如有問罪之舉，一國皆受其禍」，〔註42〕於一個月後才派人到明朝告喪、請諡和承襲，充分體現出高麗在這一時期外交政策上首鼠兩端的特徵；而先告知北元，則體現出高麗對恢復與北元關係的重視。

北元對於高麗國內政局的變化和明麗關係出現的挫折倍感振奮，1375 年5 月遣使赦免了高麗的弒君之罪，積極恢復與高麗的宗藩關係。在高麗使臣前來告喪後，北元因爲恭愍王無後就替高麗做主，冊封沈王王暠之孫脫脫不花爲高麗國王。辛禑對北元擅自冊立國王感到緊張，宰相李仁任等上書北元中書省，請求禁止脫脫不花襲位，「伯顏帖木兒王遺命元子禑襲位，遣判密直金湑申達訃音，今來乃知脫脫不花妄生異心，欲要爭襲，乞賜禁約」。〔註43〕辛禑本人也趁 1376 年 5 月北元使臣吳抄兒志到高麗調查情況之機，向其「深陳彼情」。北元雖然在此之前已令脫脫不花歸國襲位，但本身畢竟已是落日餘輝，無力深入干涉高麗內政，在得到辛禑君臣的報告之後，只好順水推舟，答應辛禑請求。1376 年 10 月，北元使臣兵部尚書孛哥帖木兒齎河南王時爲中書右丞相擴廓鐵木兒的書信到達高麗，向辛禑解釋了倉促冊立脫脫不花的原因：「每惟高麗事我朝，自世祖爰降貴主，建爲東藩，今所存者，非舅甥即姻婭也。去歲或傳令先君無嗣，朝廷以爾邦久未有君必致危亂，是以遴爾族世

〔註41〕《高麗史》，第 44 卷，《恭愍王世家》，癸丑二十二年七月壬子。
〔註42〕《高麗史節要》，第 30 卷，《辛禑》，乙卯元年正月。
〔註43〕《高麗史節要》，第 30 卷，《辛禑》，乙卯元年四月。

往承其祀，詔使既行，彼則有梗。當此之時，朝廷非乏樹立之策，失問罪之舉也。特念天戈一臨，不無玉石俱焚。是以脫脫不花暫館遼西，不令一卒一馬渡江，以俟彼之覺悟。」〔註44〕鑒於高麗面臨「先君去世今已二年，脫脫不花近在境上，北邇大朝，南鄰朱寇」的形勢，書信強調高麗國王之位雖已有人選，但應該有北元的冊封任命方能順其理、正其位，「王子雖為眾所服從，未有朝廷之命，竊料彼中人心，嚮背亦各有半，而乃冥然莫醒，則謀事者可謂未為得計矣」。同時提出了冊封辛禑為王的條件，即協助北元實現光復大業：「王子誠能改圖，以副上命，厲兵秣馬，共成掎角，庸贊我國家中興之業，則於爾祖歸國之功不尤有光歟？」〔註45〕辛禑大喜，立即令百官上書北元，表示辛禑乃恭愍王後嗣，脫脫不花等人上誑朝廷，下亂國政，請求北元冊封辛禑為王，同時將脫脫不花等人送與高麗究治。

北元發現高麗急切示好，確實是想得到王位的冊封，於是在1377年2月派遣翰林承旨幸剌的攜帶冊封命令到達高麗，封辛禑為征東省左丞相、高麗國王。辛禑等在北元使臣到來的當月始行北元宣光年號，並令一切案件審理皆依元朝《至正條格》，隨即於3月份派人謝冊命。至此為止，高麗與北元基本上恢復了宗藩關係。1377年7月，北元迫不及待地派遣宣徽院使徹里帖木兒到高麗要求其協同夾攻定遼衛。而辛禑恢復與北元關係的目的，只限於接受其冊封以使自己的即位名正言順而已，對北元的軍事要求並不熱心，遂以天寒草枯為由拒絕出師。

高麗在與北元重構宗藩關係的過程中，也一直未放棄對明朝的外交努力，特別是恭愍王被弒之後辛禑即位，還未得到明朝的首肯，因此辛禑多次派遣使臣到明朝請求賜予恭愍王諡號、冊封自己為國王。明朝則一直未准其請，多次派人告誡其應事大明以誠心，並開出條件：「中書宜遣人往問，嗣王如何？政令安在？若政令如前，嗣王不為羈囚，則當依前王所言，歲貢馬千匹，差其執政以半來明，明年貢金一百斤，銀一萬兩，良馬百匹，細布一萬，仍以所拘遼東之民悉送來還，方見王位真而政令行，朕無惑也。否則……將構大禍於高麗之民也。」〔註46〕明朝如此處理與高麗關係的做法，恰好促使高麗更進一步倒向北元，在對高麗的外交關係上，此時期明朝明顯遜於北元，

〔註44〕 《高麗史》，第133卷，《辛禑傳》，丙辰二年十月。
〔註45〕 《高麗史》，第133卷，《辛禑傳》，丙辰二年十月。
〔註46〕 《明太祖實錄》，第116卷，洪武十年十二月。

因此出現了高麗遣使北元頻繁、遣使明朝較少的局面：「宣光洪武二龍飛，外國孤臣雙淚揮。塞北雪深朝覲數，海南天闊往來稀。」〔註47〕

　　但是，高麗朝廷內部也存在著一批親明勢力，他們以典校令朴尚衷、成均司藝鄭道傳等為代表。對於辛禑一意孤行親近北元、接待北元使臣的做法，他們表示激烈反對。成均大司成鄭夢周認為：「今北使之來，議遣大臣，禮接境上，乃曰不欲激怒北方以緩師也。夫元氏失國，遠來求食，冀得一飽，以延須臾之命，名為納君，實自利也，絕之則示我之強，事之則反驕其志。……國家若禮待其使而送之，則是舉國臣民，無其實而自蒙大逆之名，不可使聞於四方，為臣子者其可忍乎？……若興問罪之師，水陸並進，國家其將何辭以對之乎？其欲緩小敵之師，實動天下之兵也。」〔註48〕

　　面對高麗親明大臣的猛烈抵制，辛禑不得不重新考慮在新舊兩主之間何去何從。1378 年北元昭宗去世，北元氣數更加衰微。辛禑審度再三，於同年9 月復行明朝洪武年號，對於北元遣來宣告皇帝即位的使行也冷落處之，高麗的外交重點再次轉移；但為了安撫國內的親北元集團，辛禑也同時保持著與北元的聯繫。明朝對高麗腳踏兩隻船的做法非常惱火，朱元璋重提恭愍王被弒一事，「以春秋論之，亂臣賊子，人人得而誅之」，〔註49〕徹底否定了辛禑即位的合法性。朱元璋還以武力征討威脅和警告高麗，「爾之所恃者滄海耳，不知滄海與吾共之。爾如不信，朕命舳艫千里，精兵數十萬，揚帆東指，特問使者安在？雖不盡滅爾類，豈不俘囚其大半？爾果敢輕視乎」？〔註50〕從1378 年開始，明朝還對高麗的朝貢進行「卻貢」，拘押高麗使臣，並拒絕冊封辛禑為王；同時加強了遼東地區的軍事力量以防備高麗。

　　在明朝拒絕發展與高麗關係的同時，北元仍在加強鞏固與高麗之間的聯繫。1379 年6 月，北元詔告高麗郊祀和改元天元。1380 年2 月，又冊封辛禑為大尉。7 月，再遣使頒赦於高麗。北元這幾次遣使行為，無不是在一廂情願地鞏固兩者之間看似建立但非常虛弱的宗藩關係。辛禑對此表示歡迎，馬上派人到北元致謝。

〔註47〕 李穡：《牧隱藁》，第 6 卷，《即事》，見於韓國民族文化推進會編：《韓國文集叢刊》，第 4 編。
〔註48〕 《高麗史》，第 117 卷，《鄭夢周傳》。
〔註49〕 《高麗史》，第 134 卷，《辛禑傳》，己未五年三月。
〔註50〕 《明太祖實錄》，第 121 卷，洪武十一年十二月。

對於明朝，辛禑繼續多次派人進貢、請諡和請襲位，且一度與恭愍王母親洪氏一同請求明朝「賜先王之諡，降世爵之命，收歲貢之詔」。〔註51〕明太祖雖然繼續執行嚴厲的對麗政策，屢次遣使要求高麗斷絕與北元的交往，並責令高麗將北元使臣押赴明朝；但鑑於北元勢力在高麗影響日益見長且不斷覬覦關內，而高麗也一直不畏艱險多次懇請冊封和賜諡，特別是1383年明軍自遼東攻擊高麗的軍事行動因為北元抵抗而失敗，〔註52〕朱元璋認識到如果高麗與北元聯合起來，對明朝經營遼東大為不利。因此，為了在對高麗的外交競爭中取得優勢，遏制其與北元關係進一步發展，明朝自1383年10月起對高麗的政策開始有所鬆動，不再卻高麗之貢，「誠欲聽約束，則當以前五歲違約不貢之馬及金銀並至，則可見其誠意也」。〔註53〕這一策略產生了積極效果，高麗抓住這一來之不易的機會，積極籌措明朝要求，在1384年閏10月之前基本完成了進獻馬匹五千的任務。同時，再次疏遠了北元。

1384年10月，北元最後一次遣往高麗的使臣到達和寧府，辛禑為了不使在對明外交上花費的心血白白浪費，派遣護軍任彥忠慰勞而遣返，拒絕與之直接接觸。高麗的努力終於得到了明太祖的賞識，1385年4月，明朝允許高麗朝聘，高麗「來請約束，朕數不允，聽彼自為聲教，而其諝不已，是以索其歲貢。然中國豈倚此為富？不過以試其誠偽耳。今既聽命，其心已見，宜再與之約，削其歲貢。令三年一朝，貢馬五十匹」。〔註54〕7月份，辛禑遣使到京師謝恩，並請諡承襲。同年9月，明朝冊封使張溥、段祐一行到達高麗，「今允虔誠，命承前爵，儀從本俗，法守舊章」，〔註55〕同時正式冊辛禑為高麗國王，賜先王諡號恭愍，高麗對明外交目標終於實現。

可以看出，這一時期在北元、明朝、高麗三方的外交關係中，明朝對於高麗奉行親近北元、兩端外交政策進行質疑和懲罰，並沒有使其迴心轉意，反而促使高麗繼續與北元保持密切關係；明朝調整了對麗政策之後，高麗立

〔註51〕《高麗史節要》，第31卷，《辛禑》，己未五年十月。

〔註52〕1383年十月，「泥城萬戶曹敏修遣兵馬使僕伯顏覘遼東，伯顏還言：鞍山百戶鄭松雲、遼東總兵官奏帝曰，韃靼遣文哈剌不花於高麗，欲與攻遼，請遣兵救之。帝命孫都督等領戰艦八千九百艘征高麗，孫都督到遼東，又三分遼東軍發船向高麗。會韃靼擊渾河口子，盡殺官軍屯兵，渾河都督兵與戰，不克還」。參見《高麗史》，第135卷，《辛禑傳》，癸亥九年十月。

〔註53〕《明太祖實錄》，第157卷，洪武十六年十月。

〔註54〕《明太祖實錄》，第170卷，洪武十八年正月戊寅。

〔註55〕《高麗史》，第135卷，《辛禑傳》，乙丑十一年九月。

即掉轉方向，疏遠北元，積極發展與明朝關係。毫無疑問，明朝在這一階段的對麗外交中明顯佔據了上風，使北元與高麗外交關係最終結束。

明麗宗藩關係恢復後，高麗並未完全放棄對北元的外交，辛禑本人也經常胡服出獵，表現出對北元的極大興趣，但明麗宗藩關係基本上正常發展。不過，隨著鐵嶺衛事件的發生，明麗外交關係再起波瀾。1387 年，一直盤踞在遼東的納哈出勢力嚮明朝投降，明軍進入東北地區。爲實現進一步經略遼東、勘定明麗兩國東北邊界和招撫朝鮮半島東北部的女眞居民等目的，〔註56〕朱元璋於同年 12 月決定在朝鮮半島東北部南端的鐵嶺立衛。明朝此舉深深刺激了高麗君臣，使高麗自恭愍王掀起「脫元化」改革以來奉行的北進政策遭到挫折，從而影響了高麗與明朝的外交關係。辛禑一邊與權臣崔瑩密謀攻擊遼東；一邊上表明朝，聲稱鐵嶺一帶自古爲高麗領土，希望明朝收回成命，「伏望陛下度擴包容，德敦撫綏，遂使數州之地仍爲下國之疆」。〔註57〕明朝沒有理睬高麗請求，於 1388 年 3 月正式立衛。

辛禑隨即下令廣徵兵將，實施攻遼計劃，並要求臣僚皆著元朝服飾，以示不滿。4 月份，辛禑徵召李成桂等商議討伐大計，李成桂以攻遼行動之「出師有四不可」，即「以小逆大，一不可。夏月發兵，二不可。舉國遠征，倭乘其虛，三不可。時方暑雨，弓弩膠解，大軍疾疫，四不可」〔註58〕上陳，並建議秋季出征。辛禑在崔瑩的煽動下，對這些忠告置之不理，下令攻遼。同月，高麗出兵十萬，隨後停止使用洪武年號。高麗軍隊至威化島，李成桂思量攻遼行動必定會遭到明朝猛烈報復，因此決定從威華島回軍以清君側，「若犯上國之境，獲罪天子，宗社生民之禍立至矣。予以順逆上書請還師，王不省，瑩又老耄不聽，盍與卿等見王親陳禍福，除君側之惡，以安生靈乎」？〔註59〕史稱「威化島回軍」。隨後，李成桂將崔瑩流放，辛禑被迫退位，李成桂掌握軍政大權。此後，李成桂復行洪武年號，襲用明朝衣冠，衷心奉明朝正朔，執行事大外交政策。1392 年 7 月，李成桂廢除恭讓王自立爲國王，建國朝鮮，高麗滅亡。

〔註56〕 張輝：《「鐵嶺立衛」與辛禑朝出師攻遼》，《中國邊疆史地研究》2003 年第 1 期，第 19～25 頁。

〔註57〕 《高麗史》，第 137 卷，《辛禑傳》，戊辰十四年二月。

〔註58〕 《高麗史節要》，第 33 卷，《辛禑》，戊辰十四年四月乙巳。

〔註59〕 《高麗史節要》，第 33 卷，《辛禑》，戊辰十四年五月乙未。

第四節　本時期兩國宗藩關係的特點

第一，高麗奮力掙脫宗藩關係羈縻和元朝積極維護宗藩關係是本時期兩國關係的主要內容

蒙元和高麗的宗藩關係，本來就是建立在武力征服基礎之上，因此具有很大的不穩定性，主要依靠元朝奉行的懷柔和壓迫雙手政策得以運轉，而元朝的強大乃是這種宗藩關係得以維持和發展的決定性因素。一旦元朝出現衰落，這種不穩定的宗藩關係必然會出現變動。這一時期，元朝國內局勢動蕩，統治不斷走向衰落，對高麗控制力度持續下降。鑒此，高麗恭愍王推行強化王權、去蒙古化改革，屢屢突破兩國宗藩關係框架，使宗藩關係受到嚴峻挑戰。為了維護這一關係，元朝繼續沿用強力干涉高麗內政政策，片面強調對高麗單方面的支配權，但鑒於征東行省被廢、公主干政功能下降、沈王王暠病死，高麗內部缺乏有效呼應，因此只能對高麗施行廢立國王、加兵問罪等措施，但由於高麗抵制紛紛失敗，元朝不得不對麗施行懷柔政策，全力挽救垂亡的宗藩關係。但時過境遷，元朝諸多努力於事無補，隨著元朝滅亡和高麗遣使通好明朝，兩國宗藩關係結束。元亡明興，為有效抗擊明朝，北元一直在試圖恢復與高麗的宗藩關係。明朝鑒於高麗在對付蒙古方面的特殊地位，也著力與其構建宗藩關係。雙方在這一問題上的競爭，使高麗採取了首鼠兩端、待價而沽的外交政策，並引發了高麗國內親元勢力和親明勢力的衝突。北元為恢復宗藩關係，極盡拉攏討好之能事，並利用對明朝取得階段性軍事勝利之際，不斷加強對麗聯繫，雖然起到了一定的作用，辛禑也確實積極響應，但北元畢竟已經失去了統治中國的正統地位，兩國宗藩關係最終為明麗宗藩關係所逐漸取代。

第二，隨著兩國宗藩關係走向衰落，元朝對高麗的壓迫和掠奪急劇減少，而經濟文化交流相對頻繁

在索要貢女方面，前述在高麗和元朝大臣共同要求下，元順帝於 1335 年頒佈索取貢女禁令，高麗貢女制度走向衰落。但這一制度的完全消亡要經歷一個過程，從 1335 年到 1368 年元朝滅亡，雙方還有 12 次索要和貢獻貢女行為，〔註60〕平均三年一次，頻率和數量都大幅度下降。自 1356 年恭愍王掀起反元改革後，元朝中央政府不再派遣使臣到高麗索取貢女，只是在 1362 年 12

〔註60〕喜蕾：《元代高麗貢女制度的形成和發展》，《中國社會科學院研究生院學報》，2001 年第 2 期，第 76～85 頁。

月，遼陽行省平章高家奴以羊四頭爲代價請求高麗贈予童女，其性質已不可同日而語。可見，元代貢女制度已經日落西山、氣息奄奄，隨著元朝退出中原，壓在高麗頭上近百年的巨石終於滑落。在物品掠奪方面，縱觀《元史》、《高麗史》、《高麗史節要》等史料，已不見元朝遣使索要物品，反而是元朝皇室賜予物品、納哈出等地方勢力贈送犬馬的記載比比皆是，充分體現出元朝爲維護和恢復宗藩關係極力拉攏高麗的外交戰略。與宗藩關係的衰落相比，兩國經濟文化交流卻有一定熱度。經濟上，棉花在這一時期傳入高麗。1363 年，出使元朝的文益漸帶回木棉種子 10 餘粒，「初不曉培養之術，幾槁，止一莖。在北三年，遂大蕃衍」。〔註 61〕後來，文益漸發明製取棉花種子的「取子車」和紡棉花的「繰絲車」生產棉布，不久棉布流行全國，成爲高麗民眾重要衣料。文化上，一是元朝使行與高麗文人的詩歌交流，如 1366 年 11 月中書檢校郭永錫一行與高麗大臣李崇仁、朴宜中、金九容等人的詠唱。〔註 62〕

〔註 61〕 《高麗史》，第 111 卷，《文益漸傳》。

〔註 62〕 1366 年 11 月，中書檢校郭永錫應河南王擴廓帖木兒之遣奉使高麗。12 月，郭永錫以百金享恭愍王，宴席間邀高麗侍臣對詩聯句。同月，郭永錫歸國至平壤府時候拜謁箕子廟，隨即題詩一首，「何事佯狂被髮爲，欲將殷祚獨扶持。去之祇爲身長潔，諫死誰嗟國已危。魯土一丘松柏在，忠魂萬古鬼神知。晚來立馬朝鮮道，髣髴猶聞麥秀詩」。高麗大臣李崇仁即以詩相贈：「帝曰惟上帝，保朕生豪英。丞相爾朕弼，忠義同阿衡。寇盜未衰息，民心厭膻腥。命爾體朕意，往哉干不庭。明公受節鉞，奮烈將義兵。臣若不集事，胡顏復朝廷。臣實有膽略，視身如寸莛。桓桓百萬眾，勢甚高屋瓴。鋪敦耀天威，號令馳雷霆。聞我念前動，敵愾贊皇靈。政欲共心力，萬里通丁寧。齊桓事業盛，聖人書諸經。美矣謀寧周，豈獨首止盟。兩君既相好，孼芽安足平。鄙夫亦不寧，景仰心獨傾。見子忽破顏，白眼還能青。怡然接高論，奇鋒新發研。相逢恨已晚，況復回飛軡。天長道途阻，歲暮霜雪零。請子慎行邁，慰我憂甇甇。」（李崇仁：《陶隱集》，第 1 卷，《送河南郭九疇使還》，見於韓國民族文化推進會編：《韓國文集叢刊》，第 6 編）贈予郭永錫詩作的還有朴宜中，「上帝申休命，明公佐盛元。名聲懸日月，功業照乾坤。美玉藏和匱，良材出匠園。宜乎稀世士，在我大人門。得兩修鱗動，乘風逸翮騫。清標配瓊樹，馨德襲芳蓀。奉使能專對，爲詩可與論。道存纏擊目，意合竟忘言。交契從今始，相期永不諼」。（朴宜中：《貞齋逸稿》，第 1 卷，《贈河南王使郭九疇》，見於韓國民族文化推進會編：《韓國文集叢刊》，第 8 編）亦有金九容，「使節皇皇到海東，黃金臺客氣如虹。務尊王室嘉謨盛，厚結鄰蕃好信通。日月更明收復後，山河都在指揮中。君歸直獻平南策，贊樹唐虞萬古風。萬里天王地，何年息戰塵。元戎方授鉞，信使遠交鄰。跋涉來滄海，驅馳向紫宸。自今爭刮目，重見至元春」。參見金九容：《惕若齋學吟集》，上卷，《送郭九疇檢校》，見於韓國民族文化推進會編：《韓國文集叢刊》，第 6 編。

二是火藥製作技術流入高麗。1373 年，高麗人崔茂宣從元商李元處學得火藥法，並建議高麗政府製造火藥和火器。1377 年 10 月，高麗置火焔都監，專門負責火器製造，隨即把火器用於實戰，在驅逐倭寇中發揮了重大作用。〔註63〕

〔註63〕 顏培建：《高麗與蒙元的漢文化交流》，《南陽理工學院學報》，2010 年第 2 卷第 5 期，第 61～63 頁。

結 論

在古代中韓宗藩關係的歷史長河中，中原政權大致堅持「來而不拒，去而不追」的寬鬆立場，以及「薄來厚往」的優遇方針，在奉正朔、稱臣朝貢的前提下，對朝鮮半島國家給予內政外交悉由自主的發展空間。蒙元作為強勢游牧民族入主中原後，在對麗政策上，一方面實行蒙古式干涉和壓迫政策，使傳統的懷柔羈縻方針發生了不同程度的變質，與高麗建立了特殊的宗藩關係。另一方面，蒙元王朝又借用儒學理念，使得蒙元高麗宗藩關係在一定程度上繼續遵循「禮」的規則，使雙方關係變得複雜和多彩。

具體來看，在兩國關係初期，受草原本位傳統影響，蒙古對高麗政策的核心是將其變成大蒙古國附屬國，要求高麗奉行「六事」。著古與被殺後，蒙古以此為藉口發動征服戰爭，在以高壓軍事手段逼迫高麗投降的同時，要求高麗出水就陸、國王親朝，仍是為這一戰略目的服務。隨著來自蒙古方面的壓力增大，高麗國內政局出現變動，武人政權衰退，高麗最終歸降，蒙古戰略目標實現。1260 年，忽必烈和高麗元宗同年即位，為兩國關係改善帶來機會。忽必烈受「蒙漢雜糅」、「內蒙外漢」的二元統治模式影響，改變前四汗對高麗武力征討和一味掠奪戰略，在對麗政策中加大了懷柔的力度，將高麗成功納入兩國宗藩關係框架。此後一直到忽必烈去世，元朝在強調蒙元單方面支配權的同時，對高麗恩威並施，使這種宗藩關係呈現出二元性的重要特徵。忽必烈死後，元朝皇位更替頻繁，二元統治模式雖然存在，但推行漢法日趨保守。在對麗政策上，元朝諸帝在繼承忽必烈舊制、對高麗實行壓迫與懷柔政策並存的統治方針的同時，深入持久地干涉高麗內政，將單方面支配權強調得無以復加，大大突破了忽必烈創立的兩國宗藩關係框架。到元朝末

期，蒙元對高麗控制力度下降，高麗恭愍王趁機推行反元改革，積極脫離兩國宗藩關係。元朝實行強力干涉的各種努力相繼落空後，爲挽救垂危的宗藩關係，不得不重走懷柔政策的老路。但此一時彼一時，隨著元朝滅亡和明朝建立，兩國宗藩關係壽終正寢。北元爲抵抗明朝、實現復興大計，積極恢復與高麗宗藩關係，但歷史選擇的最終結果，是蒙元高麗宗藩關係爲明麗宗藩關係所取代。

可見，受自身「蒙漢雜糅」、「內蒙外漢」二元政治文化和對麗現實統治需要的影響，蒙元對高麗政策相應地體現出壓迫與懷柔並舉、壓迫重於懷柔的特色，因而成爲古代中韓關係史上最爲特殊的宗藩關係。同明朝與朝鮮、清朝與朝鮮的宗藩關係相比，蒙元高麗宗藩關係的這種特殊性顯得更加突出。

先看明朝與朝鮮的宗藩關係。從 1392 年李成桂創建朝鮮一直到 1644 年明亡清興，明朝與朝鮮宗藩關係主要經歷了三個時期：明初期建立宗藩關係框架、明中期友好發展、明後期兩國共同抵抗日本侵略和後金興起後兩國宗藩關係的衰落。在兩國宗藩關係中，明朝不再設置駐麗統治機構，內政外交悉由自主，還減少了朝貢的要求，「命中書省臣諭安南、高麗、占城等國，自今惟三年一來朝貢」。〔註1〕在對麗政策上，明朝主要通過禮儀性的使臣派遣和厚賜的交聘原則鞏固宗藩關係，雖然存在個別時期掠奪朝鮮人口和物品的行爲，但總體上沒有超出不干涉朝鮮內政的方針，也沒有一味謀求對朝鮮單方面的控制權，朝鮮因此也積極事明朝以藩臣之禮。1592 年豐臣秀吉入侵朝鮮後，明朝從國家安全和兩國關係大局出發，及時救朝鮮于危亡，「蓋朝鮮與中國勢同唇齒，非若琉球諸國，泛泛之可比也。唇亡齒寒，自古言之，休戚與共，是朝鮮爲我中國必不可失之藩籬也」，〔註2〕積極履行宗主國對藩屬國的責任，朝鮮從內心深處感激明朝，「我萬曆皇帝爲之動天下兵，捐大府數百萬金，文武將士不惜殞軀捐身於鋒鏑之下，歲延七載，收師南海，以拔之水火之中，措諸枕席之上。其興滅扶顛之德，與天無極，此古今屬國之未始有得於天朝者也」，〔註3〕兩國宗藩關係空前鞏固。後金興起後，面臨複雜的國際形勢，朝鮮君臣堅持奉明朝正朔，尊從與明朝的宗藩關係，對與清朝建立宗藩關係則非常消極，與元末明初恭愍王積極掙脫元麗宗藩關係束縛形成鮮明對比。

〔註 1〕 《明太祖實錄》，第 100 卷，洪武八年六月。
〔註 2〕 《明經世文編》，第 402 卷，《宋經略奏議二》之「慎留撤酌經權疏」。
〔註 3〕 《李朝顯宗實錄》，第 22 卷，甲寅十五年七月癸亥。

　　再看清朝與朝鮮的宗藩關係。同是強勢少數民族政權入主中原的清朝，在兩國關係之初也與朝鮮訂立兄弟盟約，「誓約凡三條：曰結爲兄弟之國也；曰各守封疆永世相好也；曰翌日撤兵還歸，不復逾鴨綠江岸月」。〔註4〕但是，由於清朝的經濟掠奪、政治壓迫、朝鮮君臣以中華自居的文化心理優勢和感念明朝的援救之恩等綜合因素發揮作用，朝鮮君臣眷戀與「皇明」的宗藩關係，與清朝離心離德。1636年清朝建立後，朝鮮不願以小中華之尊臣服於僭天子之號的「胡虜」，朝鮮仁祖拒見清朝使臣，兩國兄弟關係正式破裂。1636年12月，皇太極親征朝鮮並取得勝利，在城下之盟中規定了朝鮮奉正朔、遣子入質、定期進貢、助兵等內容。朝鮮鑒於在城下之盟中受辱，欲傚仿越王勾踐復國之舉，「越之事吳，辭極卑矣！幣極厚矣！教訓生聚，二十年而後乃成，詔吳之功，垂亡之際，豈可遽爾自大乎」？〔註5〕積極策劃和籌備北伐。此後，隨著清朝統治者迅速接受宋明理學經世治國理念、中原王權傳統天下觀和華夷秩序等一整套漢文化，借鑒了中原王朝對待藩屬國的懷柔政策，即「以威懾之，不如以德懷之」，〔註6〕在禮儀性派遣使臣和厚賜的同時，還救濟朝鮮災荒、減少朝鮮貢使次數與貢品數量，積極發展兩國關係。在此過程中，朝鮮逐漸改變對清朝「腥膻之國」的看法，認爲大一統的清朝經濟發達，其奉行的漢儒文化與朝鮮相近，已經繼承中華正統，因此誠服清朝：「竊念小邦世世服事，恪勤侯度，皇朝亦視同內服，曲加庇恤，而自聖祖仁皇帝以後，益加眷遇，有請必遂，無願不伸。臣常懷感戴，銘鏤心骨。」〔註7〕

　　可以看出，蒙元、明朝、清朝三者都對朝鮮半島政權採取了不同程度的懷柔政策，但與明清相比，蒙元對高麗極大地改變了重視禮儀和厚賜的基本外交原則，一味強調對高麗單方面的控制權，這種個性非常引人注目。而且，懷柔政策的共性由於蒙元自身二元政治文化特點，也出現了不同程度的變質。所以，共性與個性並存、共性中凸顯個性，構成了蒙元高麗宗藩關係的特殊性。

〔註4〕《國朝寶鑑》，第1卷，第8頁。轉引自王薇等：《中朝關係史——明清時期》，世界知識出版社2002年版，第210頁。

〔註5〕《李朝仁祖實錄》，第36卷，戊寅十六年二月。

〔註6〕《清太宗實錄》，第33卷，崇德二年正月。

〔註7〕《李朝英祖實錄》，第9卷，丙午二年二月。

附　論：蒙元時期高麗國王入朝述論

　　自 1218 年蒙古勢力進入朝鮮半島到元朝滅亡的一個半世紀間，蒙元與高麗之間建立了一種特殊的宗藩關係。在這種關係框架中，蒙元始終堅持以武力威逼爲基礎，通過設置征東行省、下嫁公主、廢立高麗國王、分裂高麗統治階層等諸多手段，強調蒙元對高麗單方面的支配權，對高麗內政進行了強有力的干涉，使高麗雖在外型上是蒙元外藩，但實際上幾乎淪爲蒙元的內屬。〔註1〕在這種以高壓性和支配性爲特徵的宗藩體制下，蒙元政權多次徵召高麗國王入朝，高麗國王爲了維護國家的獨立和自身的權力，對這一要求大多積極回應；而爲了獲得元朝的信任與支持，高麗國王還多次主動請求入朝觀見，這些都成爲兩國宗藩關係的重要組成部分。本文擬通過對蒙元時期高麗國王入朝原因、活動及其影響的分析，來探討高麗國王入朝這一現象中所反映出來的兩國宗藩關係的一些特徵。

一、高麗國王入朝的實現

　　大蒙古國對於在東征西討中佔領的空前廣袤的區域，主要通過直接統治、間接統治和建立服屬國三種方式進行有效地控制與管理。〔註2〕對於服屬

〔註 1〕 張東翼：《高麗後期外交史研究》，一潮閣，1994 年版，第 116 頁。
〔註 2〕 直接統治，即把佔領地區直接編入蒙古帝國領土，使其接受蒙古中央和地方政權的直接管理，如金國等；間接統治，即把蒙古皇族分封到佔領地區，通過維持和利用當地固有的統治結構對其進行管理，如察合臺汗國等；建立服屬國，即維持佔領地區獨立的國家地位，利用其本來的支配體制，同時蒙古派遣達魯花赤（鎮守者）對其進行統治，如安南和高麗等。參見高柄翊：《東亞細亞的傳統與近代史》，三知院，1984 年版，第 91～93 頁。

國，蒙古雖然有一套基本固定的統治模式，即納質、助軍、輸糧、設驛、供數戶籍和置達魯花赤的「六事」，[註3] 但也會隨著征服對象的不同而稍做變更。對於安南，蒙古的「六事」要求變爲君長親朝、子弟入質、編民數、出軍役、輸納稅賦、置達魯花赤 [註4]；對於高麗，蒙古在兩國戰爭期間也逐漸提出了入質、點數戶籍、設驛站、置達魯花赤、助兵、輸糧等「六事」，但由於高麗在第一次蒙麗戰爭後遷都江華島抗戰，蒙古出於逼迫高麗徹底投降的目的，在「六事」之外又提出了高麗出水就陸和國王親朝的要求。

1218 年 12 月，蒙古、東眞和高麗三國軍隊聯合追討侵入高麗的契丹餘眾，翌年勝利後蒙古與高麗締結「兄弟盟約」，確定了高麗向蒙古歲輸貢賦、蒙古每年遣人赴高麗接受貢物的雙方關係原則。1225 年 1 月，蒙古索貢使著古與在歸國途中被殺，兩國外交關係中斷。1231 年 8 月，蒙古以此爲口實對高麗接連發動了六次大規模的武力征服，並多次派遣使臣責令高麗投降。對於蒙古的侵略和勸降行動，高麗在武臣當政的情況下，奉行「狄兵至則堅壁固守，退則遣使通好」[註5] 的政策，拒不投降。但蒙古軍隊能征善戰，進攻迅速，戰局逐漸對高麗不利。1232 年 7 月，在權臣崔瑀的主張下，高麗國王高宗率領臣民遷都江華島繼續抗戰。1239 年 4 月，蒙古使臣甫可阿叱等 20 人到達高麗，第一次正式向高麗提出了國王入朝蒙古的要求。從此之後一直到 1259 年兩國戰爭結束，蒙古一直堅持高麗國王親朝蒙古以示投降。但高麗君臣認爲國王入朝無異於羊入虎口，一旦蒙古挾國王逼迫自己就範，則高麗除了投降之外別無選擇；更重要的是，崔氏武人政權認識到，如果國王親朝投降，兩國講和成功，武人政權的地位和存在的必要性就會受到巨大的威脅，[註6] 因此一直堅持主張抗蒙政策，婉拒了蒙古的這一要求。1258 年 3 月，高麗權臣崔竩被殺，元宗君臣開始轉變對蒙態度，積極謀求兩國講和。1259 年 4 月，元宗派遣世子王倎奉表蒙古，「竊念小邦嘗有統兵之權臣，久專提兵於國事，落此指揮之內，不自制焉，故於應奉之閒，頗多違者，蓋皇靈之幸賴，而凶

[註3] 「惟我太祖成吉思皇帝制度，凡內屬之國，納質、助軍、輸糧、設驛、供數戶籍、置達魯花赤，已嘗明諭之矣」。參見《元高麗紀事》，世祖至元五年正月。

[註4] 《元史》，第 209 卷，《安南傳》。

[註5] 鄭道傳：《三峰集》，第 12 卷，《經濟文鑒別集》下之「高麗元王」，見於韓國民族文化推進會編：《韓國文集叢刊》，第 5 編。

[註6] 金塘澤：《高麗的武人政權》，國學研究院，1999 年版，第 372 頁。

豎之易除，將萬世以爲期，馨一心而盡力，使比來入竄之遺俗，皆相率出居於舊墟。嗟，小臣老病旣深，亦皇帝所及知也，肆令日不得親朝，令太子姑且往覲，伏冀陛下焰諺此意，採納其言，更加字小之恩，俾效輸忠之職」，〔註7〕高麗正式投降，蒙麗戰爭最終結束，但國王親朝的這一要求卻一直沒有實現。

1260 年，蒙麗兩國的最高統治者都出現了變動：蒙古忽必烈繼承汗位，高麗元宗登基爲王。忽必烈接受了中原漢儒學者「行中國之道則中國之主」的主張〔註8〕，選取「中統」作爲年號，開始以中國正統政權自居。同時，忽必烈決心改變歷任大汗「武功迭興，文治多闕」〔註9〕的局面，欲「鼎新革故，務一萬方」〔註10〕。因此對內採取了「蒙漢雜糅」、「內蒙外漢」的統治模式〔註11〕，對外則武力威懾與懷柔政策並用。在處理與高麗的關係上，忽必烈認識到僅憑武力難以使高麗就範，「高麗雖名小國，依阻山海，國家用兵二十餘年尙未臣附」，〔註12〕因此改變了對麗方略，開始安撫高麗，並積極誘導高麗走向宗藩關係：繼續要求高麗履行「六事」規定的義務和還都舊京，藉此迫使高麗徹底投降，爲建立宗藩關係準備前提條件；多次將曆法、改元、赦令等頒佈於高麗，使高麗尊奉蒙古正朔；打擊高麗國內的武人政權和維護高麗穩定，排除雙方宗藩關係建立的障礙。忽必烈還於 1264 年遣使高麗，要求元宗親朝蒙古以行諸侯覲見之禮，藉此來強調蒙古的宗主國地位。

作爲高麗而言，近三十年的蒙麗戰爭使高麗國力衰弱，難以繼續抵制來自蒙古的軍事壓力；在國內，崔竩被殺之後，政權落入金俊手中，武臣當道的情況依舊。元宗認爲，欲維持自己的王位穩定，確實需要與蒙古合作，開始積極響應蒙古的以上號召。對於「六事」和還都舊京的要求，高麗於 1271年 6 月派遣世子王諶入質蒙古，在 1270 年 5 月還都開京。對於奉蒙古正朔的要求，高麗於 1260 年 8 月始行中統年號。對於國王親朝的要求，高麗君臣於 1264 年 5 月接到命令後立即商議，雖然眾大臣不同意國王入朝蒙古，但元宗

〔註 7〕 《高麗史》，第 24 卷，《高宗世家》，己未四十六年四月甲午。
〔註 8〕 郝經：《陵川集》，第 37 卷，《與宋國兩淮制置使書》。
〔註 9〕 《大元聖政國朝典章》，《聖政》，第 1 卷，《典章》，第 1，《詔令》，第 1 卷之「世祖聖德伸功文武皇帝登寶位詔」。
〔註10〕 《元史》，第 209 卷，《安南傳》。
〔註11〕 周良霄、顧菊英：《元史》，上海人民出版社，2003 年版，第 272 頁。李治安：《忽必烈傳》，人民出版社，2004 年版，第 759～761 頁。
〔註12〕 《高麗史》，第 25 卷，《元宗世家》，庚申元年三月丁亥。

還是接受了平章事李藏用「王覲則和親，否則生釁」〔註13〕的建議，決定親朝蒙古。1264 年 8 月，元宗入蒙，高麗國王入朝蒙古終於實現。從此之後一直到元朝滅亡，高麗忠烈王、忠宣王、忠肅王、忠惠王以各種原因前後 23 次親朝蒙元，〔註14〕構成了兩國宗藩關係的重要內容。

二、高麗國王入朝原因

概括而言，高麗國王入朝蒙元的原因主要有二：應蒙元皇帝徵召親朝和主動入朝。

在高麗國王 23 次的入朝中，應蒙元皇帝之召者有 14 次。具體來看，蒙元召高麗國王親朝的原因大體可分爲三類。

第一類，令高麗國王行諸侯覲見之禮

蒙元在與高麗建立宗藩關係的過程中，與以前中國政權不同，多次強調高麗國王應入朝覲見中國皇帝，以此表明其諸侯國的地位，履行其作爲藩屬國的義務，這以 1264 年 8 月元宗的入朝最有代表性。1259 年，蒙古憲宗蒙哥未來得及對身後汗位繼承做出任何安排，就猝死於攻宋前線，蒙古皇室內部就下任大汗的人選問題展開了激烈的鬥爭。1260 年 3 月，忽必烈在開平召開了忽里臺大會，繼承汗位；4 月，忽必烈幼弟阿里不哥在漠北貴族的支持下，於和林西按坦河也被立爲大汗。兩汗並立，一南一北，從此爲爭奪大蒙古國汗位展開了長達四年的內戰。隨著戰爭的進展，忽必烈逐漸取得戰略優勢，西北地區的諸王紛紛開始擁護忽必烈。1264 年 7 月，阿里不哥歸降，忽必烈遂決定招集蒙古諸王召開忽里臺大會，重新選舉大汗。在此之前的 1264 年 5 月，忽必烈就派遣使臣胡都、多乙者等到高麗，命令高麗元宗與其他諸王一同入蒙修世見之禮，「朝覲，諸侯之大典也。朕纘承丕緒於今五年，第以兵興，有所不暇，近西北諸王率眾欽附，擬今歲朝王公群牧於上都，卿宜乘馹而來，庸修世見之禮，尚無濡滯」〔註15〕。元宗君臣經過短暫商議之後，決定親朝蒙古，於同月派人請求蒙古允許其於秋高氣爽時赴蒙，「伏念臣依蔭上朝，撫封東徼，向也躬參而將返，俄然語及於再朝。而臣奏云，退收離散之殘民，咸使出居於舊土，訖有所定，盍往乎來，恭承明訓以旋歸，爰睽小邦之形狀，

〔註13〕《高麗史節要》，第 18 卷，《元宗》，甲子五年五月。
〔註14〕詳細情況見文末附表。
〔註15〕《高麗史》，第 26 卷，《元宗世家》，甲子五年五月辛巳。

兵戈饑疫之相壓，三十年垂盡耗亡，山海蕩流之孑遺，四五載詎能招集，完復經營之靡既，往還使價之實觀。今被詔徵，實增兢悚，有召不宜於俟駕，應時當趣於登途，然薄贄單裝，亦豈殘藩之易辦，遒程酷暑，亮非劣質之能堪，要趁涼辰，方朝邃闕，逌此私使之覲徇，亦專恕岫之恃優，惟冀至仁，永加深睠」。〔註16〕當時蒙古與高麗的宗藩關係尚未確立，但忽必烈令元宗親朝，是將高麗定位於諸侯國的地位，乃是誘導高麗走向宗藩關係的重要措施。經過兩個多月的精心籌備，1264 年 8 月，元宗「爲保社稷萬民，將親朝於萬里絕域」，〔註17〕親自朝覲蒙古。

第二類，令高麗國王入朝問詢具體事宜

在兩國宗藩關係當中，蒙元一直強調對高麗的單方控制權，在高麗國內發生重大事件，尤其是與兩國關係相關時，蒙元不僅通過赴麗使臣瞭解和處理情況，而且還直接徵召高麗國王入朝稟奏，如 1269 年高麗元宗的入元一行。1258 年崔竩被殺之後，高麗武人政權出現衰退，金俊等人在政變中爲了克服自身身份上的限制而聲稱「復政於王」，〔註18〕但政變結束後金俊卻取代崔氏實際控制了高麗政權，元宗繼續被架空。1268 年 12 月，高麗權臣林衍斬殺了金俊，武人政權再次易主。1269 年 6 月，林衍逼迫元宗退位，立王弟安慶公王淐爲王，林衍則自爲教定別監。爲了使蒙古不追究自己擅自廢除國王的責任，林衍在元宗遜位之後馬上派人到蒙古進元宗遜位表，以此表示元宗乃自願讓位，「臣嘗遇盛辰，篤承洪造，常欲率先於奉職，永言報上以爲心，何自去年，而災變屢彰，至於今日，而疹病斯作，多方欲救，一效莫期，既以彌留，恐顛躋之無日，如或不幸，將付託於何人？且元子朝覲而未還，噫小邦保釐之難曠，況臣父嘗據祖宗典故而囑臣曰：苟有遞代，當先弟及，臣弟安慶公淐，三入天庭而親覲，累蒙聖眷之特加，民望所歸，侯封堪守，茲稟遺訓，又循僉言，乃以六月二十二日俾攝國事」。〔註19〕高麗世子王昛入朝蒙古於 1269 年 7 月歸來時得知此事，也立即還報蒙古。

前述忽必烈即位之後，一直在努力構建與高麗的宗藩關係，林衍擅自廢除高麗國王引發高麗政局動蕩，這與建立兩國宗藩關係背道而馳，忽必烈當

〔註16〕《高麗史節要》，第 18 卷，《元宗》，甲子五年五月。
〔註17〕《高麗史》，第 26 卷，《元宗世家》，甲子五年七月癸巳。
〔註18〕金塘澤：《高麗的武人政權》，國學研究院，1999 年版，第 396 頁。
〔註19〕《高麗史》，第 26 卷，《元宗世家》，己巳十年七月辛亥。

然不能容忍。在得知上述消息後，蒙古於 1269 年 8 月派遣斡脫兒不花、李諤等前往高麗，詔諭高麗文武大臣，「據世子王諶來奏，本國臣下擅廢國王，以其弟安慶公淐爲國王。朕初聞之，以爲誠僞無徵，未可深信，國王禃嗣位以來，未聞有過失，苟有過失，諫而不悛，當控告朝廷，以聽我區處。不告朝廷，臣下擅自廢置，恒古以來，寧有是理？今遣斡脫兒不花、李諤等前去詳問，若傳聞之誤，王身無災，於汝何責，如其果然，敢有將國王與世子並其族屬，一有戕害者，朕必無赦。汝等其明諭朕心，審思臣節，條具以聞」，〔註20〕強調元宗應否退位應該由蒙古來決定，高麗臣子不可造次。林衍等人未想到蒙古的反應如此迅速而激烈，爲了應付蒙古的質問，於同年 9 月再次派人偕斡脫兒不花等入蒙稟報，重申元宗因患重病而主動讓位，「前王遘疾，大漸惟幾，庶將護分以延期，因切辭榮而遜位，況將弟及，先君有言，抑此藩稱，一日難曠。而國王淐苟唯忤父王之命，恐違臣子之常，肆不獲已，而權攝保釐，輒曾具由，而趣騰申奏，其王與世子族屬之佳否，伏望採王人之目覩，並賤介之口陳，原實閱情，軫慈加恤」。〔註21〕蒙古當然知道此乃林衍等人的一面託詞，因此不予理會，決定徵召元宗等人入朝對質以探究竟。同年 11 月，黑的、徐仲雄等人來到高麗下達詔書，「諭高麗國王禃僚屬軍民，頃以王禃稱疾，擅令安慶公淐權總國事，遣使爲問，令使還言，林衍稱此事俱傳臣所爲，然有權力者能行廢立，臣位居七人之下，有何權力能行此事？然不可信其言。王可與安慶公淐及林衍，偕詣闕下，面陳情實，朕聽其是非，自有區處。且聞禃無恙，禃之存亡亦未可保，必待來覲，朕可方信」，〔註22〕同時派遣頭輦哥國王率兵壓境。林衍迫於蒙古的壓力，不得已於當月廢除王淐，元宗得以復位。12 月，元宗入蒙朝覲，順安侯王悰被命監國。

第三類，因高麗國王亂政而徵召其入朝接受審訊和懲罰

1274 年忠烈王接受元朝冊封登基爲王，兩國宗藩關係正式成立。而忽必烈女兒齊國大長公主也在 1274 年嫁給忠烈王爲妃，拉開了兩國王室婚姻的序幕，使高麗成爲元朝的「駙馬國」。〔註23〕在這種強壓性的宗藩關係和血緣性的甥舅關係的雙重體制下，元朝對高麗的干涉和控制空前加強，高麗國內發

〔註20〕《高麗史》，第 26 卷，《元宗世家》，己巳十年八月戊戌。
〔註21〕《高麗史》，第 26 卷，《元宗世家》，己巳十年九月庚戌。
〔註22〕《高麗史》，第 26 卷，《元宗世家》，己巳十年十一月壬子。
〔註23〕閔賢九：《高麗政治史論》，高麗大學出版社，2004 年版，第 248 頁。

生涉及到兩國關係的大事時，元朝或者派遣使臣問責，或者令高麗國王入朝奏對。但是，如果事件性質惡劣，比如國王在國內橫行不法，對高麗的穩定和兩國關係的威脅超過了元朝容忍的限度，元朝就要將其直接逮捕入朝進行審訊，如1339年忠惠王入元一行。1339年3月，高麗忠肅王去世，大臣權溥等人上書元朝，請求傳國王之位于忠肅王之子王禎，「伏望念小邦事大之功，愍黎老願忠之志，給其傳遞，俾以敷奏，倘紆如綍之俞音，早定分茅之世業，豈惟小邦之慶賴，實亦世祖綏遠字小之意」。〔註24〕11月份，元朝派遣中書省斷事官頭麟、直省舍人九通等到高麗，授予忠惠王國王之印，命其爲高麗國王。忠惠王「性豪俠好騎射，喜營財利，荒淫無度，群小得志，忠直見斥，一有直言，必加誅戮」，〔註25〕即位之後天天沉迷於遊畋騎射、買賣營利，而且荒淫無道，見到誰家女子貌美就要臨幸。1339年5月，忠惠王聽說宦官劉成妻美貌，隨即親幸其家。更爲嚴重的是，忠惠王淫亂還波及到了父親忠肅王妃元朝公主伯顏忽都身上。1339年8月，伯顏忽都邀請忠惠王赴宴，酒席散去之際，忠惠王故意裝醉不出，後來偷入公主臥室，「使宋明理輩扶其身，使不敢動，掩其口，使不敢言，烝焉」，〔註26〕發生了父王去世不到半年就凌辱其妃的荒唐事件。事發之後，伯顏忽都不堪其辱，打算還元，結果忠惠王命令禁止馬市交易，使其無從歸元。

在這一事件發生之前，高麗發生了反對忠惠王的曹頔政變〔註27〕。政變被鎮壓之後，曹頔黨羽將忠惠王荒淫亂政的情形上訴於元朝。元順帝對忠惠王禍亂於高麗早有耳聞，此次又得到上述消息之後，對忠惠王的行爲愈加憤怒，決定將忠惠王逮捕入朝審訊。1339年11月，元朝派遣中書省斷事官頭麟、直省舍人九通到高麗賜予慶華公主御酒並授予忠惠王國王印璽，幾天後，頭麟等人就逮捕了忠惠王及洪彬等其他大臣，押赴元朝。

高麗國王主動請求入朝蒙元，前後共有9次，其原因也可分爲三類。

〔註24〕《高麗史》，第36卷，《忠惠王世家》，己卯即位年六月壬辰。

〔註25〕《高麗史節要》，第25卷，《忠惠王》。

〔註26〕《高麗史節要》，第25卷，《忠肅王》，己卯八年八月。

〔註27〕1339年三月份忠肅王死後，忠惠王乃是高麗國王之位的合法繼承者，但沈王王暠垂涎高麗王位，與黨羽曹頔陰謀起事，圖謀誅殺忠惠王。曹頔雖聲稱「我爲政丞，見荒淫無道之行，若不聞於朝廷，罪在我身，王雖欲殺我，我不懼」，但遂即直接發動政變偷襲王宮，結果當月就被忠惠王鎮壓。參見《高麗史節要》，《忠肅王》，第25卷，己卯八年八月。

第一類，處理與兩國關係相關的重大事件

由於蒙元和高麗宗藩關係的存在和兩國聯繫的緊密，高麗國內發生的主要事件都會通過不同的渠道被蒙元獲知。高麗國王爲了應付來自宗主國的壓力，在一些重大問題發生後，不待蒙元皇帝召喚就往往親赴中國，或稟報實情，或處理相關問題，如 1278 年 12 月忠烈王的主動入朝。根據《高麗史》的記載，1278 年 9 月，忠烈王入元歸來；閏 11 月，忠烈王遣使如元稟告業已歸國並謝恩。可是在同年 12 月甲申，高麗宰樞又請求忠烈王親朝元朝，忠烈王也予以准許。高麗大臣在國王歸國後不久就再次提出國王親朝，其具體原因史料沒有明言。筆者認爲，這與 1278 年高麗發生的兩件事情有關。1278 年 3 月，忠烈王應元之召覲見，與元世祖就元朝撤回駐紮在高麗的軍隊一事達成協議，忠烈王惟恐元軍撤退時驅迫良民，因此奏請元朝下令禁止此種行爲，忽必烈准奏，「我既有言，誰敢將汝一民來耶？」〔註28〕但在實際運作中，忻都等麾下軍人拒不執行，將高麗民僞稱爲妻族而加以擄掠，高麗遂加以阻攔，結果忻都等訴於忽必烈，「鎮邊、種田軍還時，妻子皆爲官吏所留不遣」。〔註29〕另外一件大事是高麗誅殺了李汾禧兄弟。1277 年 12 月，高麗前大將軍韋得儒、中郎將盧進義因私怨誣告高麗中贊金方慶謀叛，「謀去王、公主、達魯花赤，入據江華以叛」。〔註30〕這一事件被「謀陷本國，無所不至」〔註31〕的洪茶丘得知後立即上奏元朝，「金方慶積穀造船，多藏兵甲，以圖不軌」。〔註32〕1278 年 2 月丙辰，忠烈王會同洪茶丘等人審理金方慶謀叛一案，金方慶始終不服，「吾自少竭忠奉國，蒙恩極品，豈以誣服貽患於國乎」？〔註33〕忠烈王不得以將其流放。2 月癸亥，高麗派遣印侯到元朝稟告流放金方慶。對於洪茶丘的誣告，忽必烈不肯相信，因此要求忠烈王入朝親奏此事。1278 年 3 月忠烈王入覲時，親自向忽必烈辯明誣枉，金方慶遂被召回啓用爲僉議中贊上將軍判監察司事。在金方慶誣告事件發生的過程中，高麗密直使李汾禧「夜潛詣茶丘計事」，〔註34〕其弟李榅也有貳心於高麗。忠烈王在 1278 年 9 月自

〔註28〕《高麗史》，第 28 卷，《忠烈王世家》，戊寅四年七月戊戌。
〔註29〕《高麗史節要》，第 20 卷，《忠烈王》，己卯五年正月。
〔註30〕《高麗史節要》，第 19 卷，《忠烈王》，丁丑三年十二月。
〔註31〕《高麗史》，第 130 卷，《洪福源傳》。
〔註32〕《高麗史節要》，第 20 卷，《忠烈王》，戊寅四年三月。
〔註33〕權近：《陽村集》，第 35 卷，《東賢事略‧金中贊諱方慶》，見於韓國民族文化推進會編：《韓國文集叢刊》，第 7 編。
〔註34〕《高麗史節要》，第 20 卷，《忠烈王》，戊寅四年十月。

元朝歸國後，著手處理這一事件中構亂於高麗的大臣，10 月份先將李汾禧兄
弟流放後處死，然後將洪茶丘黨羽池得龍等人流放海島。洪茶丘對此不滿，
進讒於元世祖，「金方慶官高權重，多行不法，李汾禧兄弟每欲沮之，方慶諷
王殺之」。〔註35〕元朝在得到忻都、洪茶丘等人關於高麗阻撓元軍攜帶妻子一
併撤回和誅殺李汾禧兄弟的報告後，立即於 1278 年 12 月派遣速魯哥到高麗
問訊。想必高麗宰樞是從速魯哥等人口中得知了忻都和洪茶丘等人誣陷本
國，且感覺到事態的嚴重性，因此在元朝使臣到達的當月就請求忠烈王親朝。
而忠烈王到達元朝之後，忽必烈確實針對上述兩大事件質問了忠烈王，「忻
都、茶丘奏，鎮邊、種田軍還時，妻子皆爲官吏所留不遣。又金方慶官高權
重，多行不法，李汾禧兄弟每欲沮之，方慶諷王殺之，是否？」〔註36〕進一
步驗證了忠烈王此番親朝乃是爲辯明事件原委而去這一事實。

第二類，留戀元朝生活而主動入元

　　在兩國宗藩關係中，高麗世子入質中國是蒙元政權對高麗的提出的「六
事」要求之一。自元宗時代開始，高麗大多數世子在即位之前都有類似經歷，
名爲「宿衛」，雖然在本質上這些世子乃是蒙元用來控制高麗的人質，但由於
兩國甥舅關係的存在和宗藩關係的發展，這些世子在蒙元大多受到禮遇。而
高麗世子入朝宿衛時正值年幼，繼承王位又大多由蒙元授予，因此蒙元的知
遇往往會使其對中國產生親近感。這些世子在回國即位之後，有的仍對元朝
生活戀戀不捨，在位期間爲此頻繁親朝，或者久居於蒙元，特別如忠宣王。
忠宣王在即位之前，曾多次入元聆聽聖訓。1298 年 1 月忠宣王即位，但在半
年之後，元成宗就以「蒞政以來，頗涉專擅，處決失宜，眾心疑懼。蓋以年
未及壯，少所經練，故未能副朕親任之意」〔註37〕爲由將其罷免，勒令再次
入朝接受歷練。從此之後一直到忠烈王於 1308 年去世，忠宣王在元朝長達十
年。期間，忠宣王與元武宗、仁宗兄弟建立了深厚的情誼，在武宗擁立中又
建立大功，因此被武宗封爲瀋陽王，後進封一字瀋王，忠宣王因此在元朝風
光無比，「時帝及皇后、皇太子待王甚寵」。〔註38〕長期的滯元生涯和元朝最
高統治階層的寵愛，使忠宣王眷戀元朝生活。1308 年 8 月，忠宣王自元朝奔

〔註35〕 《高麗史節要》，第 20 卷，《忠烈王》，己卯五年正月。
〔註36〕 《高麗史節要》，第 20 卷，《忠烈王》，己卯五年正月。
〔註37〕 《高麗史》，第 31 卷，《忠烈王世家》，戊戌二十四年八月癸酉。
〔註38〕 《高麗史》，第 33 卷，《忠宣王世家》，己酉元年四月己卯。

父親忠烈王之喪歸國，隨即嗣位。但是在三個月後，忠宣王將國事布置完畢後就匆匆入元。此後在元朝一住就是四年，一邊遙控高麗國政，一邊參與元朝政治。1312 年 1 月，元任宗因爲高麗國內王位長期空虛而督促忠宣王歸國，但忠宣王反覆推辭，爲了能夠久居元朝，竟於 1313 年 3 月將國王之位提前讓於世子王燾。直到同年 4 月份，元朝勒令忠宣王隨忠肅王還國，忠宣王才依依不捨地離開了元朝。

第三類，提前遜位爲獲得蒙元支持而主動入朝

　　兩國宗藩關係中，蒙元對高麗的控制與干涉的一個重要表現，就是頻繁地廢立高麗國王。因此在蒙元時期，高麗歷史上反覆出現了現任國王在世期間遜位、多位國王有兩次即位經歷的奇特現象。如高麗忠烈王於 1298 年退位，其子忠宣王即位後因推行的改革妨礙了宗藩關係的順利發展而被廢入元，忠烈王隨即復位，1308 年忠烈王病死後忠宣王歸國再次即位；忠宣王於 1313 年將國王之位傳於其子忠肅王，1330 年忠肅王由於缺乏元朝支持而退位，由其子忠惠王繼承王位，兩年後由於元朝政局變動，支持忠惠王的燕帖木兒失勢、厭惡忠惠王的伯顏上臺，以及忠肅王在元朝尋求支持等因素，〔註 39〕忠惠王退位，忠肅王復位；1339 年忠肅王病死，忠惠王歸國即位，後因荒淫無道被逮捕入元，隨後被釋放歸國，1343 年再次被捕並被廢位，其子忠穆王上臺。這些被廢高麗國王，有的在廢位時當即被徵召或逮捕入朝接受審查，有的則留於本國。但退位的高麗國王大多由於缺乏元朝支持，因此在退位之後他們往往主動入元尋求和培育來自元朝的支持，如 1330 年閏 7 月忠肅王入朝一行。1313 年，忠宣王將高麗國王之位傳於王燾，是爲忠肅王。忠宣王爲了維護對高麗的控制和自己的權力，於 1316 年又將瀋王之位傳於侄子王暠，使之牽制忠肅王。〔註 40〕同年 4 月，忠肅王與父王忠宣王在元朝使團的陪同下歸國即位。此後，忠肅王在國內積極培育自己的支持勢力，但由於瀋王與元朝關係的密切和高麗附元勢力對忠肅王的誣陷等因素，忠肅王始終無法從元朝獲得強有力的支持。〔註 41〕1329 年 10 月，忠肅王不得不遣使元朝，請求傳位

〔註39〕　忠肅王 1330 年退位入元，一方面發展與瀋王王暠的關係以拉近與元朝的距離；一面迎娶元朝慶華公主，從王室婚姻的角度來加強元朝對自己的支持。參見金塘澤：《元干涉下的高麗政治史》，一潮閣，1998 年版，第 105 頁。

〔註40〕　金塘澤：《元干涉下的高麗政治史》，一潮閣，1998 年版，第 74～83 頁。

〔註41〕　李益柱：《高麗・元關係的構造與高麗後期政治體制》，首爾大學博士論文，1996 年，第 168～169 頁。

於時在元朝宿衛且受到元朝燕貼木兒喜愛的世子王楨，〔註42〕是為忠惠王。忠惠王時在元朝，但已經開始進行高麗的人事安排，將忠肅王一派大臣罷免。忠肅王則抓住忠惠王尚未回國這一時機，一邊與忠惠王針鋒相對，著手國內打擊其支持勢力，將其任命的權征東行省事金臺鉉等逮捕，代之以自己的支持者鄭方吉。一面在聽信鄭方吉等「今（忠惠）王與龍山元子有不友之心，勢不可兩存，請殿下與元子入朝」的建議後，愈發感覺提前退位心有不甘，「（忠惠）王奪吾從臣等官，何也？雖冒為王，豈至如此？吾欲朝元」，〔註43〕於是在 1330 年閏 7 月主動入元尋求支持。

三、高麗國王在蒙元的活動

由於蒙元時期高麗國王入朝的原因眾多，因此其親朝之後的活動也不一而同。但不論是應蒙元皇帝之召入朝還是自己主動親朝，高麗國王蒙元之行所從事的活動大多與高麗內政或兩國宗藩關係的發展相關，可分為如下幾類。

第一，覲見蒙元皇帝，行臣子之禮

高麗國王不論以何種原因入朝，在到達元朝之後第一要務當然是拜謁皇帝，表達高麗的臣服之心，體現藩屬國對宗主國必要的尊重，而蒙元皇帝對高麗國王行藩國之禮入朝覲見也多表示歡迎。1264 年 9 月，高麗元宗到達蒙古上都。忽必烈對元宗聽從旨意奉命來朝甚為讚賞，厚賜高麗君臣「王至燕都謁帝，帝再親宴，又賜宴中書省，仍賜匹錦，下及侍從臣僚」。〔註44〕一個月後，元宗覆命歸國，到萬壽山殿辭行，忽必烈再贈駱駝十頭。再如 1296 年 9 月忠烈王一行。此前元成宗答應高麗為世子忠宣王的請婚要求，忠烈王於是應元朝之征攜齊國大長公主入元。11 月到達燕京之後，忠烈王夫婦入覲成宗，獻上眾多方物，「金瓶、金鐘二事，鏤銀壺、銀湯瓶各一事，銀盞一副，銀胡瓶、銀大樽各一事，半鏤銀胡瓶二事，銀大鐘一事，銀盂五十事，虎、豹皮各十三領，水獺皮七十六領，紫羅十匹，白苧布一百匹，玳瑁鞘子一十」。〔註45〕元成宗賜宴款待，令忠烈王座次居於第七，以示寵愛。此次忠烈王是為世

〔註42〕 王楨「以世子入朝，丞相燕帖木兒見之大悅，視猶己子，因忠肅辭位奏帝錫王命」。參見《高麗史》，第 36 卷，《忠惠王世家》，壬申二年二月甲子。
〔註43〕 《高麗史節要》，第 24 卷，《忠肅王》，庚午十七年閏七月。
〔註44〕 《高麗史》，第 26 卷，《元宗世家》，甲子五年九月庚子。
〔註45〕 《高麗史》，第 31 卷，《忠烈王世家》，丙申二十二年十一月甲申。

子婚姻而來，因此其在元朝的活動多以參加酒宴爲主。在覲見皇帝之後的兩個多月間，忠烈王夫婦的主要活動是拜謁皇太后、宴請元成宗、接受元朝君臣的回賜和回請等等，世子和眾高麗大臣也多參與其中。再如 1300 年忠烈王入朝弔喪一行。1300 年 2 月元皇太后闊闊眞病逝，忠烈王於同年 4 月親朝弔喪。6 月，忠烈王到達元上都。雖爲弔喪還來，但作爲基本禮節，忠烈王立即首先拜謁了元成宗，貢方物，行臣禮。元成宗龍顏大悅，開設只孫宴〔註46〕，令忠烈王侍宴，使其於諸王、駙馬坐次中列第四位，寵眷殊異。幾天後，忠烈王又以羊二百頭、酒二百樓爲元成宗祝壽，並擺扶頭宴。席間歡聲笑語，氣氛融洽，「帝命唱高麗歌，王令大將軍宋邦英、宋英等歌雙燕曲，前王執檀板，王起舞獻壽，帝與后悅」。〔註47〕忠烈王在朝覲元朝皇帝完畢二十天後，方到殯殿祭奠皇太后闊闊眞。

第二，處理兩國關係相關事件

大體上可分爲三類。

首先，奉命入元稟報皇帝對高麗國內發生的與兩國關係相關的事件的詢問。高麗國王在覲見過蒙元皇帝之後，即就皇帝關心的具體事宜逐一做答和解釋。林衍擅廢國王之後，高麗元宗於 1270 年 1 月到達東京，忽必烈令行省國王頭輦哥和趙平章等以紙筆密問林衍廢立之由，當時林衍雖然令元宗復位，但其在國內的勢力盤根錯節，元宗並無大的作爲，因此元宗不敢輕易上奏，辭以手病拒絕書寫；後來在譯者的追問下，元宗只能順從林衍意圖聲稱與林衍上表所述一致。再如 1278 年 4 月忠烈王入朝一行。1277 年底金方慶誣告事件發生，高麗君臣果眞爲金方慶脅迫入江華以叛的話，元世祖此前對宗藩關係的經營將毀於一旦，事件的嚴重性可想而知；但忽必烈對此消息表示懷疑，因此命令忠烈王入元稟報。1278 年 4 月，忠烈王攜齊國大長公主和世子入朝，6 月份到達。7 月甲申，忠烈王君前奏對時否認金方慶謀叛，「無他，唯東征將士有不納軍器於官者，奪其職而杖之」，只承認其瀆職之罪，「方慶雖無叛狀，時爲冢宰，不納軍器者不加檢舉，罪其疏慢，流於海島」。同時，忠烈王借機請求忽必烈勿聽讒言，禁止姦佞之人在兩國關係上搬弄是非，「此

〔註46〕 「只孫，華言顏色，赴會者衣冠皆一色。」參見《高麗史》，第 31 卷，《忠烈王世家》，庚子二十六年六月壬子。

〔註47〕 《高麗史》，第 31 卷，《忠烈王世家》，庚子二十六年六月己巳。

乃有憾者所讒也，後有若此不法者，臣請罪之」。〔註48〕忽必烈詳知事情經過後，對忠烈王的做法表示同意，同時馬上命令洪茶丘等還元覆命。

其次，主動入元陳述事宜。1278 年 12 月，忠烈王應高麗宰樞之請主動入元辯明阻撓元軍攜帶妻子一併撤回和誅殺李汾禧兄弟事件。忠烈王到達元朝之後拜謁忽必烈時，忽必烈因忻都、洪茶丘之訴就以上兩事質問忠烈王，忠烈王分別一一做答。對於阻撓元軍妻子還元一事，忠烈王以 1278 年朝覲時元世祖給予的推刷原則爲據，「去夏奉聖旨歸國，差官與帥府考官軍妻妾婚書有無，依例點刷，非敢擅留」。對於李汾禧兄弟事件，忠烈王以其參與謀劃林衍廢除元宗事件和不服自己命令爲辭，「其汾禧兄弟之事，在江華時，汾禧父常事權臣金仁俊，後與林衍謀殺仁俊，衍擅廢立，以危社稷，皆汾禧謀也。及臣襲位，汾禧兄弟每事不從臣命，懲其罪以戒後來爾」。當時洪茶丘等在側，質疑忠烈王關於誅殺李汾禧兄弟事件的陳奏，聲稱其有功於朝廷，並列舉了 1270 年蒙古頭輦哥和趙平章至高麗令復都舊京時，李汾禧與率眾誅殺拒不從命的林惟茂等事。忠烈王據實反駁，「庚午之事，禿輦哥請遣使江都，諭官軍壓境之意。於是以汾禧與惟茂深交可以說之，令與鄭子璵往，大將軍宋松禮、將軍洪文系將誅惟茂，召汾禧計事，汾禧杜門不出。松禮等既誅惟茂，奉社稷來松京以待吾父子，汾禧踵後乃至。吾與松禮等入告成功，帝賜松禮等鞍馬以賞其功。汾禧果有功，豈不與於此賞乎？」〔註49〕一番唇槍舌劍之後，元世祖知道忠烈王所奏屬實，因此不再追究上述兩事。

再次，在入朝目的之外稟報其他內容。高麗國王入朝之後，除了完成入朝目的之外，多趁機向蒙元統治者上奏與高麗相關的事宜，請其定奪。前述高麗元宗在 1270 年到達蒙古後，懾於林衍權勢不敢將林衍廢立國王的實情如實陳奏，但元宗不甘就此罷休，爲了遏制權臣當政和獲取蒙古支持，元宗決定與蒙古皇室聯姻，因此上表忽必烈，「今者權臣林衍擅行廢立，失位憂懣，伏蒙聖慈累遣王人，詔詰其由，召以親朝，以是復位而進。帝眷優深，倍加唁慰，其爲感泣，天地所知。夫小邦請婚大朝，是爲永好之緣，然恐僭越，久不陳請，今既悉從所欲，而世子適會來覲，伏望許降公主於世子，克成合巹之禮，則小邦萬世永倚，供職惟謹」。此外，元宗還以請求蒙古派兵鎮撫高麗的名義來震懾高麗權臣，以維護王權穩定，「臣於甲子年親朝時，奏以舊京出

〔註48〕《高麗史》，第 28 卷，《忠烈王世家》，戊寅四年七月甲申。
〔註49〕《高麗史節要》，第 20 卷，《忠烈王》，己卯五年正月。

排事，及其還國，意在營葺，權臣遮遏，不得畢功，以至於今。伏望許以兵若干人與之俱往，直至舊京，招諭水內臣民，盡令出居，因除權臣，餘皆存撫」。〔註50〕1269 年 10 月，高麗西北面兵馬使崔坦等人以誅林衍爲名發動叛亂，佔據西京。元宗入朝之後，崔坦等人於 1270 年 2 月請求蒙古派兵鎮守西京，蒙古將其內屬改名爲東寧府，與高麗劃慈悲嶺爲界。元宗在蒙古得此消息，立即上表忽必烈請求西京復屬高麗，「崔坦、李延齡等，本非有怨於國家者，因權臣擅行廢立，初若倡義起兵，至達於上朝，望屬世子，今臣將以除滅權臣，請兵還國，卷出水內臣民，復都舊京。坦等理宜捨兵歸本，反欲別其強分，各修職貢，有乖初起之跡。天子以四海爲家，義無彼此之擇，諸侯與百姓守土，力致朝宗之勤，豈擬吾民，遽回異趣。伏望許還諸城，俾屬本國」，〔註51〕但忽必烈拒絕其請。

　　高麗國王入朝，也有啓奏未成而改奏他事的情形，如 1293 年 10 月忠烈王入元一行。忽必烈時期，經營和攻擊日本一直是其重要國策之一，爲此自 1266 年起，蒙古就要求高麗派人協同本國使臣出訪日本，希望日本循高麗之例向蒙古稱臣納貢。但日本堅決拒絕這一要求，並斬殺蒙元使臣，於是蒙元與高麗聯軍在 1274 和 1281 年兩度東征日本，結果都以失敗告終，但元朝一直圖謀三征日本。後來，忽必烈雖然因征討安南而暫時放鬆了對日本的進攻準備，但隨著第二次遠征安南的失敗，忽必烈再次將東征日本提上日程。1289 年 1 月，忽必烈派遣參知政事張守智、翰林直學士李天英出使高麗，監督助徵日本軍糧；閏 10 月，元尚書省和樞密院又派人到高麗閱東征日本時合浦兵器，戰前準備再度開始。對於蒙元經略日本的政策，高麗在元宗時代一般消極應對，但忠烈王即位之後，爲了獲得元朝的支持而積極參與其事。1292 年 9 月，忽必烈派洪君祥詢問再征日本的準備情況，忠烈王表示「臣既鄰不庭之俗，庶當躬自致討，以傚微勞」〔註52〕，隨即在 1293 年 8 月派人如元請求親朝以上奏征討日本相關事務。10 月起行，兩個月後忠烈王到達大都。但元世祖病重，忠烈王無法呈奏。1294 年 1 月，忽必烈去世，元成宗即位，東征日本的國策被擱置，因此忠烈王此行的目的無法到達。但忠烈王恰逢元朝皇位更替，爲了使高麗地位不受元朝政局影響，忠烈王立即上表恭賀即位，表達

〔註50〕《高麗史》，第 26 卷，《元宗世家》，庚午十一年二月甲戌。
〔註51〕《高麗史》，第 26 卷，《元宗世家》，庚午十一年二月庚辰。
〔註52〕《高麗史》，第 30 卷，《忠烈王世家》，壬辰十八年九月壬午。

繼續臣服於元的願望，得到元成宗的欣賞，因其年高功大，特許其乘小車至殿門的特權。忠烈王隨即提出了高麗關心的四個請求：耽羅復屬高麗、歸還被擄高麗民眾、冊封齊國大長公主、賜予國王爵位。元成宗許其二，「帝命耽羅還隸高麗；己未年以來被虜及流徙人，可遣使與遼陽行省分揀歸之；公主冊命，其議以聞；國王爵命，既已累降，且待來年」。〔註53〕

第三，結交元朝權貴，以便在國內政治鬥爭中取得優勢

蒙元在控制高麗的過程中，製造矛盾和分裂統治階層是常用的手段。1274年忠烈王即位之後，重用了大批鷹坊、譯官、宦官、內僚等賤系出身的階層，通過他們加強王權，減少了高麗對元朝的依賴，招致了元朝對忠烈王政權的不滿。元成宗對此採取了相應措施，一是從兩國王室婚姻的角度，置疑齊國大長公主的公主地位，「忽都魯迷失非昭睿順聖太后所生，何為亦曰公主」？〔註54〕以此來置疑忠烈王的駙馬地位。〔註55〕從這種意識出發，成宗對忠烈王提出的請婚、加封太師中書令、降公主印章、改世子印章等要求，全部給予回絕。另一方面，元成宗開始支持時在元朝宿衛的高麗世子王璋，並於1298年使其取代其父忠烈王繼承王位。從此，忠烈、忠宣父子矛盾就逐漸升級，為了取得權力鬥爭的勝利，二者都極力結交元朝，父子之間則勢同水火。忠宣王即位之後，做了兩件大事。一是改革了忠烈王時代確定的官制，「先王設官分職，蓋欲得人，而共圖庶務。……凡諸時弊一皆蠲罷，惟宰執之數倍於古制，公家議論，多少異同，事事稽滯，宜當減省。又頃者因避上朝之制，百官名號早曾改之，然或有同而不改者，有不同而改之者，所更之號亦不師古，容有未稱。……載按歷代官職不涉上朝官號者而易置之，或罷不急之司合於一局，庶幾官省而事易理也」。〔註56〕二是打擊和肅清忠烈王支持勢力，鞏固自身統治基礎，任命了趙仁規、洪子藩等大批官員。此舉加劇了父子矛盾，因此忠烈王支持勢力開始反擊，不僅赴元朝誣陷忠宣王，「高麗王昛年老，傳國子璋，有不安其政者，飛讒離間，及璋朝京師，潛使人賂用事者，留璋不遣」，〔註57〕而且借趙妃誣告事件和趙仁規妻匿名信事件向忠宣王發難。忠

〔註53〕《高麗史》，第31卷，《忠烈王世家》，甲午二十年五月。
〔註54〕《元史》，第19卷，《成宗本紀》，元貞二年十一月己巳。
〔註55〕李益柱：《忠宣王即位年（1298）官制改革的性格》，《14世紀高麗的政治和社會》，民音社，1994年版，第99頁。
〔註56〕《高麗史》，第33卷，《忠宣王世家》，戊戌即位年五月辛卯。
〔註57〕《元史》，第178卷，《王約傳》。

宣王雖是忽必烈外甥，擁有蒙古黃金家族血統，並迎娶寶塔實憐公主，地位顯赫，〔註58〕但其即位之後積極肅清忠烈王勢力、強化王權以及爲此進行的一系列改革，引發了高麗政局的不穩定，不利於元朝在高麗的統治利益。而忠宣王的王權強化和統治基礎的鞏固，在客觀上會增強高麗的獨立性，使元朝的支配地位受到威脅，因而不利於元朝對高麗的控制。〔註59〕更重要的是，元朝中期改變了元世祖的對麗政策，積極干預高麗政治，因此元朝考慮另立高麗國王。1298 年 8 月忠宣王被徵入朝，忠烈王復位。爲了在國內的權力鬥爭中取得優勢，忠宣王在元朝宿衛的十年間，積極結交元朝君臣，爲東山再起做準備。其與元武宗、仁宗關係密切，「武宗、仁宗龍潛，與王同臥起，晝夜不相離」，〔註60〕因此受到元朝最高統治者的信賴，其對高麗國政的控制力也日益增強。後來忠宣王在 1307 年元武宗擁立中協助元仁宗平定內亂，迎立武宗，功勞卓著，「當儲皇之救寧內訌也，王與定策」，〔註61〕因此其在武、仁兩朝寵遇無比。元武宗於 1308 年冊封忠宣王爲瀋陽王，「咨爾推忠揆義協謀佐運功臣開府儀同三司征東行中書省左丞相駙馬王璋，世祖外孫，先朝貴壻，方朕纘承之始，寔參翊贊之功，以賞善罰惡之至公，保孝父忠君之大節，可特授開府儀同三司太子太傅上柱國駙馬都尉，進封瀋陽王」。同時，「又令入中書省參議政事，賜金虎符、玉帶、七寶帶、碧鈿金帶及黃金五百兩、銀五千兩，皇后、皇太子亦寵待，所賜珍寶錦綺，未可勝計」。〔註62〕可謂優渥非常，地位顯赫，特別是同時兼任高麗國王和元朝瀋陽王兩個職銜，並擔任元中書省參議政事，其地位已遠非前任歷代國王所能比擬，因此比忠烈王獲得了更爲穩固的元朝的支持。1307 年 3 月，忠宣王趁忠烈王在元之機，派人回國進行人事安排，爲復位做準備，忠烈王的地位受到威脅，「自是，（忠烈）王拱手而國政歸於前王（忠宣王）」。〔註63〕忠烈王於 1307 年 5 月歸國後一年即病死，忠宣王順理成章地東還即位。

〔註58〕 周采赫：《蒙古──高麗史研究的再探討》，《國史館論叢》1989 年第 8 期，第 32 頁。

〔註59〕 李益柱：《忠宣王即位年（1298）官制改革的性格》，《14 世紀高麗的政治和社會》，民音社，1994 年版，第 121 頁。

〔註60〕 《高麗史》，第 33 卷，《忠宣王世家》。

〔註61〕 姚燧：《牧庵集》，第 3 卷，《高麗沈王詩序》。

〔註62〕 《高麗史》，第 33 卷，《忠宣王世家》。

〔註63〕 《高麗史》，第 32 卷，《忠烈王世家》，丁未三十三年三月。

第四，接受元朝審訊與懲罰，主要是指被那些被元朝直接逮捕的高麗國王

1340 年 1 月，忠惠王被押送入元之後，立即成爲階下之囚，被關到刑部大獄，元順帝命令中書省、樞密院、御史臺、翰林院、宗正府等五部會同審理此案。當時，元丞相伯顏的大權獨攬引起了元順帝的擔憂，而其倒行逆施的諸多行徑也不容於朝中大臣。1340 年 2 月，伯顏之侄脫脫等在順帝的授意下，經過周密安排將伯顏流放，脫脫上臺。脫脫隨後上奏元順帝，請求釋放忠惠王，因此忠惠王於同年 4 月歸國復位。忠惠王歸國之後，還是不思悔改，繼續放蕩不羈。8 月，李芸、曹益清等人上書元中書省，極言忠惠王貪淫無道，請求立省以安百姓。元朝對於立省之議雖然沒有給予理睬，但對于忠惠王的行爲終於忍無可忍。1343 年 11 月，元朝派遣大卿朵赤、郎中別失哥等六人到高麗以告郊頒赦爲名，趁忠惠王不備將其逮捕，「王只著禮服，不服重裘」，〔註64〕並命令高龍普等整治國事，德成府院君奇轍、理問洪彬等權征東行省，隨後將逮捕忠惠王的理由詔告高麗臣民，「高麗國王寶塔實里肆爲無道，荼毒境內，民不堪命，來訴京師，今正厥罰，遷之嶺表」。〔註65〕忠惠王被第二次逮捕入元後，高麗大臣紛紛上書請求放回忠惠王，但元朝此次決心已定，於 12 月將忠惠王流放到揭陽縣，後中途暴死，「王傳車疾驅，艱楚萬狀，未至揭陽，丙子薨於岳陽縣，或云遇鴆，或云食橘而殂，國人聞之，莫有悲之者，小民至有欣躍，以爲復見更生之日」。〔註66〕

第五，長期滯留元朝，參與元朝事務

1313 年 4 月，時爲上王的忠宣王隨忠肅王自元朝歸國之後，第二年 1 月再次入元，從此之後到去世爲止一直滯留於中國。在此期間，忠宣王廣泛參與到元朝事務中。其活動大致有四類。首先，交遊文士。1314 年，忠宣王在大都建萬卷堂，與元朝大儒閻復、姚燧、趙孟頫、虞集等人交往，「以考究自娛」。〔註67〕其次，崇釋理佛。忠宣王迷戀佛法，篤信佛教，在隨忠肅王短暫歸國期間就大興佛事，「上王飯僧二千，燃燈二千於延慶宮五日，施佛銀瓶一百，手擎香爐，使伶官奏樂，邀禪僧沖坦、教僧孝楨說法，各施白金一斤，餘僧二千

〔註64〕　《高麗史》，第 89 卷，《后妃傳》。
〔註65〕　《高麗史》，第 37 卷，《忠穆王世家》，甲申即位年四月丙戌。
〔註66〕　《高麗史》，第 36 卷，《忠惠王世家》，甲申五年正月戊辰。
〔註67〕　《高麗史節要》，第 24 卷，《忠肅王》，甲寅元年閏三月。

施白金二十斤。上王嘗願飯百八萬僧、點百八萬燈，至是日飯二千僧，點二千燈五日。可滿僧一萬，燈一萬，期以畢願，謂之萬僧會，其費不可勝紀」。〔註68〕入元之後，忠宣王崇佛程度更甚，「王既謝兩王位，留京師邸，稱病不朝。請所居堂名濟美基德，痛掃溉，閉戶焚香，竟日危坐。飲酒至多，平居不進一盃，廐中唯飼一馬，聲色之娛，鷹狗之玩，不萌於心。唯酷嗜浮圖法，舍本國舊宮爲旻天寺，極土木之工，範銅作佛三千餘軀，泥金銀寫經二藏黑本五十餘藏，邀蕃僧譯經受戒，歲無虛月，人或以爲言，好之彌篤」。〔註69〕忠宣王還多次到元朝寺院拜佛奉香，元朝文集中對此多有記載。〔註70〕再次，參與文化事務。元朝帝師八思巴創設蒙古文字，有鮮卑僧人請求爲其立祠比孔子，忠宣王上陳建議，「師製字有功於國，祀之自應古典，何必比之孔氏？孔氏百王之師，其得通祀，以德不以功，後世恐有異論」。〔註71〕最後，參與元朝政治，捲入政派鬥爭。忠宣王此次入元到其被流放爲止，經歷了元朝仁宗當政和英宗即位時期，前後達六年之久。元武宗在位期間，元朝中央政府存在著武宗勢力和仁宗——答己太后兩大集團。1311 年武宗去世，仁宗即位，其母答己太后開始培植自己的勢力集團，在仁宗即位之初即任命親信鐵木迭兒爲右丞相以牽制仁宗，同時強化徽政院的權力以深入干涉朝政，兩大勢力圍繞著政治主導權展開了全面的爭鬥。忠宣王及其隨從大臣發現兩派鬥爭中答己太后佔有優勢，幾乎掌控朝中政局，並主導了冊封元英宗爲皇太子的活動，因此倒向了答己太后一邊，成爲皇太后一系的支持勢力。仁宗於 1320 年 1 月過世後，答己太后趁英宗尚未正位，復任鐵木迭兒爲右丞相，肅清了仁宗勢力。仁宗時答己太后力主英宗即位，本是想利用其年輕易於操縱以便徹底控制朝局，但元英宗卻銳意革新，很有治國之志，對答己一派結黨營私、陰謀亂政的行爲非常不滿，開始對其牽制，任命拜住爲中書省平章政事，打擊鐵木迭兒勢力。在鞏固了自身基

〔註68〕《高麗史》，第 34 卷，《忠肅王世家》，癸丑即位年十月丙子。
〔註69〕李齊賢：《益齋亂稿》，第 9 卷，上，《有元贈敦信明義保節貞亮濟美翊順功臣太師開府儀同三司尚書右丞相上柱國忠憲王世家》，見於韓國民族文化推進會編：《韓國文集叢刊》，第 2 編。
〔註70〕程文海：《楚國文憲公雪樓程先生文集》，第 18 卷，《大慶壽寺大藏經碑》。黃溍：《金華黃先生文集》，第 41 卷，《榮祿大夫大司空大都大慶壽禪寺住持長老佛心普慧大禪師北溪延公塔銘》。果滿：《廬山蓮宗復教集》，下，《高麗國王開宗念佛發願文》、《高麗國王勸國人念佛疏》。宋濂：《宋學士文集》，第 58 卷，《佛心慈濟妙辯大師別峰同公塔銘》等。
〔註71〕《高麗史節要》，第 24 卷，《忠肅王》，甲寅元年閏三月。

礎之後，元英宗對答己太后勢力展開了大規模的清算，於 1320 年 6 月份革罷了徽政院，答己勢力被釜底抽薪，元英宗掌握了朝中大權。作為答己的支持勢力，忠宣王在英宗一派得勢的過程中逐漸失勢。1320 年 5 月，忠宣王請求降香江南，「蓋知時事將變，冀以避患也」，〔註72〕想藉此遠離元朝中央的是是非非，但為時已晚，忠宣王一行在 6 月份至金山寺時即被英宗派遣的騎兵逮捕回京，隨即令其歸國，但忠宣王遲疑不發。10 月份，英宗將忠宣王下於刑部，不久後剃髮為僧，將其安置於石佛寺。1320 年 12 月，元英宗以學佛經為名，將忠宣王流放到吐蕃撒思結之地，忠宣王最終成為元朝政治紛爭的犧牲品。〔註73〕此後忠宣王顛沛流離，一直到 1323 年泰定帝即位大赦天下才被召回。1325 年 5月，忠宣王死於元大都，7 月靈柩被高麗迎回。

四、高麗國王入朝的影響

　　蒙元時期高麗國王入朝，少則數月，多則幾年，在元朝進行了大量的外交活動，包括覲見皇帝、處理兩國關係、結交權貴、接受懲罰、參與元朝內政等等。從上文的論述來看，高麗國王從事這些活動的著眼點，主要是維護高麗的國家利益和鞏固國王自身的權力等；在客觀作用上，這些活動又對兩國宗藩關係產生了影響。

首先，高麗國王入朝，鞏固了兩國宗藩關係

　　在兩國宗藩關係正式成立之前，忽必烈為了誘導高麗服從蒙古主導的宗藩關係而要求元宗入朝行覲見之禮，此舉確實收到了積極的效果，高麗元宗不僅在 1264 年 8 月親朝覲見，而且此後也按照諸侯之禮行事。1268 年誅殺金俊之後，高麗考慮到自己作為蒙古的諸侯國，有義務將此事通告蒙古，「誠切終始於供職，將輸萬世之勤，事無大小以告王，蓋在諸侯之誼」，〔註74〕立即向蒙古報告了此事，由於蒙古和高麗雙方的努力和其他條件的先後具備，1274年元麗宗藩關係正式建立。此後，高麗國王完全服從於兩國之間的宗藩關係，銘記「朝覲，諸侯享上之儀」，〔註75〕頻繁地入元親朝，並得到了元朝統治者

〔註72〕《高麗史節要》，第 24 卷，《忠肅王》，庚申七年五月。
〔註73〕金光哲：《14 世紀初元朝政局動向和忠宣王流配吐蕃》，《韓國中世史研究》1996年第 3 期，第 290～343 頁。
〔註74〕金坵：《止浦集》，第 2 卷，《誅金俊告奏表》，見於韓國民族文化推進會編：《韓國文集叢刊》，第 2 編。
〔註75〕《高麗史》，第 28 卷，《忠烈王世家》，戊寅四年三月己亥。

的欣賞。高麗通過屢次親朝覲見皇帝和賀正，使元朝統治者瞭解到高麗一直在謹慎奉行宗藩關係；加上由於兩國王室聯姻而形成的甥舅關係，元朝的皇帝、太后和太子大多重視高麗，不僅使其在諸王、駙馬中名位前列，而且在處理一些涉及高麗權利的事件中，能夠聽從高麗君臣的意見和建議。同時，高麗國王對親朝過程中受到的禮遇往往感懷至深，多次表示願意永奉臣職。如1278年9月忠烈王歸國後，對忽必烈的對麗政策表示歡迎，決心恪守藩禮，拱衛朝廷，「君親字小之恩，乾坤覆燾，臣子享上之懇，天日照臨，伏念臣恪守侯蕃，阻朝宸所，望雲戒道，邈隔關山，尅日騰裝，猶如咫尺，郊迎絡繹，臺饋轉豐，讒說鼓虛，多般沮毀，情衷燭實，一切蕩除。凡所條陳，悉皆頷肯，乃至下情之未盡披露，亦皆先照而俾就安便，百姓咸得聊生，三韓舉欣再造，此蓋伏蒙睿注銀潢之派，恩迴木域之春。臣謹當承溫諭非常之寶辭，敢忘孝順，竭平生所有之綿力，小答恩憐」。〔註76〕可見，由於元朝執行的對麗懷柔政策和高麗國王的屢次親朝，二者之間的宗藩關係得到了鞏固。

其次，維護了高麗的國家利益

在元麗宗藩關係當中，由於蒙元文化的二元性等因素，使這種關係體現出明顯的強制性和壓迫性，蒙元政權處於這種關係的主導一方，可以按照自己意願對高麗內政橫加干涉，包括徵召國王入朝、廢立國王、策動立省等等。處於被動一方的高麗，單純完全服從於宗藩關係，並不能保證其國家利益不受損害。比如在元朝曾三番五次地出現抹殺高麗獨立性、立省高麗比於內地的立省策動，都嚴重威脅到了高麗的獨立地位。而高麗國王通過親朝蒙元，一方面可以瞭解元朝統治階層對高麗政策的意向，進而為高麗採取何種應對措施提供參考。1278年4月忠烈王入朝辯明金方慶誣告事件時，在7月份面聖陳述了事件整個過程之後，元世祖下令忠烈王君臣商議「安集百姓」之策以奏。忠烈王集思廣益之後，向元中書省和忽必烈提交了一份上千言的建議書，內容涵蓋禁止駐紮在高麗的元朝軍官及達魯花赤干涉高麗內政、請元軍駐紮江華島以堵誣告高麗叛亂之讒、禁設脫脫禾孫、將東寧府歸還高麗、刷還高麗流民、禁止元軍撤退時擄掠高麗人口、允許高麗自給箭子、歸還高麗谷州和遂安等城、耽羅所放逐的元朝罪犯依前不徙、禁止遼陽人擄高麗人口、禁止官軍騷擾、清點高麗戶籍、留元朝合浦軍以備日本等等。〔註77〕對此，

〔註76〕《高麗史》，第28卷，《忠烈王世家》，戊寅四年閏十一月癸丑。
〔註77〕《高麗史》，第28卷，《忠烈王世家》，戊寅四年七月。

元世祖幾乎是一一應允，「是行也，凡國家騷擾事，一切奏除，國人頌德感泣」。
〔註 78〕另一方面，高麗國王通過親朝蒙元，還可以與蒙元最高統治者直接商
討對策或消除誤解，遏制企圖破壞高麗國家利益的行為。1302 年 12 月忠烈王
入朝賀正時，高麗附元勢力洪重喜等人為了維護自身在遼陽地區的利益，煽
動遼陽行省請求元朝將征東行省和遼陽行省合併為一省，將治所移至東京。〔註
79〕忠烈王入朝時，立即親自上書元成宗和中書省陳述不可並省的兩大理由：
一，征東行省本為征討日本而設，一旦與遼陽合併，則在防備日本方面存在
諸多不便，「自東京至王京一千五百餘里，自王京至合浦一千四百餘里，若合
浦海外忽有微波之警，則報告往來之際，千里尚遠，況三千里外乎？」；二，
援用「世祖舊制」加以反對，「更兼照得本省，即係元奉世祖皇帝聖旨立到，
若蒙准咨，止令當職，依舊行征東省事，專委威鎮東方極邊未附日本國邊面
勾當，似望不致失悞邊關事務，據此合行咨稟」。〔註 80〕加上當時元朝中書省
大臣完澤、哈剌哈孫等人的反對，此次並省動議擱淺。

第三，加強了元朝對高麗內政的控制與影響，加劇了高麗後期政治紊亂

　　高麗後期，出現多次國王為鞏固自身權力以在國內鬥爭中取得優勢而入
朝蒙元的情況，如前述忠宣王 1298 年和忠肅王 1330 年的入朝活動等。元朝
自中期成宗時期開始，就著力分裂高麗的統治階層，包括製造國王父子矛盾、
培養附元勢力等，高麗國王屢次親朝和兩國人員往來的頻繁，本來就使元朝
對高麗的政局變動瞭如指掌，而一些高麗國王因為在國內政治鬥爭中失勢入
元尋求支持，則更符合了元朝中期以後加強控制高麗的意圖。忠宣王 1298 年
8 月入朝、忠烈王復位之後，忠烈王出於維護自身權力和地位的目的，在大臣
宋璘等人的鼓動下，積極阻止忠宣王歸國；為了切斷忠宣王與元朝皇室的關
係，忠烈王又圖謀令忠宣王妃薊國大長公主改嫁給瑞興侯王琠，並要求親朝
稟告情況。當時忠宣王剛入元不久，雖然也在密切地關注著高麗的政治動向，
無奈根基不穩，無從應對來自忠烈王的挑戰，好在元成宗對忠烈王的真實意
圖洞若觀火，認識到一旦忠烈王得逞，將對維護高麗政局穩定和兩國關係不

〔註 78〕《高麗史》，第 28 卷，《忠烈王世家》，戊寅四年九月乙巳。
〔註 79〕金惠苑：《元干涉期立省論及其性格》，《14 世紀高麗的政治與社會》，民音社，
　　　　1994 年版，第 44～45 頁。
〔註 80〕《高麗史》，第 32 卷，《忠烈王世家》，壬寅二十八年十二月。

利，因此在忠烈王父子之間採取了平衡政策，拒絕了忠烈王的親朝要求，而且派人訓誡其不當如是，「天地間至親者父子，至重者君臣，彼小人知自利，寧肯爲王國家地耶」？〔註 81〕忠宣王的此次危機才得以平安度過。此後，忠宣王痛定思痛，發現其面對忠烈王的進攻缺乏還手之力，最主要的原因是缺乏來自元朝中央的支持，於是開始積極發展與時在潛邸的元武宗、仁宗的私人關係，後來隨著元朝政局的變動，忠宣王在擁立武宗中建立大功，因此獲得了元朝的大力支持，被元武宗授於瀋陽王之位。由於武宗、仁宗與忠宣王的私人關係，二者在對忠宣王父子的政策上開始偏向于忠宣王。1305 年忠烈王入元期間，忠宣王在二人支持下開始著手安排高麗人事，不僅如此，忠宣王還說服時爲皇太子的元仁宗，將滯留於元的忠烈王遷於慶壽寺，〔註 82〕逐漸取得了對高麗政局的絕對控制權。此外，元朝因爲高麗國王荒亂無道而直接逮捕入朝的活動，也影響了高麗的內政穩定。1339 年 11 月忠惠王被首次逮捕之後，元使頭麟等人同時逮捕了大批高麗官員，包括洪彬、韓帖木兒不花等人，同時以元順帝之命令高麗樂安君金之謙和前僉議評理金資權管國事，結果高麗國政實際上由忠肅王妃慶華公主完全代理，其先是罷免了贊成事鄭天起，接著任命金之謙權管征東行省事，金資提調都僉議司事，開始積極干政。1343 年 11 月忠惠王再次被逮捕時，元使朵赤任命高麗籍宦官高龍普整治高麗國事，德成府院君奇轍等權行征東行省事。可以看出，在兩次事件中，元朝都加強了對高麗的控制與干涉，在人事任免和安排上根本不見高麗政府能起到任何作用。具體來看，第一次由元朝公主承元朝旨意安排征東行省和高麗最高行政機關僉議司長官，第二次則由元使直接明確指定官員職位，其直接控制高麗內政的程度更甚於第一次。而且，高龍普和奇轍都是高麗附元勢力的主要代表人物，〔註 83〕任命他們爲兩大部門最高長官，更能顯示出元朝切實控制高麗政治運行的意圖。

〔註 81〕 《高麗史》，第 32 卷，《忠烈王世家》，癸卯二十九年十一月辛酉。
〔註 82〕 《高麗史》，第 32 卷，《忠烈王世家》，丁未三十三年三月。
〔註 83〕 高龍普本爲高麗宦官，但早年入元有寵，被拜爲資政院使，多次奉使高麗，因而十分瞭解高麗政治狀況。（《高麗史》，第 102 卷，《高龍普傳》）奇轍乃是元順帝第二皇后奇完者忽都之兄，依靠奇皇后的地位，奇轍被元朝封爲征東行省參知政事、遼陽省平章大司徒，被高麗封爲政丞、德成府院君等職。（《高麗史》，第 131 卷，《奇轍傳》）二人皆權傾一時，爲元朝後期高麗附元勢力的主要代表人物。參見白仁鎬：《高麗後期附元勢力研究》，世宗出版社，2003 年版，第 158～183 頁之「附元勢力一覽表」。

五、結論

　　在兩國宗藩體制下，蒙元因建立和發展宗藩關係的需要，多次徵召高麗國王入朝。無論是為了顯示宗主國地位，還是傳喚高麗國王問話甚至直接逮捕高麗國王入元問訊，都體現出在兩國宗藩關係中蒙元不斷強調對高麗的單方面支配權這一實質。高麗國王為了在這種宗藩關係框架中維護國家的獨立和自身的地位，大多積極響應蒙元要求入朝，還屢次主動親朝。高麗國王在入朝的過程中，不僅朝覲蒙元皇帝，行藩屬國之禮，而且利用面聖的機會處理與高麗和兩國關係相關的事宜。由於蒙元對高麗干涉程度的不斷加深，使高麗多次出現王位重祚的現象，高麗政局對蒙元的依附性也逐漸增強，因此高麗國王為了在國內政治鬥爭中取得優勢，也頻繁入元尋求來自元朝最高統治階層的支持。高麗國王的入朝覲見，履行了作為藩屬國的義務，加上兩國王室婚姻關係的存在，因此得到了蒙元統治者的欣賞，使其在處理與高麗關係時在一定程度上能夠聽從來自高麗方面的建議；其對高麗國王禮遇有加，則使高麗堅定「事大以誠」的決心，忠心拱衛帝室，由此而促進了宗藩關係的鞏固與發展。高麗國王入朝之後，針對兩國關係出現的問題聽取蒙元統治者的意見，以及及時向蒙元陳述事實、消除誤解的活動，使蒙元在製定和執行對高麗政策時能夠考慮到高麗的利益和意見，因此有力地保證和維護了高麗的國家權益。但是，高麗國王頻繁親朝，蒙元統治者得以非常清楚高麗國內的政治形勢，使其製定的干涉和控制高麗的政策和措施更為有效；特別是高麗王位因為元朝干涉而屢次重祚後，失勢國王入朝尋求支持，更有利於蒙元對高麗控制的加深。由此可以看出，高麗國王入朝，乃是蒙元主導的兩國宗藩關係建立和發展的需要，它反過來又促進了這種宗藩關係的深入發展；同時，由於這種宗藩關係本身存在著強制性和壓迫性，因此高麗國王親朝對高麗內政來說就變成一把雙刃劍，既可以用來維護高麗的國家利益，同時也給高麗帶來了內政紊亂、蒙元干涉加強的惡果。

附　表

兩國世系表

蒙　　　元	高　　　麗
太祖（1206～1227） 睿宗（1228） 太宗（1229～1241） 乃馬眞後（1242～1245） 定宗（1246～1247） 海迷失後（1248～1250） 憲宗（1251～1259）	高宗（1213～1259）
世祖（1260～1294）	元宗（1259～1274） 忠烈王（1274～1298）
成宗（1295～1307）	忠烈王（1298～1308）
武宗（1308～1311）	忠宣王（1308～1313）
仁宗（1312～1320） 英宗（1321～1323） 泰定帝（1323～1328） 天順帝（1328） 文宗（1328） 明宗（1329）	忠肅王（1313～1330）
文宗（1330～1331） 甯宗（1332）	忠惠王（1330～1332）

蒙　　　元	高　　　麗
順帝（1333～1370）	忠肅王（1332～1339） 忠惠王（1339～1344） 忠穆王（1344～1348） 忠定王（1348～1351） 恭愍王（1351～1374）
昭宗（1371～1378） 孛兒只斤脫古思帖木兒（1379～1388）	辛禑王（1374～1388）
	辛昌王（1388～1389） 恭讓王（1389～1392）

蒙元時期高麗國王入朝表

入朝國王及在位時間	入朝時間（陰曆）	歸國時間	所屬類型	具體原因	入朝活動	次數
元宗 1259～ 1274	1264.8	1264.12	蒙元徵召	修世見之禮	拜謁元世祖	2
	1269.12	1270.5	蒙元徵召	問林衍擅廢國王	拜謁元世祖、爲世子請婚、請兵、請求西京複屬高麗	
忠烈王 1274～ 1308	1278.4	1278.9	蒙元徵召	問金方慶誣告事件	拜謁元世祖、辯金方慶事及談禪法會、征日本、請從征北邊、召回洪茶丘軍、置達魯花赤、禁駐高麗軍官及達魯花赤幹政、元軍駐江華島、禁設脫脫禾孫、還東寧府、刷高麗流民、禁元軍擄掠人口、給箚子、還穀州和遂安等城、耽羅所放罪犯不徙、禁遼陽人擄高麗人口、禁官軍騷擾、清點戶籍、留合浦軍備倭	11
	1278.12	1279.2	主動入朝	辯明忻都、洪茶丘誣告是非	拜謁元世祖、辯明高麗阻撓元軍攜帶妻子一併撤回及誅殺李汾禧兄弟事	

入朝國王及在位時間	入朝時間（陰曆）	歸國時間	所屬類型	具體原因	入朝活動	次數
忠烈王 1274～1308	1280.8	1280.9	蒙元徵召	東征日本事	拜謁元世祖、征日本事（高麗鎮守耽羅軍補充東征軍、減麗漢軍及令蒙軍進攻、勿加茶丘職及高麗王與闍裏帖木兒共管征東省事、賜高麗軍官牌面、漢地濱海之人沖梢工水手、遣按廉使慰問百姓、忠烈王親赴合浦爲東征軍送行）	
	1284.4	1284.9	主動入朝	不詳	進獻貢物	
	1287.6	1287.12	蒙元徵召	入賀節日	拜謁元世祖、賀節日	
	1289.11	1290.3	主動入朝	不詳	請歸還因林衍之亂居於大同之高麗人	
	1293.10	1294.8	主動入朝	奏征日本事	拜謁元世祖（未成行）及眞金太子妃、參與忽必烈喪事、迎元成宗即位、奏四事（歸耽羅於高麗、歸還被擄高麗民、冊公主、賜國王爵命）	
	1296.9	1297.5	蒙元徵召	世子婚姻	拜謁元成宗及皇太后、參與宴會、賀正、爲晉王餞行、扈從元宗狩獵、請歸還己未年來被擄及遼沈地區高麗流民	
	1300.4	1300.閏8	主動入朝	吊闊闊眞太后喪	拜謁元成宗、參加只孫宴、爲成宗上壽及設扶頭宴、祭太后、獻童女及太監、奏風俗百事（內容不詳）、辯韓希愈誣告事件	
	1302.12	1303.5	蒙元徵召	賀正	賀正、挫遼陽省並征東、遼陽爲一省之動議	
	1305.11	1307.5	蒙元徵召	賀正	賀正、得知忠宣王欲于歸途加害於己而滯留於元、被忠宣王遷于慶壽寺	

入朝國王及在位時間	入朝時間（陰曆）	歸國時間	所屬類型	具體原因	入朝活動	次數
忠宣王 1298／ 1308～ 1313	1298.8	1308.8	蒙元徵召	廢位	宿衛十年、與武宗兄弟建立關係、擁立武宗、受封瀋陽王、任中書省參議政事	3
	1308.11	1313.4	主動入朝	懷念元朝生活	受寵于皇室、成宗即位後拒絕歸國、傳國王位於忠肅王王燾	
	1314.1	1325.5	主動入朝	懷念元朝生活，遙控高麗	與元文士交流、傳沈王位于王暠、崇釋理佛、捲入元朝政治鬥爭、被流放、去世	
忠肅王 1313～ 1330／ 1332～ 1339	1316.2	1316.10	主動入朝	完婚	拜謁元仁宗、娶元營王女亦憐眞八剌公主	4
	1321.4	1325.5	蒙元徵召	軟禁於元	被軟禁、娶元魏王女金童公主	
	1330.閏7	1333.閏3	主動入朝	廢位	尋求支持、被命復位	
	1336.12	1337.12	蒙元徵召	不詳	請求元朝收回「高麗人不得執持軍器，凡有馬者拘入官」之成命	
忠惠王 1330～ 1332／ 1339～ 1344	1332.2	1336.12	蒙元徵召	廢位	不詳	3
	1339.11	1340.4	蒙元徵召	亂政被逮捕	被囚于刑部、被釋放復位	
	1343.11	1344.6	蒙元徵召	廢位被再次逮捕	被流放、去世	

參考文獻

一、史料

1. 脫脫：《金史》，中華書局，1975 年。
2. 宋濂：《元史》，中華書局，1997 年。
3. 柯劭忞：《新元史》，上海古籍出版社，1989 年。
4. 汪輝祖：《元史本證》，中華書局，2004 年。
5. 陳邦瞻：《元史紀事本末》，商務印書館，1969 年。
6. 張廷玉：《明史》，中華書局，1974 年。
7. 屠寄：《蒙兀兒史記》，上海古籍出版社，1989 年。
8. 權衡：《庚申外史》，北平文殿閣書莊，1937 年。
9. 劉佶：《北巡私記》，北平文殿閣書莊，1937 年。
10. 王世貞：《弇山堂別集》，中華書局，1985 年。
11. 蘇天爵：《元文類》，上海古籍出版社，1993 年。
12. 蘇天爵：《滋溪文稿》，中華書局，1997 年。
13. 陶宗儀：《南村輟耕錄》，中華書局，1997 年。
14. 葉子奇：《草木子》，中華書局，1997 年。
15. 潘哲等：《清入關前史料選輯》，中國人民大學出版社，1989 年。
16. 《蒙古秘史》，河北人民出版社，2001 年。
17. 《漢譯蒙古黃金史綱》，內蒙古人民出版社，1985 年。
18. 《全元文》，江蘇古籍出版社，1999 年。
19. 《通制條格》，浙江古籍出版社，1986 年。
20. 《大元聖政國朝典章》，臺灣故宮博物院，1976 年。

21. 《元高麗紀事》，臺灣廣文書局，1972 年。

22. 《明實錄》，臺灣中央研究院歷史語言研究所，1962 年。

23. 《明會典》，商務印書館，1936 年。

24. 《明經世文編》，中華書局，1962 年。

25. 《清實錄》，中華書局，1985 年。

26. 鄭麟趾：《高麗史》，朝鮮民主主義人民共和國科學院，1958 年。

27. 金宗瑞：《高麗史節要》，韓國亞細亞文化社，1973 年。

28. 張東翼：《元代麗史資料集錄》，首爾大學出版社，1999 年。

29. 金龍善：《高麗墓誌銘集成》，翰林大學出版社，2001 年。

30. 《韓國文集叢刊》，第 1～8 編，韓國民族文化推進會，影印標點本，1996 年。

31. 《李朝實錄》，日本東京學習院東洋文化研究所，1953～1966 年。

32. 勒尼·格魯塞：《草原帝國》，青海人民出版社，1991 年。

33. 志費尼：《世界征服者史》，江蘇教育出版社，2005 年。

34. 《大越史記全書》，日本國文社，1885 年。

二、論著

中文

1. 吳木生：《東亞國際關係格局：1894～1945》，天津社會科學院出版社，2001 年。

2. 黃枝連：《天朝禮治體系研究（上卷）》，中國人民大學出版社，1992 年。

3. 黃枝連：《天朝禮治體系研究（中卷）》，中國人民大學出版社，1994 年。

4. 黃枝連：《天朝禮治體系研究（下卷）》，中國人民大學出版社，1994 年。

5. 張啓雄：《外蒙主權歸屬交涉：1911～1916》，臺灣中央研究院近代史研究所，1995 年。

6. 濱下武志：《近代中國的國際契機——朝貢貿易體系與近代亞洲經濟圈》，中國社會科學出版社，1999 年。

7. 蔣非非、王小甫、張帆等：《中韓關係史（古代卷）》，社會科學文獻出版社，1998 年。

8. 宋慧娟：《清代中朝宗藩關係嬗變研究》，吉林大學出版社，2007 年。

9. 陳尚勝：《中國傳統對外關係的思想、制度與政策》，山東大學出版社，2007 年。

10. 陳尚勝：《五千年中外文化交流史》第一卷，世界知識出版社，2002 年。

11. 史仲文、胡曉林主編：《百卷本中國全史》，人民出版社，1994 年。

12. 白壽彝、陳得芝等編：《中國通史》，上海人民出版社，1997 年。

13. 韓儒林主編：《元朝史》，上冊，人民出版社，1986 年。

14. 羅賢祐：《元代民族史》，四川民族出版社，1996 年。

15. 傅海波、崔瑞德編：《劍橋中國遼西夏金元史》，中國社會科學出版社，1998 年。

16. 周良霄、顧菊英：《元史》，上海人民出版社，2003 年。

17. 李治安：《忽必烈傳》，人民出版社，2004 年。

18. 吳廷璆：《日本史》，南開大學出版社，1994 年。

19. 林景淵：《迷濛七世紀——幕府時代的中日關係》，臺灣南天書局，2007 年。

20. 楊昭全、韓俊光：《中朝關係簡史》，遼寧民族出版社，1992 年。

21. 楊昭全、何彤梅：《中國——朝鮮‧韓國關係史》，天津人民出版社，2001 年。

22. 楊昭全：《中國——朝鮮‧韓國文化交流史》，崑崙出版社，2004 年。

23. 王薇等：《中朝關係史——明清時期》，世界知識出版社，2002 年。

24. 喜蕾：《元代高麗貢女制度研究》，民族出版社，2003 年。

25. 朱子彥：《後宮制度研究》，華東師範大學出版社，1998 年。

26. 何勁松：《韓國佛教史》，下，宗教文化出版社，1997 年。

韓文

1. 金翰奎：《天下國家——傳統時代東亞世界秩序》，소나무，2005 年。

2. 金浩東：《蒙古帝國與高麗》，首爾大學出版社，2007 年。

3. 朴龍雲：《高麗時代史》，一志社，1991 年。

4. 鄭求先：《中世時代的宦官與貢女》，國學資料院，2004 年。

5. 李益柱：《高麗‧元關係的構造與高麗後期政治體制》，首爾大學博士論文，1996 年。

6. 閔賢九：《高麗政治史論》，高麗大學出版社，2004 年。

7. 沈載錫：《高麗國王冊封研究》，혜안，2002 年。

8. 鄭容淑：《高麗時代的后妃》，民音社，1992 年。

9. 全海宗：《韓中關係史研究》，一潮閣，1977 年。

10. 盧啓鉉：《高麗外交史》，甲寅出版社，1994 年。

11. 盧啓鉉：《麗蒙外交史》，甲寅出版社，1993 年。

12. 高柄翊：《東亞交涉史的研究》，首爾大學出版社，1970 年。

13. 高柄翊：《東亞細亞的傳統與近代史》，三知院，1984 年。

14. 朴玉傑：《高麗時代的歸化人研究》，國學資料院，1996 年。
15. 白仁鎬：《高麗後期附元勢力研究》，世宗出版社，2003 年。
16. 尹龍爀：《高麗對蒙抗爭史研究》，一志社，1993 年。
17. 金渭顯：《高麗時代對外關係史研究》，景仁文化社，2004 年。
18. 金庠基：《新編高麗時代史》，首爾大學出版社，1985 年。
19. 張東翼：《高麗後期外交史研究》，一潮閣，1994 年。
20. 金塘澤：《高麗的武人政權》，國學研究院，1999 年。
21. 金塘澤：《元干涉下的高麗政治史》，一潮閣，1998 年。
22. Pirojenko Oleg：《13 世紀高麗‧蒙古交涉期洪福源一家的政治動向》，高麗大學碩士畢業論文，2005 年。

英文

1. John K. Fairbank, The Early Treaty System in the Chinese World Order, THE CHINESE WORLD ORDER: Traditional China's Foreign Relations Harvard University Press, Cambridge, Massachusetts, 1968.
2. Hsiao Chi'-ch'ing, The Military Establishment of the Yuan Dynasty, Cambridge, Mass.: Harvard University Press, 1978.
3. Langlois, J. D. Jr. ed., 「introduction'」China under the Mongol Rule, Princeton: Princeton University Press, 1981.
4. Endicott-West, E., Mongolian Rule in China: Local Administration in the Yuan Dynasty, Cambridge: Mass., Harvard University Press, 1989.

三、論文

中文

1. 何芳川：《「華夷秩序」論》，《北京大學學報（哲學社會科學版）》，1998 年第 6 期。
2. 宋成有：《東北亞國際格局：「中韓日三國三足鼎立論」》，《亞太研究論叢》（一），北京大學出版社，2004 年。
3. 全海宗：《韓中關係史導論之二——中國與韓國》，《中韓關係史論集》，中國社會科學出版社，1997 年。
4. 張帆：《元朝的特性——蒙元史若干問題的思考》，《學術思想評論》，遼寧大學出版社，1997 年。
5. 楊志玖：《元世祖時代「漢法」與「回回法」之衝突》，《元史三論》，人民出版社，1985 年。
6. 羅賢祐：《許衡、阿合馬與元初漢法、回回法之爭》，《民族研究》2005 年第 5 期。

7. 馬娟：《元代回回法與漢法的衝突與調適》，《回族研究》2004 年第 3 期。

8. 孟古托力：《古代北方民族女性參政的若干問題：兼南北女性參政之對比》，《學習與探索》1996 年第 6 期。

9. 葛麗敏：《淺論元代姑姑冠的製作材質及其保護》，《內蒙古文物考古》2004 年第 1 期。

10. 丁昆健：《元代征東行省之研究》，《史學彙刊》1980 年第 10 期。

11. 宋炯：《元代的征東行省》，《廣西社會科學》2002 年第 5 期。

12. 楊通方：《五代至蒙元時期中國與高麗的關係》，《韓國學論文集》第三輯，東方出版社，1994 年。

13. 宋曉念：《高宗朝麗蒙關係考述》，《韓國研究》第五輯，中國社會科學出版社，1998 年。

14. 張雪慧：《試論元代中國與高麗的貿易》，《中國社會經濟史研究》2003 年第 3 期。

15. 陳高華：《元朝與高麗的海上交通》，《陳高華文集》，上海辭書出版社，2005 年。

16. 王明星：《元朝高麗內屬政策的出臺和失敗》，《朝鮮·韓國歷史研究》，第 11 輯。

17. 范壽琨：《試論十三世紀蒙古對高麗的入侵》，《社會科學戰線》1983 年第 4 期。

18. 朴文一：《論 1231～1260 年間蒙麗戰爭與外交之爭》，《延邊大學社會科學學報》1997 年第 1 期。

19. 林德春：《略論蒙元與高麗的關係》，《松遼學刊（社會科學版）》1997 年第 4 期。

20. 嚴聖欽：《高麗與蒙元的政治軍事關係》，《韓國學論文集》第四輯，社會科學文獻出版社，1995 年。

21. 魏志江：《13 世紀初金、蒙古、東夏及其與高麗的多邊關係》，《中韓關係史研究》，中山大學出版社，2006 年。

22. 李則芬：《征服高麗始末》，《元史新講》（三），臺灣黎明文化事業公司，1989 年。

23. 伍操：《中國古代赦免制度及其歷史沿革》，《重慶社會科學》，2008 年第 6 期。

24. 田俊遷：《蒙元時期蒙古與高麗的經濟文化交流和民族融合》，《甘肅社會科學》2001 年第 6 期。

25. 朴眞奭：《十三世紀後半期——十四世紀元與高麗的科技交流》，《延邊大學學報（社會科學版）》1981 年第 4 期。

26. 薛磊：《元朝與高麗政治關係中的重要人物——高麗忠宣王王璋》，《內蒙古社會科學（漢文版）》2004 年第 3 期。

27. 薛磊：《元世祖朝東寧路芻議》，《歷史教學》，2009 年第 18 期。

28. 薛磊：《論忽必烈時期元日關係中高麗王朝的態度》，《內蒙古大學學報（人文社會科學版）》2002 年第 2 期。

29. 顏培建：《高麗與蒙元的漢文化交流》，《南陽理工學院學報》，2010 年第 2 卷第 5 期。

30. 畢奧南：《乃顏——哈丹事件與元麗關係》，《內蒙古社會科學》1997 年第 3 期。

31. 張言夢：《元代來華高麗僧人考述》，《內蒙古社會科學（漢文版）》1999 年第 4 期。

32. 桂棲鵬：《入元高麗僧人考略》，《西北師大學報（社會科學版）》2001 年第 2 期。

33. 桂棲鵬：《元代科舉中的高麗進士》，《元代進士研究》，蘭州大學出版社，2001 年。

34. 馬彥：《元麗王室聯姻關係考略》，《東北亞研究》1997 年第 3 期。

35. 王崇實：《元與高麗統治集團的聯姻》，《吉林師範學院學報》（哲社版）1992 年第 4 期。

36. 舒健：《怯憐口與高麗政局關係初探》，《元史及民族與邊疆研究集刊》，第 23 輯。

37. 蕭啓慶：《元麗關係中的王室皇姻與強權政治》，臺灣韓國研究學會編《中韓關係國際研討會論文集》，易承打字印刷事業公司，1983 年。

38. 羅賢祐：《試論元朝蒙古皇室的聯姻關係》，《中國民族史研究》，中國社會科學出版社，1987 年。

39. 朴延華、朱紅華：《試論元麗兩國政治聯姻關係》，《延邊大學學報（社會科學版）》2004 年第 1 期。

40. 朴延華、李英子：《高麗王室族內婚制及其變化》，《東疆學刊》2003 年第 1 期。

41. 喜蕾：《高麗史中的回回人張舜龍》，《回族研究》2000 年第 3 期。

42. 喜蕾：《從高麗文獻看元代的回回人》，《內蒙古大學學報（人文社會科學版）》2006 年第 4 期。

43. 喜蕾：《元代高麗貢宦制度與高麗宦官勢力》，《內蒙古社會科學（漢文版）》2002 年第 3 期。

44. 喜蕾：《元朝宮廷中的高麗女性》，《元史論叢》第八輯，江西教育出版社，2001 年。

45. 喜蕾：《安西王阿難達對高麗政治勢力的利用》,《西北民族研究》2001 年第 1 期。

46. 喜蕾：《元代高麗貢女與蒙古族以外的其他民族通婚狀況考述》,《西北民族研究》2002 年第 3 期。

47. 喜蕾、特木爾巴格那：《元代高麗貢女制度與其政治文化背景》,《內蒙古社會科學（漢文版）》2003 年第 5 期。

48. 喜蕾：《論元代高麗貢女制度的實質》,《內蒙古社會科學（漢文版）》2000 年第 6 期。

49. 勞延煊：《論元代的高麗奴隸與媵妾》,《慶祝李濟先生七十歲論文集》,臺灣清華學報社,1967 年。

50. 王啓宗：《元世祖招諭日本始末》,《大陸雜誌》,第 22 卷,第 5 期,臺灣大陸雜誌社,1966 年。

51. 陳小法：《日本「神國思想」與元明時期的中日關係》,《許昌學院學報》2005 年第 1 期。

52. 徐黎麗：《元朝對日本的東征及其失敗》,《西北民族學院學報（哲學社會科學版）》1999 年第 1 期。

53. 屈文軍：《紅巾軍活動對高麗政局和元麗關係的影響》,《浙江師大學報（社會科學版）》2000 年第 5 期。

54. 張士尊：《元末紅巾軍遼東活動考》,《松遼學刊（社會科學版）》1996 年第 2 期。

55. 于曉光：《元末明初高麗「兩端」外交原因初探》,《東嶽論叢》2006 年第 1 期。

56. 刁書仁：《洪武時期高麗、李朝與明朝關係探析》,《揚州大學學報（人文社會科學版）》2004 年第 1 期。

57. 刁書仁：《從「北伐論」到「北學論」——試論李氏朝鮮對清朝態度的轉變》,《中國邊疆史地研究》2006 年第 4 期。

58. 吳柏春：《忽必烈與佛教》,《內蒙古民族師院學報（哲社版）》,1993 年第 4 期。

59. 張輝：《「鐵嶺立衛」與辛禑朝出師攻遼》,《中國邊疆史地研究》2003 年第 1 期。

60. 葉新民：《頭輦哥事蹟考略》,《內蒙古大學學報（哲學社會科學版）》1992 年第 4 期。

61. 劉曉：《元朝斷事官考》,《中國社會科學院研究生院學報》1998 年第 4 期。

62. 張輝：《「鐵嶺立衛」與辛禑朝出師攻遼》,《中國邊疆史地研究》2003 年第 1 期。

63. 高豔林：《明代中朝使臣往來研究》，《南開學報（哲學社會科學版）》2005年第5期。

64. 李干：《元代發行的紙幣及其歷史意義》，《內蒙古社會科學》，1985年第4期。

65. 楊德華、楊永平：《元朝的貨幣政策和通貨膨脹》，《雲南民族學院學報（哲學社會科學版）》，2001年第5期。

韓文

1. 柳洪烈：《高麗對元朝的貢女》，《震檀學報》1957年第18期。

2. 張東翼：《征東行省的研究》，《東方學誌》1994年第67期。

3. 張東翼：《對外關係》，《中世史講義》，韓國中世史學會編，1997年。

4. 高柄翊：《麗代征東行省的研究》，《歷史學報》1961年第14期、1962年第19期。

5. 金惠苑：《元干涉期立省論及其性格》，《14世紀高麗的政治和社會》，民音社，1994年。

6. 金惠苑：《麗元王室婚姻的成立與特徵——以元公主出身王妃的家系爲中心》，《梨大史苑》1989年第24、25合輯。

7. 金成俊：《麗代元公主出身王妃的政治位置》，《韓國女性文化論叢》，第1期，梨花女子大學出版社，1958年。

8. 李命美：《高麗與元王室通婚的政治意味》，《韓國史論》2003年第49期。

9. 전혜숙、안정희：《元干涉期高麗王的對元政策和服飾政策的關係研究》，《韓服文化》2006年第2號。

10. 李相玉：《高麗史中出現的蒙古（元）人》，《史叢·鄭在覺博士華甲紀念論叢》，1973年第17、18合輯。

11. 張熙興：《高麗後期宦官制的定著過程和地位變動》，《史學研究》2006年第83號。

12. 閔賢九：《高麗後期的權門世族》，《韓國史》8，國史編纂委員會，1981年。

13. 閔賢九：《對高麗恭愍王的反元改革政治的考察——背景和發端》，《震檀學報》1989年第68期。

14. 魏恩淑：《元干涉期寶鈔的流通與意義》，《韓國中世社會的諸問題》，정림사，2001年。

15. 윤기엽：《元干涉期因元皇室的布施而中興的高麗寺院》，《普照思想》2004年第22輯。

16. 金渭顯：《麗元間人的交流考》，《關東史學》1994年5、6合輯。

17. 周采赫：《洪福源一家與麗元關係》，《史學研究》1974年第24期。

18. 周采赫：《蒙古——高麗史研究的再探討》，《國史館論叢》1989 年第 8 期。

19. 李益柱：《高麗對蒙抗爭期講和論的研究》，《歷史學報》1996 年第 151 輯。

20. 李益柱：《忠宣王即位年（1298）官制改革的性格》，《14 世紀高麗的政治和社會》，民音社，1994 年。

21. 李益柱：《高麗忠烈王代的政治狀況和政治勢力的性格》，《韓國史論》1988 年第 18 期。

22. 金順子：《元與高麗的領土政策和人口政策》，《歷史與現實》2006 年第 60 期。

23. 孫敬子：《韓國·蒙古服飾的相關性研究——以高麗時代蒙古侵略期爲中心 II》，《服飾》1991 年第 16 號。

24. 邊太燮：《高麗的政治體制和權力構造》，《韓國學報》1976 年第 4 期。

25. 채상식：《与麗蒙日本征伐有關的外交文書的推移》，《韓國民族文化》1997 年第 9 期。

26. 朴洪培：《高麗鷹坊的弊政》，《慶州史學》，1986 年第 5 輯。

27. 金光哲：《高麗忠烈王代政治勢力的動向》，《論文集》7～1，昌原大學，1985 年。

28. 金光哲：《14 世紀初元朝政局動向和忠宣王流配吐蕃》，《韓國中世史研究》1996 年第 3 期。

29. 高惠玲：《方臣祐（1267～1343）小論》，《歷史與人間的對應（韓國史篇）》，한울，1985 年。

日文

1. 森平雅彦：《駙馬高麗國王的成立》，東洋協會學術調查部編《東洋學報》1998 年第 79 卷，第 4 號。

2. 北村秀人：《在高麗的征東行省》，《朝鮮學報》1964 年第 32 期。

3. 池內宏：《元朝在高麗的行省》，《東洋學報》1933 年第 20 卷，第 3 號。

4. 箭內亙：《蒙古的高麗經略》，東京帝國大學文科大學編《滿鮮地理歷史研究報告》1915 年第 4 輯。

5. 川越泰博：《藍玉黨案與高麗火者》，「10～14 世紀東亞的國際交流」研討會發表論文。